<쓰이는 영문법>
영어의 물음표에
느낌표로 답하다

English Rules

!

English Rules! ❶ 영어의 규칙 ❷ 영어 진짜 좋아!

학창시절 영어 시간에 이렇게 집중을 해본 적이 있었을까?
머릿속에서 전구가 반짝 하고 켜지는 게 느껴집니다.

| 보타리 |

셀리샘 문법을 보고 졸업 후
40년 만에 영어의 개념이 정리됩니다!

| James |

언어학을 공부한 분 답습니다. **두 번 보았습니다.**
지금까지 이런 문법은 없었습니다!

| 권석 |

그동안 뭘 배운 것인지… 그러니 영어가 맨날 제자리ㅠㅠ
이렇게 좋은 문법을 알려주셔서 너무너무 감사합니다!

| 천사표 |

진짜 속이 뻥 뚫리는 기분! 공부가 하고 싶어지는
이런 기분은 제 평생 처음입니다!!

| nami |

콘텐츠 정말 좋고, 영어의 엑기스가 다 녹아 있네요.
이해가 쉽고 문법 포인트와 작문연습까지 한 방에 해결됩니다!

| Herb |

29만 구독자!
1500만 뷰! 화제의 강의
드디어 책으로 출간!!

강남 대형학원 스타강사 출신 영어교육전문가와
미국인 언어학자가 함께 연구한
영문법의 비밀을 지금 공개합니다!

쓰이는 영문법 1

쓰이는 영문법 1

Why is English like that? 1

초판 1쇄 발행 · 2023년 5월 30일
초판 4쇄 발행 · 2024년 5월 10일

지은이 · 김수영
감수인 · Thomas Selley
발행인 · 이종원
발행처 · (주)도서출판 길벗
브랜드 · 길벗이지톡
출판사 등록일 · 1990년 12월 24일
주소 · 서울시 마포구 월드컵로 10길 56(서교동)
대표 전화 · 02)332-0931 | **팩스** · 02)323-0586
홈페이지 · www.gilbut.co.kr | **이메일** · eztok@gilbut.co.kr

기획 및 책임 편집 · 임명진(jinny4u@gilbut.co.kr) | **디자인** · 강은경 | **제작** · 이준호, 손일순, 이진혁
마케팅 · 이수미, 장봉석, 최소영 | **영업관리** · 김명자, 심선숙 | **독자지원** · 윤정아

편집진행 및 교정교열 · 강윤혜 | **전산편집** · 이현해 | **일러스트** · 최정을
녹음 및 편집 · 와이알미디어 | **CTP 출력 및 인쇄** · 예림인쇄 | **제본** · 예림바인딩

ISBN 979-11-407-0395-1 04740 (길벗 도서번호 301136)
     979-11-407-0394-4 (세트)

정가 21,000원

독자의 1초까지 아껴주는 정성 길벗출판사
(주)도서출판 길벗 | IT교육서, IT단행본, 경제경영서, 어학&실용서, 인문교양서, 자녀교육서
www.gilbut.co.kr
길벗스쿨 | 국어학습, 수학학습, 어린이교양, 주니어 어학학습, 학습단행본
www.gilbutschool.co.kr

쓰이는 영문법

김수영(셀리) 지음
Thomas Selley 감수

1

왜
미래시간을
현재진행형으로
쓰나요?

왜
be동사가
'~이다'가
아닌가요?

왜
지각동사는
동사원형을
쓰나요?

왜
여기서
to 대신에
for를 써요?

길벗
이지:톡

20만 영어 실수 빅데이터에서 탄생한
실생활에 바로 쓰(이)는 영문법

"선생님을 중학교 때 만났더라면 제 영어는 완전히 달라졌을 거예요!" 강남에서 10년 이상 성인 대상으로 영어강의를 하면서 학생분들께 가장 많이 들었던, 아직도 제 마음속에 생생하게 살아있는 말입니다. 20대 취업준비생부터 60~70대 학구파 어르신들까지 "아~ 이제야 확실히 이해했어요!", "어두운 방에 불이 확 들어온 느낌이에요!"라고 외칠 때 영어 교육인으로서 무한한 감사와 긍지를 느꼈습니다. 그리고 배운 내용을 확실히 이해했을 때 그분들의 '반짝이는 눈빛', 그 것이 이 책의 집필을 결심하게 만든 결정적 동기입니다.

성인의 영어학습은 이해를 바탕으로 해야 완성됩니다. 시험 문법이 아니라 실제로 영어회화와 영작을 할 때 쓰는 '실용 영문법'을 가르치면서 깨달은 사실입니다. 아이들의 뇌는 스펀지와 같아서 단순 노출과 반복을 통해서도 쑥쑥 흡수할 수 있습니다. 하지만 성인들은 What?(무엇)을 넘어서 Why?(왜)가 해결되어야만 완전한 지식으로 흡수합니다. 단순히 문법공식을 아는 것을 넘어 '왜 여기에 이 문법규칙을 적용해야 하는가?'를 알고 이해해야만 제대로 써먹을 수 있게 됩니다.

"현재완료가 뭐예요?"가 아니라 "여기서 왜 갑자기 현재완료를 쓰는 거예요?"라는 질문, "지각동사가 뭐예요?"가 아니라 "지각동사에는 왜 동사원형을 쓰나요?"라는 질문, "여기서 전치사는 뭐를 써요?"가 아니라 "왜 to 대신에 for를 써야 하나요?"라는 질문에 답하는 영문법이 필요합니다. 하지만 이 Why에 대한 질문에 속 시원한 해답을 제시하는 교재가 없었기에 저 역시 무척 답답했습니다. 그렇다고 학생들에게 '그냥 외워두라'는 무책임한 답을 하고 싶진 않았습니다.

영어 학습자들의 수많은 궁금증에 스스로도 납득할 만한 합리적 설명을 도출하기 위해서 영어의 원리를 '직접' 분석 연구하고 정리하기로 결심했습니다.

다행히 저에게는 이런 도전을 해볼 만한 '특별한' 배경이 있었습니다.

첫째, 저는 누구보다 풍부한 영어 실수 경험을 자랑(?)합니다. 저 역시 학창 시절 국내에서 영어를 배웠기에 저의 '토종 한국영어'를 듣고 원어민이 고개를 갸우뚱할 때 당혹감을 느꼈던 순간이 정말 많았습니다. 아직도 떠올리면 자동 이불킥을 하게 되는 화려한 영어 실수 흑역사들, 그동안 제가 배운 영어가 잘못된 지식이었거나 실전에 도움이 되지 않았음을 깨닫고 좌절했던 경험들이 생생합니다. 그래서 한국인의 영어에서 취약한 부분이 무엇인지, 한국인에게 진짜 필요한 영문법이 무엇인지 잘 알고 있다고 자부합니다.

둘째, 제 곁에는 정확한 네이티브 영어를 알려주는 훌륭한 영어선생님이 있습니다. 바로 미국 대학원에서 영어교육 TESL(Teaching English as a Second Language)을 전공하다가 만난 저의 든든한 지원군인 미국인 남편 Thomas Selley입니다. 20여 년 영어교사와 출판사 에디터로 경력을 쌓아온 언어 전문가인 Tom에게 직접 수업의 모든 컨텐츠의 감수를 받을 수 있었기에, 상황별로 미묘하게 달라지는 영어 문장 구조를 구분하고 자연스러운 원어민의 영어 표현방식을 체득할 수 있게 되었습니다.

지금이야 남편과 영어로 소통하는 데 큰 어려움이 없지만, 한국에서 태어나고 자란 저와 뼛속까지 미국인인 남편 Tom은 그동안 우리말과 영어의 언어적 차이, 한국과 미국의 문화적 차이로 인해 크고 작은 오해와 갈등을 겪기도 했습니다. 다행히 둘 다 영어교육 전공자였기에 갈등에서 끝나지 않고 언어적·문화적 관점에서 이해할 수 있었습니다. 그래서 원어민들이 영어를 왜 그렇게 사용하는지, 어떻게 그 의미를 받아들이는지, 왜 원어민과 우리의 표현방식이 다를 수밖에 없는지를 함께 분석 정리했습니다.

셋째, 저에게는 **많은 분들의 도움으로 모은 '영어 실수 빅데이터'가 있었습니다.** 영작문 수업을 진행하면서 학생들의 작문 숙제를 검토하는 과정에서 매일 100~200건의 영어 오류를 피드백한 경험이 있습니다. 그리고 영어를 가르치는 직업이다 보니 수업시간, 이메일, SNS로 수많은 영어 관련 질문을 받곤 합니다. 마치 수술 경험이 많은 베테랑 의사처럼 저 역시 20만 건 이상의 영어 실수와 질문을 접하면서 성인 영어 학습자들이 취약한 부분, 그들에게 진짜 쓸모 있고 필요한 영어가 무엇인지 알게 되었습니다.

이렇게 지난 15년간 온 힘을 기울여 '영어를 말하고 쓸 때 진짜 쓰이는 영문법'을 모았습니다. 그리고 이를 최대한 쉽고 자세하게 정리했습니다. 그 결과 "가능성이 낮은 것은 시제를 낮춰서 표현합니다." "be동사는 '~이다'가 아닙니다." "영어에는 5가지 원리가 있습니다" 등 저만의 방식으로 설명할 수 있게 되었습니다. 저에게 배운 학생들이 원어민에게 "어디서 영어를 배웠냐?"는 칭찬의 질문을 받았다고 뿌듯해할 때마다, 원어민 선생님의 소개로 제 수업을 찾아온 학생들을 볼 때마다 더 많은 분께 알려드리고 싶다는 사명감을 느꼈습니다.

그래서 유튜브의 '유'자도 모르던 제가 유튜브 채널 〈쓰는 영어〉를 개설하여 강의를 시작했고, 어느덧 15년간 영어를 가르치며 만났던 학생들보다 훨씬 많은 분을 랜선 학생으로 만나게 되었습니다. 그리고 댓글이라는 소통의 장을 통해 '반짝이는 그 눈빛들'을 다시 볼 수 있게 되었습니다.

영어를 배우고 가르치면서 깨달은 한 가지가 있습니다. '이해를 통한 학습은 배움의 기쁨도 함께 선사한다'는 것입니다. 이해가 되면 재미있고 재미있으면 포기하지 않게 되고 포기하지 않으니까 영어의 성장도 빠르게 이룰 수 있죠. 그동안 학원에서 유튜브에서 여러분들과 경험했던 그 성장과 희열을 이 책을 통해 더 많은 분들과 함께 나누고 싶습니다. 그동안 문법책 도대체 언제 나오냐는 학생들과 구독자들의 문의를 받으면서 너무나 죄송스럽고 안타까웠습니다. 하지만 오래 준비한 만큼 더 완벽을 기했고 그 어떤 강의보다 한층 더 깊이 있는 내용을 선보일 수 있게 되어 오히려 다행이라는 생각도 듭니다.

문법은 무조건 외우는 게 아닙니다. 영어의 원리를 이해하게 되면 내가 원하는 메시지를 정확하고 효율적으로 전달할 수 있게 되고, 원어민의 사고까지도 이해하는 일석이조의 영어공부가 가능합니다. 이 책이 여러분의 영어공부에 충직한 길잡이가 되었으면 좋겠습니다.

끝으로 책의 내용이 독자분들께 효율적으로 전달될 수 있도록 최선을 다해 편집해주신 임명진 에디터와 길벗 출판사분들께 감사드리고, 늘 언제나 뜨겁게 응원해주시는 부모님과 15여 년 한결같이 옆에서 최고의 조력자가 되어준 남편 Tom, 그리고 개구쟁이 Dashiell과 지우에게 사랑한다는 말을 전하고 싶습니다.

셀리 김수영

The Grammar for You!

Grammar is the chemistry of English. It describes how words, phrases, and punctuation marks work in specific ways to communicate the thoughts in peoples' heads. Like actual chemistry, grammar is not something you learn in a few lessons, memorize, and then start using fluently. You must spend time with the grammar rules, see how they work in different contexts, and practice using them in a variety of sentences. Only when you understand how the rules work together to form a system can you internalize the rules to express yourself clearly and spontaneously.

The book in your hands is NOT the usual collection of rules about basic sentence structures and verb agreements with a bonus chapter of idioms. This book is a careful analysis of a wide variety of typical phrase formations, word usages, and situational expressions that appear all the time in native-level communication. As such, the goal of this book is to enrich your understanding of the nuanced ways in which English can be shaped by different words and phrases depending on context.

If you're looking for a book to help you fix your grammar mistakes and give you a richer understanding of the usage of native English, this book is for you. If you study with it every day, soon you will begin to see how these different rules connect with and support each other. You will also develop an ear for hearing them in actual usage and will gain the confidence to use them yourself!

문법은 영어의 화학입니다. 문법은 단어와 구문, 문장부호 등이 어떤 특정한 방식으로 작용해서 사람들의 머릿속 생각을 전달할 수 있는지를 설명하죠. 하지만 화학이 그런 것처럼, 문법도 몇 차례의 수업을 통해 배우고 외우는 것으로 유창하게 사용할 수 있게 되지는 않습니다. 문법규칙을 공부하고 나면 이것이 서로 다른 문맥 속에서 어떻게 쓰이는지를 접해야 하고, 또 다양한 문장 속에서 써보는 연습을 해야만 하죠. 문법규칙들이 어떻게 서로 연결되어 하나의 완전한 구조를 만들어내는지를 '이해해야만' 비로소 그 규칙들이 진정한 내것이 되어 선명하고도 자연스럽게 자신을 표현할 수 있게 됩니다.

여러분이 지금 손에 들고 있는 이 책은 평소 늘 접하던 그런 문법책이 아닙니다. 기본적인 문장구조나 동사의 수일치 등과 같은 전형적인 문법규칙들에 이디엄 모음 부록 같은 게 달린 그런 책이 아니죠. 원어민들이 일상생활에서 항상 쓰는 '수많은 대표 구문의 형태'와 '단어의 용법', '상황별 표현들'을 심혈을 기울여 분석해놓은 책입니다. 따라서, 서로 다른 단어와 구문이 문맥에 따라 어떤 뉘앙스의 차이가 생기는지에 대해 충분히 이해할 수 있게 되는 것, 그것이 바로 이 책의 목표입니다.

나의 문법 실수를 바로잡아줄 책을 찾고 있나요? 원어민들이 쓰는 영어의 용법에 대해 보다 제대로 이해하고 싶은가요? 그렇다면 이 책이 바로 그 책입니다. 이 책으로 매일 공부하다 보면 서로 다른 문법규칙들이 어떻게 서로 연결되어 서로를 받쳐주는지를 곧 알게 될 겁니다. 듣는 귀도 좋아져서 이런 규칙들이 실제로 쓰이는 현장에서 그 말들이 귀에 쏙쏙 들어오기 시작할 것이며 그 규칙들로 자신을 표현하는 데에도 자신감이 솟을 것입니다!

Thomas Selley

MP3 듣기 영어로 듣고 말하는 영문법

문법은 외우는 게 아니라 영어를 말하고 쓸 때 실제로 써먹을 수 있어야 합니다. 그래서 이 책의 모든 예문은 영어 원어민의 음성으로 녹음했습니다. 눈으로 보고 끝내지 말고 귀로 듣고 입으로 따라 하며 진짜 쓰는 영문법을 공부하세요.

Challenge 나를 아는 것이 영어 공부의 시작

레슨을 시작하기 전, 간단한 퀴즈로 주의 집중과 흥미를 유발하며 앞으로 배울 영문법에 대하여 얼마나 제대로 이해하고 있는지 확인해보는 코너입니다. 문제가 어려울 때는 레슨 학습이 끝난 후 다시 한번 도전하는 것도 좋습니다.

Why 왜 이 문법규칙을 배워야 할까?

성인의 영어는 Why가 충족되어야 합니다. 이 문법이 영어를 쓸 때 왜 필요한지 알면 그냥 공식만 외우는 것보다 개념을 이해하는 데 확실한 도움이 됩니다. 배워야 할 목적이 분명해지니까 학습효율이 향상되는 것은 물론이죠!

POINT 원리로 이해하고 바로 쓰는 영문법

장롱 영어를 진짜 쓰이는 영어로 바꿔주는 신개념 영문법! 뻔한 공식의 나열이 아니라 한국어-영어의 차이부터 원어민들이 왜 이 문법을 쓰고 활용하는지 논리적으로 차근차근 설명해 줍니다. 배운 문법을 실생활에 바로 활용할 수 있도록 모든 예문은 네이티브가 실생활에서 자주 쓰는 문장들로 만들었습니다.

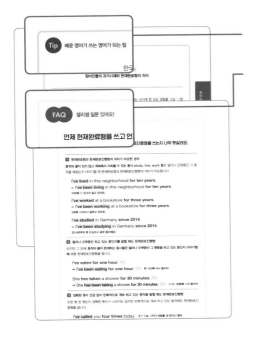

FAQ 셀리쌤 질문 있어요!

20만 건의 영어 실수 빅데이터에서 뽑은 한국인들이 가장 헷갈리고 자주 실수하는 문법들을 명쾌한 설명과 함께 Tip으로 정리했습니다. 영어 학습자들이 문법 관련해서 많이 하는 질문에 대한 해답은 FAQ에 꼭꼭 담았습니다.

Review 배운 문법 실전 영어에 쓰는 연습

문법 설명만 볼 때는 다 아는 것 같아도, 실전에서 문법을 영어로 쓰려고 하면 생각처럼 잘 안 되죠? Practice Makes Perfect! 직접 말하고 쓰는 연습을 통해 반만 알던 문법을 자유자재로 써먹을 수 있는 완벽한 내것으로 만드세요!

저자 유튜브 〈쓰는 영어〉와 함께 공부하세요!

구독자 29만, 1,500만 뷰 화제의 영문법 유튜브 〈쓰는 영어〉에 방문하면 문법에 대한 다양한 영상과 함께 추가 학습 콘텐츠를 확인할 수 있습니다.

Table of Contents

CHAPTER 2　영어의 시제

Table of Contents

CHAPTER 5 동사의 변신 ─────────────────

LESSON 1 있는 걸로 지져 먹고 볶아 먹는 영어의 품사 변형 한눈에 정리하기 · 185

LESSON 2 여기저기 다 쓰이는 to부정사 꿰뚫어보기 · 189

LESSON 3 여기저기 다 쓰이는 동명사 꿰뚫어보기 · 214

CHAPTER 6   조동사

LESSON 3   **어감을 알아야 자유롭게 쓸 수 있다 심리 태도의 조동사 · 259**

ANSWER   **모범 답안 · 279**

★ 접속사, 관사와 명사, 형용사, 부사, 비교급, 전치사는 《쓰이는 영문법 2》에서 만날 수 있습니다.

CHAPTER 1

영어의 문장과
동사 이해하기

LESSON 01 | 우리말과 영어의 차이

알아두면 영어가 더 쉽게 와 닿는

mp3 듣기

어머, 꼬리가 길어지고 있어!

Challenge 이번 레슨을 끝낸 후 다음 문장을 늘려보세요.

여러분은 곧 이 문장들을 영어로 말할 수 있게 됩니다!

🎧 1-L1-1.mp3

I had dinner. 저녁식사를 했어.

① **부모님과** 저녁식사를 했어.

I had dinner _____.

② **부모님과 지난 토요일에** 저녁식사를 했어.

I had dinner _____ _____.

③ **부모님과 지난 토요일에 우리집에서** 저녁식사를 했어.

I had dinner _____ _____ _____.

▶ 모범답안은 p.280을 확인하세요.

Why	왜 우리말과 영어의 차이부터 배워야 할까요?

우리말과 영어의 차이를 아는 게 영어공부의 시작이기 때문입니다. 영어와 우리말은 여러 면에서 참 다른 언어입니다. 만약 여러분이 두 언어의 차이를 제대로 모른 채 무턱대고 영어를 공부한다면, 모국어인 우리말을 기준으로 영어를 받아들이게 되고, 영어에서 우리말과 다른 부분은 헷갈리고 이해가 안 될 겁니다. 영어는 영어라는 언어 자체로 이해하세요. 그리고 우리말을 생각하지 말고 영어식 사고로 이해하려 노력하세요. 그래야 영어를 자연스럽게 체득할 수 있고, 영어로 나의 얘기를 하는 일이 편안하고 수월해집니다.

POINT 1 우리말은 허리, 영어는 꼬리!

🎧 1-L1-1.mp3

☯ 우리말은 허리가 늘어납니다.

우리말과 영어의 가장 뚜렷한 차이 중 하나는 문장에서 동사의 위치입니다. 우리말은 동작의 주체인 주어가 문장의 맨 앞에 오고(문맥상 주어가 뻔할 때는 주어를 생략하기도 하죠) **동사가 문장 맨 끝에 옵니다.** 그래서 우리말은 정보가 늘어나면 허리가 길어지는 **모양**을 가지게 됩니다.

> 우리 스파게티 먹자.
>
> 우리 **이번 주 토요일에** 스파게티 먹자.
>
> 우리 **이번 주 토요일에 네가 가고 싶어 했던 식당에서** 스파게티 먹자.

☕ 영어는 꼬리가 길어집니다.

영어는 동사가 앞에 옵니다. 영어는 결론부터 말하는 두괄식 어순입니다. 그래서 주어와 동사, 즉 '누가 ~했다'는 핵심 정보를 문장 맨 앞에 말합니다. 동사가 주어의 바로 다음에 오고 목적어를 비롯한 추가적인 정보는 그 뒤에 중요도 순으로, 듣는 사람이 궁금해할 정보 순으로 쭉쭉 연결합니다. 그래서 **영어는 정보가 늘어나면 문장의 꼬리가 늘어나는 형태**를 보이게 됩니다.

Let's eat spaghetti.

Let's eat spaghetti **this Saturday**.

Let's eat spaghetti **this Saturday** at that restaurant that you wanted

to go to. ➡ 추가 정보는 주어, 동사 뒤에 쭉쭉 이어 붙이면 됩니다.

(CHECK POINT!)

여기서 알 수 있는 영어회화 꿀팁! 영어는 꼬리가 길어지는 말입니다. 그래서 **영어로 말할 때는 주어와 동사를 먼저 떠올리는 연습을 하면 좋습니다.** 주어, 동사로 일단 자연스럽게 입을 열면서 그 뒤에 정보를 차근차근 붙여 나간다면 영어로 말할 때 머리가 하얘지면서 말문이 막히는 상황을 줄일 수 있습니다.

 Tip 배운 영어가 쓰는 영어가 되는 팁

영어 문장을 늘리는 가장 기본적인 방법 '찍찍이'

영어는 완전한 문장에 '전치사, 접속사, to, 부사', 이렇게 4가지의 '찍찍이'로 정보를 붙여서 더 긴 문장으로 늘일 수 있습니다. 완전한 문장이란 주어, 동사 등 문장의 기본적인 구성요소를 갖추고 있어서 그 자체로 기본적인 의미가 통하는 문장을 말합니다. (영어의 문장구조에 대해서는 Lesson 4에서 자세히 공부합니다.)

완전한 문장 +	**전치사** (동)명사를 붙이는 찍찍이	I slept **in** my car. 차 안에서 잤어. ➡ 전치사로 명사를 붙여요.
	접속사 문장을 붙이는 찍찍이	I slept **until** my mom woke me up. 엄마가 깨울 때까지 잤어. ➡ 접속사로 문장을 붙여요.
	to 동사를 붙이는 찍찍이	I slept **to** get rid of my headache. 두통을 없애려고 잤어. ➡ to로 동사를 붙여요.
	부사 그냥 붙이면 되는 찍찍이	I slept **deeply**. 푹 잤어. ➡ 부사는 그냥 붙이면 돼요.

get rid of ~을 없애다

배운 문법 바로 쓰는 영어 연습

🎧 1-L1-2.mp3

A 바로 앞에서 나온 문장들인데요. 찍찍이를 써서 영어로 말해볼까요?

1. 나는 **차 안에서** 잤어. hint 명사를 붙이는 찍찍이는?

   I slept _____.

2. 나는 **차 안에서 엄마가 깨울 때까지** 잤어. hint 문장을 붙이는 찍찍이는?

   I slept _____ _____.

3. 나는 **두통을 없애려고** 잤어. hint 동사를 붙이는 찍찍이는?

   I slept _____.

4. 나는 **푹** 잤어.

   I slept _____.

B 찍찍이를 넣어서 새로운 문장에도 도전해 보세요.

1. 그는 **부모님과 같이** 살았어요. hint 전치사 찍찍이가 필요해요.

   He lived _____.

2. 그는 **부모님과 작은 아파트에서** 살았어요. hint 전치사 찍찍이가 2개 필요해요.

   He lived _____ _____.

3. 그는 **결혼하기 전까지 부모님과 작은 아파트에서** 살았어요.

   hint ~하기 전까지 until | 결혼하다 get married

   He lived _____ _____ _____.

▶ 모범답안은 p.280을 확인하세요.

POINT 2 영어는 단어의 자리가 엄-청 중요

🎧 1-L1-3.mp3

⚫ 우리말은 '조사'가 있어서 단어 배열이 자유롭습니다.

우리말은 단어들의 관계를 나타내는 '조사'가 발달한 언어입니다. 조사가 단어 뒤에 딱 붙어서 그 단어가 주어 역할을 하는지, 목적어 역할을 하는지, 동사 역할을 하는지 알려줍니다.

주어를 나타내는 조사	은, 는, 이, 가 (예) 여러분은, 나는, 그는, 시간이, 엄마가, …
목적어를 나타내는 조사	을, 를 (예) 두통을, 잠을, 공부를, 다이어트를, …
동사에 붙는 조사	~다, ~어, ~잖아, ~해 (예) 한다, 잤어, 깨웠잖아, 미안해, …

이처럼 우리말은 조사가 단어의 역할을 알려주기 때문에 단어 순서가 바뀌어도 문장의 의미에는 큰 변화가 없지요. 예를 들어 볼게요.

누나가 사과를 먹었어.

사과를 누나가 먹었어.

먹었어 사과를 누나가.

> 단어 순서를 바꿔도 같은 의미입니다.

⚫ 영어는 자리가 '격'을 나타내어 단어 배열이 중요합니다.

영어는 단어의 순서가 아주 중요합니다. 영어 문장에서는 단어의 '자리'가 '격'을 나타내기 때문에 단어의 배열이 바뀌게 되면 의미의 변화가 생길 수 있으니 조심해야 합니다.
앞서 예로 든 "누나가 사과를 먹었어."라는 문장을 영어로 말한다고 합시다.

주어 자리(my sister)와 목적어 자리(an apple)의 순서를 바꿨더니 사과가 누나를 먹었다는 무서운 예문으로 바뀌었습니다.

025

영어는 의문문을 만들 때도 '자리'를 변경하여 질문임을 표시합니다. 영어의 의문문은 주어와 동사의 자리를 서로 바꿔줍니다.

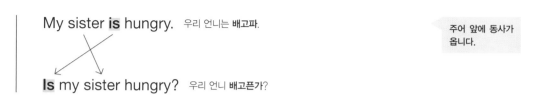

My sister **is** hungry. 우리 언니는 배고파.

Is my sister hungry? 우리 언니 배고픈가?

> 주어 앞에 동사가 옵니다.

My sister ate an apple.도 의문문으로 한번 바꿔볼까요? 일반동사의 의문문은 보조동사 do를 써서 동사의 시제를 담습니다. 따라서 동사 ate가 eat(먹다)의 과거형이니까 과거시제를 담은 did가 주어 앞으로 왔습니다.

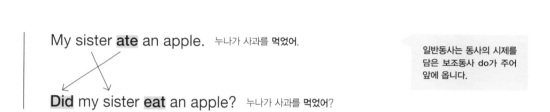

My sister **ate** an apple. 누나가 사과를 **먹었어**.

Did my sister **eat** an apple? 누나가 사과를 **먹었어**?

> 일반동사는 동사의 시제를 담은 보조동사 do가 주어 앞에 옵니다.

명령문은 주어 자리를 비우고 동사가 바로 옵니다. 명령문은 어차피 상대(you)에게 '지시'하는 말이니까 주어를 생략해도 의미가 통하는 거죠.

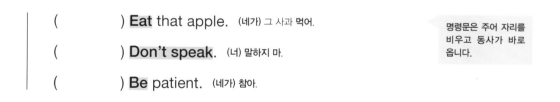

(   ) **Eat** that apple. (네가) 그 사과 먹어.

(   ) **Don't speak.** (너) 말하지 마.

(   ) **Be** patient. (네가) 참아.

> 명령문은 주어 자리를 비우고 동사가 바로 옵니다.

이렇게 영어에서는 문장을 구성하고 있는 단어들의 배열 순서가 아주 중요한데요. 이 배열 순서를 5가지의 형태로 정리해놓은 것이 바로 우리에게 친숙한 5형식 문장구조입니다. 갑자기 용어가 나오니까 머리가 아프신가요? 5형식 개념은 뒤에서 이해하기 쉽게 설명할 거니까 지금은 그냥 '아, 얘네들이 5형식이구나~'라고 눈도장만 찍어주세요.

> **영어 문장의 다섯 가지 형식**

- 1형식: 주어 + 동사
- 2형식: 주어 + 동사 + 주격 보어
- 3형식: 주어 + 동사 + 목적어
- 4형식: 주어 + 동사 + 간접 목적어 + 직접 목적어
- 5형식: 주어 + 동사 + 목적어 + 목적격 보어

5형식의 개념을 잘 이해하고 꿰뚫어 볼 수 있다면 영어공부가 훨~~씬 수월해질 것입니다.

영어의 동사는 크게 둘로 나눌 수 있어요
목적어가 없는 동사와 목적어가 있는 동사

영어에서는 동사의 의미에 따라 문장의 구조가 결정됩니다. 5형식의 개념이 헷갈린다면 동사의 특징으로 이해하는 것도 도움이 되죠.

영어의 동사는 크게 목적어가 없는 동사(intransitive verb)**와 목적어가 있는 동사**(transitive verb)**로 나뉩니다.** 목적어가 없는 동사는 자동사와 연결동사(be동사, seem, become 등)로 1형식과 2형식의 문장구조에서 사용됩니다. 목적어가 있는 동사는 타동사로 3, 4, 5형식 문장구조에서 사용됩니다. 자세한 내용은 나중에(Lesson 4) 다시 설명해드릴 테니 개념만 이해하고 넘어가 주세요.

목적어가 없는 동사	**1형식: 주어 + 자동사** The baby **laughed**. 아기가 **웃었어**. **2형식: 주어 + 연결동사 + 주격 보어** Tim's brother **is** a soccer player. 팀의 형/동생은 축구선수야.
목적어가 있는 동사	**3형식: 주어 + 타동사 + 목적어** The little boy **threw** a rock. 꼬마 남자아이가 돌을 **던졌어**. **4형식: 주어 + 타동사 + (간접) 목적어 + (직접) 목적어** My mom **bought** me a pair of gloves. 엄마가 장갑을 **사주셨어**. **5형식: 주어 + 타동사 + 목적어 + 목적격 보어** He **found** Amy very attractive. 그는 에이미가 얼마나 매력적인지 **알게 됐어**.

배운 문법 바로 쓰는 영어 연습

🎧 1-L1-4.mp3

문장과 동사

A 다음 문장은 5형식 중 무엇에 해당하는지 맞춰보세요.

> 중학교 때 꼭 나왔던
> 문장형식 맞추기 문제!

1 ⬜ My mom bought me a pair of gloves.
엄마가 장갑을 사주셨어.

2 ⬜ He found Amy very attractive.
그는 에이미가 얼마나 매력적인지 알게 됐어.

3 ⬜ The little boy threw a rock.
꼬마 남자아이가 돌을 던졌어.

4 ⬜ Tim's brother is a soccer player.
팀의 형/동생은 축구선수야.

5 ⬜ The baby laughed.
아기가 웃었어.

B 찍찍이를 이용해서 다음 문장을 쭉쭉 늘려보세요.

1 그는 **새벽 5시에** 일어났어. [hint] 새벽 5시 5:00 A.M.

He got up ＿＿＿＿＿＿＿.

2 그는 **운동하기 위해 새벽 5시에** 일어났어. [hint] 운동하다 exercise

He got up ＿＿＿＿＿＿ ＿＿＿＿＿＿＿.

3 그는 **친구와 운동하기 위해 새벽 5시에** 일어났어.

He got up ＿＿＿＿＿＿ ＿＿＿＿＿＿ ＿＿＿＿＿＿.

▶ 모범답안은 p.280을 확인하세요.

우리말과는 다른
영어라는 말을 이루고 있는 블록들

mp3 듣기

Challenge 이번 레슨을 다 끝낸 후 풀어보세요.

> 여러분은 곧 영어의 블록을
> 구분할 수 있게 됩니다.

🎧 1-L2-1.mp3

① 다음 중 **문장을 구성하는 요소**를 있는 대로 고르세요.

(a) 주어　　　(b) 형용사　　　(c) 보어　　　(d) 명사　　　(e) 목적어

② 다음 중 **영어의 품사**에 해당하는 것을 있는 대로 고르세요.

(a) 접속사　　　(b) 형용사　　　(c) 보어　　　(d) 주어　　　(e) 전치사

③ 다음 문장에서 **형용사구**를 찾아 밑줄 치세요.

The man in the kitchen is my father.

▶ 모범답안은 p.280을 확인하세요.

POINT 1 ## 문장의 구성요소

🎧 1-L2-1.mp3

⭐ **말이라는 것은 '문장'들로 구성이 되어 있습니다.**

| | 문장 | 문장 | 문장 |
| 말 | 문장 | 문장 | 문장 |

우리가 하는 모든 말은 문장으로 구성되어 있습니다. 그리고 문장은 단어들의 조합으로 이루어져 있죠. 이는 우리말에도, 영어에도 공통으로 해당하는 사실이지요. 하지만 영어 문장의 구성 방법과 표현 방식은 우리말과 상당히 다르기 때문에 영어 문장이 어떤 단어들로 어떻게 구성이 되고 의미를 만들어내는지 잘 이해하는 것이 중요합니다.

나 아침 7시에 일어났어.

I got up at 7:00.

네가 참아.

Be patient.

너 숙제 다 했니?

Did you finish your homework?

⭐ 문장은 온전한 생각을 표현하는 '단어들의 조합'입니다.

영어 문장에서는 온전한 생각을 표현하기 위해서 행동의 주체인 주어(부)와 주어의 행동, 상태, 결과 등을 나타내는 서술어가 꼭 들어갑니다. 그 외에도 목적어, 보어 역할을 해내는 단어들을 덧붙여서 더 구체적인 정보를 만들어 내기도 하죠. 즉, 문장 안에서 다양한 단어들이 주어, 동사, 목적어, 보어 등의 역할을 하면서 서로 돕고 뭉쳐서 메시지를 생성해 내고요, 이런 메시지들은 말하는 이의 생각이나 사실을 서술하기도 하고, 명령, 질문, 감탄 등을 표현하기도 합니다.

서술 = 주어 + 동사 + 목적어

명령 = 동사 + 목적어

질문 = 의문사 + 동사 + 주어 ?

I locked the door. 나는 문을 잠궜어.

Lock the door. 문을 잠궈.

Did you lock the door? 문을 잠궜니?

문장을 구성하는 요소들

- **주어**: 동작의 주체입니다.
- **동사**: 주어의 동작을 나타냅니다.
- **목적어**: 동사의 동작을 받는 사람이나 사물 등을 말합니다.
- **보어**: 주어나 목적어의 정보를 온전하게 만들어 주는(보충해주는) 요소입니다. (주어를 설명해주는 녀석을 주격 보어, 목적어를 설명해주는 녀석을 목적격 보어라고 합니다.)
- **수식어**: 명사나 동작 등을 꾸며주고 언제, 왜, 어디서, 어떻게 등의 정보를 제공합니다.

POINT 2 영어의 품사

⭐ **단어들은 기능에 따라 나뉘는데, 이를 '품사'라고 합니다.**

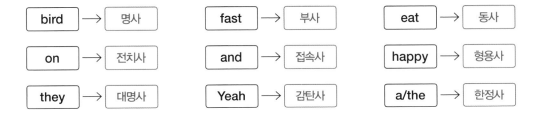

영어에는 9개의 품사가 있습니다.

명사	사람, 장소, 물건, 아이디어 등을 지칭하는 말	birds, Jack, teacher, desk, sky, idea, water, …
대명사	명사 대신 쓰이는 말	I, you, he, she, it, us, ours, them, …
한정사	명사가 정해져 있는지 아닌지, 명사의 범위를 정해주는 말	a, an, the, this, these, that, those, some, much, few, any, every, …
동사	동작이나 존재 상태를 나타내는 말	sleep, study, believe, be, grow, seem, push, …
형용사	명사나 대명사를 꾸며주거나 그것들에 많은 정보를 더해주는 말	busy, hungry, beautiful, bright, funny, boring, amazed, …
부사	동사, 형용사, 다른 부사를 꾸며주는 말	fast, quickly, slowly, often, much, a lot, sometimes, …
전치사	명사/대명사가 다른 명사/대명사와의 사이에서 어떤 위치와 관계 속에 있는지 보여주는 말	at, on, by, until, into, out of, over, for, …
접속사	단어나 단어들의 그룹들을 연결해주는 말	and, but, or, so, while, because, when, before, …
감탄사	놀라움이나 강한 감정을 나타내는 말	Yeah! Nope! Whoops! Yay! …

⭐ **구는 두 단어 이상이 모여 하나의 품사 역할을 하는 것입니다.**

> **구의 종류**

- ● **명사구**: 두 단어 이상이 뭉친 단어 그룹이 **명사 역할**(문장의 주어, 목적어, 보어 역할)을 합니다.
- ● **형용사구**: 두 단어 이상이 뭉친 단어 그룹이 **형용사 역할**(명사를 수식하는 역할)을 합니다.
- ● **부사구**: 두 단어 이상이 뭉친 단어 그룹이 **부사 역할**(언제, 어디서, 어떻게, 왜 등)을 합니다.
- ● **동사구**: 두 단어 이상이 뭉친 단어 그룹이 **동사 역할**(동작을 나타냄)을 합니다.
- ● **전치사구**: 〈전치사 + 명사〉 조합을 다 전치사구라고 부릅니다.

다음 문장에 있는 구를 찾아볼까요?

That little girl in the red hat has been waiting for someone
       A   B   C

for about one hour.
         D

빨간 모자를 쓴 저 어린 여자아이는 거의 한 시간 동안 누군가를 기다리고 있어.

A 명사구: '저 어린 여자아이'가 한 덩어리로 누구인지 명사를 나타냅니다.
B 전치사구: 〈전치사 + 명사〉 조합의 전치사구인데, 바로 앞의 명사 **girl**을 꾸며주는 형용사 역할을 하고 있으므로 '**형용사구**'라고도 부릅니다.
C 동사구: '누군가를 기다리고 있는 중이다'라는 현재완료진행의 의미를 가진, 주어의 동작을 보여줍니다.
D 전치사구: '약 한 시간 동안'이라는 시간의 정보를 나타내는 부사의 역할을 하기 때문에 '**부사구**'라고도 부릅니다.

POINT 4 절(clause)이란?

🎧 1-L2-3.mp3

⭐ **절은 한 문장이 다른 문장 안에 들어가 하나의 품사 역할을 하는 것입니다.**

절에는 대개 주어와 동사가 들어가는데, 관계대명사절 같은 경우는 주어가 생략되어 있는 경우도 있습니다. (관계대명사절을 포함한 영어의 다양한 절에 대해서는 《쓰이는 영문법 2》에서 자세히 다룹니다.)

> **절의 종류 (1)**

● **명사절**: 문장이 다른 문장에 들어가 **명사 역할**(문장의 주어, 목적어, 보어 역할)을 합니다.

I didn't understand <u>what she said.</u>
　　　　　　　　　　　목적어 역할을 함
그녀가 말하는 것을(그녀가 무슨 말을 하는지) 잘 모르겠어.

● **형용사절**: 문장이 다른 문장에 들어가 **형용사 역할**(명사를 수식하는 역할)을 합니다.

This is the necklace <u>(that) my grandmother gave me.</u>
　　　　　　　　　　　　necklace를 꾸며주는 형용사 역할을 함
이건 **우리 할머니가 (나한테) 주신** 목걸이야.

● **부사절**: 문장이 다른 문장에 들어가 **부사 역할**(언제, 어디서, 어떻게, 왜 등)을 합니다.

Nobody answered <u>when I rang the doorbell.</u>
　　　　　　　　　　언제인지를 알려주는 부사 역할을 함
(내가) 초인종을 눌렀을 때 아무 답이 없었어요.

> **절의 종류 (2)**

● **주절**: 문장 전체의 주어와 동사 역할을 하는 **중심 문장**
● **종속절**: 다른 문장에 들어가 **하나의 품사 역할을 하는 문장**(명사절, 형용사절, 부사절)

<u>He dropped his phone</u> <u>when he got off the bus.</u>
　　　주절　　　　　　　　　종속절: 시간을 나타내는 부사절
　(그는 폰을 떨어뜨렸다)　　　(언제? 그가 버스에서 내렸을 때)
그는 버스에서 내릴 때 휴대폰을 떨어뜨렸어.

배운 문법 바로 쓰는 영어 연습

🎧 1-L2-4.mp3

Ⓐ 다음 문장에서 밑줄 친 부분의 성분을 <보기>에서 골라 쓰세요.

안 해보면 섭섭한 추억의
골라쓰기 연습문제!

| 주어 | 동사 | 목적어 | 보어 | 수식어 |

① [   ] Justin has a very nice car.

② [   ] They named their son Jacob.

③ [   ] My poem about my mother made the class cry.

④ [   ] I usually go to bed at about 10 P.M.

⑤ [   ] I would like some coffee.

Ⓑ 다음 문장에서 밑줄 친 부분의 품사를 <보기>에서 골라 쓰세요.

| 명사 | 대명사 | 동사 | 형용사 | 부사 |
| 전치사 | 접속사 | 감탄사 | 한정사 |

① [   ] Oops! I dropped the phone.

② [   ] He was extremely poor.

③ [   ] I'll wait until you come back.

④ [   ] All the students had to bring their own pens.

⑤ [   ] That was exciting news.

▶ 모범답안은 p.280을 확인하세요.

LESSON 03
영어 답답함의 절반이 풀릴
be동사의 진짜 의미와 역할

mp3 듣기

어우! 열 받아!

Challenge 이번 레슨을 끝낸 후 다음 문장을 말해보세요. 〔 여러분은 곧 be동사를 자연스럽게 사용할 수 있게 됩니다.

🎧 1-L3-1.mp3

❶ 너 화난 **것 같네**.

You _____ upset.

❷ 화가 **서서히** 치밀어 **오르고 있어**.

I _____ upset.

❸ 넌 너무 화를 잘 **내**.

You _____ upset easily.

▶ 모범답안은 p.281을 확인하세요.

POINT 1 'be동사 = ~이다'라고 외우지 말기

🎧 1-L3-1.mp3

⭐ be동사는 연결동사(linking verb)입니다.

be동사는 영어에는 있지만, 우리말에는 없는 개념입니다. 그래서 "be동사는 우리말의 '~이다'와 같다"라고 외웠다가는 영어를 배우고 쓰는 내내 안개 속을 걷는 듯 묘~하게 헷갈리고 이해가 잘 안 될 거예요.

be동사는 정확히 말하면 **연결동사(linking verb)**입니다. **주어와 주어에 관한 정보를 끈끈하게 연결해주는 다리 역할을 하는 동사**이죠. 여기서 주어의 정보란 주어의 ID(신원, 정체)를 알려주는 명사, 주어의 상태를 알려주는 형용사, 주어의 위치를 알려주는 전치사구를 말하며, 이들을 주격 보어라고도 합니다.

주어	_____	**명사**	➡ 주어의 ID
주어	_____	**형용사**	➡ 주어의 상태
주어	_____	**전치사구**	➡ 주어의 위치

★ 빈칸은 **be동사**의 자리입니다.

⬇

Cindy _____ **a teacher.** ➡ 신디의 ID는 선생님

Cindy _____ **short.** ➡ 신디의 상태는 키 작음

Cindy _____ **on the bus.** ➡ 신디의 위치는 버스 위

★ 빈칸은 **be동사**의 자리입니다.

⬇

Cindy is a teacher. ➡ 명사에서 동사가 되었어요.
(선생님 → 선생님이야)
신디는 **선생님이야.**

Cindy is short. ➡ 형용사에서 동사가 되었어요.
(키가 작은 → 키가 작아)
신디는 **키가 작아.**

Cindy is on the bus. ➡ 전치사에서 동사가 되었어요.
(버스 위 → 버스에 타고 있어)
신디는 **버스 타고 있어.**

★ **be동사**가 주어와 주어의 정보를 연결해 주면서 완벽한 문장이 완성되었습니다.

POINT 2 **be동사의 독보적인 역할** 🎧 1-L3-2.mp3

⭐ be동사는 명사, 형용사, 전치사구에 붙어 이들을 동사화시킨다!

be동사가 연결동사로서 독보적인 역할을 하는 데는 다음과 같은 중요한 이유가 있습니다. be동사는 다른 일반동사와는 다르게 '자다', '먹다'와 같은 의미가 따로 없습니다. 그저 주어를 설명해주는 주격 보어에 붙어 주어와 연결시켜주는 역할을 하죠.

따라서 be동사는 문장의 의미에 혼동을 가져오지 않고 동사 자리를 채워주면서 주격 보어인 명사(주어의 ID), 형용사(주어의 상태), 전치사구(주어의 위치)를 동사처럼 써먹을 수 있게 해줍니다. 명사, 형용사, 전치사구를 동사화시켜준다는 것은 엄청난 의미를 지니는데요. hungry(배고픈)라는 형용사만 가지고는 문장이 될 수 없지만(I hungry는 틀린 문장), hungry가 be동사의 도움을 받아 주어의 상태를 설명할 수 있게 되면 I am hungry.(나 배고파.)라는 문장으로 표현이 될 수 있는 거죠.

즉, 〈주어 + 동사〉가 반드시 들어가는 영어 문장에서 모든 명사, 형용사, 전치사구가 be동사 덕분에 동사의 역할을 할 수 있게 되면서 우리가 표현할 수 있는 영어 문장의 양이 폭

발적으로 늘어나게 됩니다. 이러한 be동사의 핵심을 꿰뚫어보게 되면 더 이상 be동사의 해석도 헷갈리지 않습니다. 그저 문맥에 따라 명사, 형용사, 전치사구를 자연스럽게 동사로 만들어 주기만 하면 되죠.

Cindy **is a teacher**.

신디는 **선생님이셔**.
신디는 **선생님이잖아**.
신디는 **선생님이에요**.
신디는 **선생님이란다**.

➡ '명사를 동사화시킨다'에 초점을 맞춰 상황에 따라 자연스럽게 해석해 주세요.

Cindy **is short**.

신디는 **키가 작아요**.
신디는 **키가 작지**.
신디는 **키가 작잖아**.
신디는 **키가 작습니다**.

➡ '형용사를 동사화시킨다'에 초점을 맞춰 상황에 따라 자연스럽게 해석해 주세요.

Cindy **is at home**.

신디는 **집에 있어**.
신디는 **집에 계세요**.
신디가 **집에 있다고요**.
신디가 **집에 있네요**.

➡ '전치사를 동사화시킨다'에 초점을 맞춰 상황에 따라 자연스럽게 해석해 주세요.

★ **be동사**는 주어를 주격 보어와 연결해주는 역할을 하기 때문에 깔끔하게 명사, 형용사, 전치사구를 동사화시켜 줍니다.

POINT 3 ## be동사를 알고 나면 비로소 이해되는 것들 🎧 1-L3-3.mp3

1 진행형

그동안 영어의 진행형은 〈be + 현재분사(Ving)〉 형태로 외웠지만 이제는 이해할 수 있습니다. 영어에서 진행의 의미가 있는 것은 '현재분사(동사에 ing를 붙여 만든 형용사)'밖에 없습니다. 따라서 주어가 진행 중인 동작을 이야기할 때 현재분사가 반드시 쓰여야 하고 형용사인 현재분사만 가지고는 문장을 만들 수가 없습니다. 따라서 be동사를 현재분사에 붙여 동사화시킵니다. 그렇게 주어와 연결해 진행의 상태를 문장으로 표현할 수 있게 되죠.

Mandy _____ **eating**. 맨디는 밥 먹고 있는.

➡ Mandy **is eating**. 맨디는 밥 먹고 있어(식사 중이야).

040

2 수동태

수동태도 이제 〈be + 과거분사(p.p.)〉 형태로 외우지만 마세요. 영어에서 수동의 의미가 있는 것은 '과거분사(과거 동사 모양을 활용해 만든 형용사)'밖에 없습니다. 따라서 당한 입장을 표현하기 위해서 과거분사가 반드시 쓰여야 하는데 형용사인 과거분사만 가지고는 문장을 만들 수 없으므로 be동사를 이용하여 과거분사를 동사화시키는 겁니다.

> The toy _____ **broken**.   그 장난감은 **부서진(부서짐을 당한)**.
> → The toy **is broken**.   그 장난감은 **부서졌어.**

3 be동사의 생략

우리가 영어를 배우다 보면 종종 "여기서는 who is가 생략된 겁니다, being이 생략됐습니다"라는 말을 듣습니다. be동사는 왜 생략이 되는 걸까요?

> 본인의 의미가 없는 be동사는 생략되어도 의미의 손상이 없습니다.
> I know the guy (who **is**) **mowing** his lawn.   (자기 집) 잔디를 깎고 있는 저 남자 알아요.
> 현재분사가 직접 **guy**를 꾸밀 수 있어요.

mowing은 풀을 '베는, 베고 있는', 잔디를 '깎는, 깎고 있는'이라는 의미의 현재분사입니다. 형용사인 현재분사는 명사인 guy를 직접 꾸며줄 수 있죠. 또한 be동사는 자신의 의미가 따로 있지 않고 형용사와 주어를 이어주는 다리 역할을 하는 연결동사이므로 사라져도 의미상 큰 타격이 없습니다. 그래서 be동사를 생략하고 말을 좀 더 간결하게 하는 경우가 많죠.

POINT 4   **드디어 밝혀지는 be동사의 장점이자 단점**   🎧 1-L3-4.mp3

⭐ be동사는 의미적으로 한계가 있다.

be동사는 자신의 특정 의미를 따로 갖지 않고 명사, 형용사, 전치사구에 붙어 이들을 깔끔하게 동사화시켜준다는 사실을 배웠습니다. 정말 큰 장점이죠.

하지만 이 어마어마한 장점은 의미적인 관점에서 봤을 때 단점이 될 수도 있습니다. 말을 하다 보면 좀 더 세밀하고 구체적인 표현을 하고 싶고, 또 해야 할 때가 생기죠. 하지만 be동사는 단순히 주어와 주격 보어를 연결해주는 역할만 하기 때문에 좀 더 구체적인 의미를 전달하기에는 한계가 있습니다.

형용사를 동사화시켜 주지만	의미적으로 동사 자리가 비어 있다
I **am** upset. 나 속상해. She **is** old. 그녀는 나이가 있어. He **was** fat. 그는 뚱뚱했어. She **is** pregnant. 그녀는 임신했어.	I _____ upset. She _____ old. He _____ fat. She _____ pregnant.

be동사가 형용사를 동사화시켜 주었지만, 의미적으로는 존재감이 없죠. 따라서 be동사 대신 주어와 주격 보어를 연결해 주면서도 자신만의 특정 의미가 있는 다른 동사를 사용해 더 섬세하고 풍부한 정보를 전달해 줍니다. 다음을 보죠.

POINT 5 be동사의 단점 극복 방법

🎧 1-L3-5.mp3

의미적 한계가 있는 be동사의 단점을 극복하기 위해 be동사 자리에 일반동사를 빌려와 연결동사로 활용합니다.

1 움직임을 나타내는 기본동사 get

움직임을 나타내는 기본동사 get을 be동사 대신 써서 주어가 그런 상태로 움직여 변하는 뜻을 넣어줄 수가 있습니다.

이전 상태	➡	변화 상태	➡	변한 상태
I was not upset. 화가 안 났다.		I **got** upset. 화가 나게 **되었다**(열 받게 **되었다**).		I **am** upset. 화 나.

I was not tired.	I **got** tired.	I **am** tired.
피곤하지 않았다.	지치게 **되었다**.	피곤해.
I was not pregnant.	I **got** pregnant.	I **am** pregnant.
임신하지 않았다.	임신이 **되었다**.	임신(중)이야.

2 서서히 커져가는 그림의 동사 grow

서서히 커져가는 그림의 동사 grow를 빌려 be동사 자리에 넣게 되면 주어의 상태가 서서히 그렇게 발달해 가는 뉘앙스를 넣어줄 수가 있습니다.

> I **grew** upset. (서서히) 화가 치밀어 올랐어.
>
> I **grew** old. (서서히) 나이가 들어갔다.
>
> I **grew** fat. (서서히) 살이 쪘어.

3 외적인 상태의 변화 turn

본질은 그대로이지만 색이나 나이처럼 외적인 상태가 변하는 것은 일반동사 turn을 빌려 be동사 대신 연결동사로 활용합니다.

> His face **turned red**. 그는 얼굴이 빨개졌어.
>
> He **turned cold**. 그는 (태도가) 차갑게 변했어.
>
> He just **turned 20 (years old)**. 그는 막 스무 살이 됐어.

4 부정적인 상태로의 변화 go

멀어지는 이미지의 기본동사 go를 be동사 대신 쓰게 되면 원래 멀쩡한 상태에서 멀어지는 의미, 즉 부정적인 상태로의 변화를 나타냅니다.

> She **went crazy**. 그녀는 정신이 나갔어[미쳤어].
>
> She **went bankrupt**. 그녀는 파산했어.
>
> She **went blind**. 그녀는 눈이 멀었어.

이와 같이 be동사 대신 일반동사를 빌려 연결동사로 쓰게 되면 의미가 더 풍부해지고 섬세해진다는 것을 알 수 있습니다.

---

be동사 외의 연결동사로 활용되는 동사들

---

get ~해지다

look ~해 보이다

taste 맛이 ~하다

remain ~한 상태로 남다

die ~한 상태로 죽다

grow (서서히) ~해지다

sound ~하게 들리다

smell 냄새가 ~하다

stay ~한 상태로 있다

keep ~한 상태로 계속 있다

turn ~하게 변하다

feel ~하게 느끼다, ~한 기분이다

seem ~인 듯하다

go ~한 상태가 되다

become ~가 되다

POINT 6 일반동사를 연결동사로 쓸 때 주의할 점   🎧 1-L3-6.mp3

be동사에는 특정 의미 자체가 없기 때문에 연결동사로써 명사, 형용사, 전치사구 어떤 것과도 연결해 쓰는 데 문제가 없습니다.

❶ 주어 _____ 명사 (주어의 ID)

❷ 주어 _____ 형용사 (주어의 상태)

❸ 주어 _____ 전치사구 (주어의 위치)

> 빈칸은 be동사의 자리입니다.

하지만 일반동사는 기본적으로 본래의 특정 의미를 갖고 있는 동사들이어서 자칫 동사 본연의 의미로 해석될 소지가 있는 경우에는 연결동사로 활용할 수가 없습니다. 즉, be동사 자리 3개 중에 하나에만 be동사 대신 일반동사를 연결동사로 활용할 수 있는데요. 어떤 경우에 연결동사로 쓰일 수 없고, 어떤 경우에만 연결동사로 활용 가능한지 살펴보겠습니다.

⭐ 일반동사가 be동사 대신 연결동사로 쓰일 수 없는 자리(1)

주어 _____ 명사

일반동사 뒤에 명사가 오게 되면 그 명사는 주어의 ID가 아닌 동사의 목적어로 해석이 됩니다. 따라서 이 경우 일반동사를 연결동사로 사용할 수 없습니다.

| **I grew flowers.** 꽃을 키웠어. | [grow + 명사: ~을 키우다, 재배하다] |
| **I got flowers.** 꽃을 샀어/받았어. | [get + 명사: ~을 구하다/사다, 얻다/받다] |

⭐ 일반동사가 be동사 대신 연결동사로 쓰일 수 없는 자리(2)

주어 _____ 전치사구

일반동사 뒤에 전치사구가 오게 되면 주어의 위치를 나타내는 것이 아니라 그 동작을 꾸며주게 해석이 됩니다.

| Roses **grow** in dry soil. 장미는 마른 토양에서 **자라**. | [grow + in 전치사구: ~에서 자라다] |
| She **looked** at the painting. 그녀는 그 그림을 **쳐다봤어.** | [look + at 전치사구: ~를 바라보다, 쳐다보다] |

⭐ 일반동사가 be동사 대신 연결동사로 쓰일 때의 조건

❶ 주어 _____ 명사 (주어의 ID)

✔❷ 주어 _____ 형용사 (주어의 상태)

❸ 주어 _____ 전치사구 (주어의 위치)

> 빈칸은 일반동사를 연결동사로 쓸 때의 동사 자리입니다. **뒤에 주어의 상태를 나타내는 형용사가 나왔을 때만 연결동사로 해석됩니다.**

045

일반동사 뒤에는 올 수 없는 형용사가 동사 뒤에 쓰였다면 주어와 주어의 상태를 연결해주는 연결동사로 쓰인 게 명백해집니다. 따라서 오해 없이 자연스럽게 의미 전달이 되죠.

He **looked upset**. 그는 화나 보였어.　　[주어의 상태가 화난 상태로 보임]

He **went bald**. 그는 머리가 벗겨졌어.　　[주어의 상태가 머리가 벗겨진 상태로 변함]

He **felt sad**. 그는 슬픔을 느꼈어.　　[주어의 상태가 슬픔을 느끼고 있음]

He **died young**. 그는 요절했어.　　[주어의 상태가 젊은 상태로 죽음]

CHECK POINT!

더 풍부한 의미 표현을 위해 be동사 대신 **일반동사를 연결동사로 활용**할 수 있습니다. 다만 **동사 뒤에 형용사가 올 때만 연결동사로 쓰일 수 있다**는 점, 꼭 기억하세요!

Tip 배운 영어가 쓰는 영어가 되는 팁

동사의 빈자리를 채워주는 be동사
명사의 빈자리를 채워주는 대명사 it

be동사는 자신의 특정 의미가 없이 명사, 형용사, 전치사구에 붙어 이들을 동사화시켜주는 역할을 한다고 배웠습니다. 이러한 be동사와 같이 **본인의 특정 의미가 없이 명사 자리를 채워주는 역할을 하는 것이 바로 대명사 it입니다.**

영어는 동작의 주체인 주어와 주어의 동작인 동사로 문장을 시작하는 뼈대를 갖고 있기 때문에 〈주어 + 동사〉 꼴을 갖추는 것은 아주 중요합니다. 하지만 말을 하다 보면 주어가 무엇인지 너무 뻔한 경우나, 주어나 목적어가 문장 뒤로 가서 그 자리가 비어 있게 되는 경우가 있습니다. 이런 경우 그 자리를 it으로 채워주는 것이지요.

---

1 문맥상 주어가 너무 뻔한 문장

의미가 너무 뻔한 주어는 굳이 쓰지 않고 it을 주어 자리에 넣어 의미의 중복을 피해줍니다.

오늘 덥다.　　[당연히 '날씨'가 덥다는 뜻]

3시야.　　[당연히 '시간'이 3시라는 뜻]

이렇게 날씨, 시간, 기온 등은 주어가 너무 뻔하므로 주어 자리에 it을 넣어줍니다.

> **It** is hot today. (날씨가) 오늘 덥다.
>
> **It** is three o'clock. (시간이) 3시야.
>
> **It** is below zero. (기온이) 영하야.

---

2 긴 주어가 뒤로 넘겨져 주어 자리가 빈 경우

주어가 길어서 뒤로 보낸 경우에는 비어 있는 주어 자리를 it으로 메꿔줍니다.

포기하지 않는 게 중요해.

That you don't give up is important. (어색한 문장)

It is important (that) you don't give up. (자연스러운 문장)

---

3 긴 목적어가 뒤로 넘겨져 목적어 자리가 빈 경우

that절과 같이 목적어가 긴 경우에는 목적어를 문장의 뒷부분으로 보내고 비어 있는 목적어 자리를 it으로 메꿔줍니다.

네가 절대 포기하지 않았다는 게 중요하다는 걸 알아.

I found that you never gave up important. (X)

I found **it** important (that) you never gave up. (O)

---

4 강조하고자 하는 정보를 도치시킨 강조구문에서

강조하기 위한 표현을 문장 앞으로 보내고 문장의 구색을 맞추기 위해 주어와 동사 자리를 It is로 메꿔줍니다.

내가 사랑한 건 너야.

I love you.

너를 강조하기 위해 문장 앞으로 보냅니다.

It is you (whom) I love.

문장의 구색을 맞추기 위해 주어와 동사 자리를 It is로 메꿔줍니다.

이제까지 영어 문법을 공부할 때 빈 명사 자리를 채워주는 it을 가주어, 가목적어, 비인칭 주어 등으로 외웠죠? 하지만 이렇게 it의 진짜 역할 자체를 이해를 해버리면 많은 문장구조들이 공식으로 외워야 할 것이 아닌 필요한 요소들로 자기 역할을 하고 있다는 것을 알 수 있습니다.

배운 문법 바로 쓰는 영어 연습

🎧 1-L3-7.mp3

A be동사를 활용해 영어로 말해보세요.

1 **너 바쁘니?** [hint] busy를 동사화시켜 주세요.

_____

2 **나 지금 공원인데.** [hint] in the park를 동사화시켜 주세요.

_____

3 **하늘이 파랗네!** [hint] blue를 동사화시켜 주세요.

_____

4 **나 지금 운전 중이야.** [hint] driving을 동사화시켜 주세요.

_____

B be동사 외의 연결동사를 활용해 섬세하게 주어의 상태를 영어로 표현해 보세요.

1 **그 스프 상했어.** (안 좋은 상태로의 변화) [hint] (음식이) 상한 bad

_____

2 **행복한 기분이야.** [hint] 행복한 happy

_____

3 **그가 오늘 좀 우울해 보여요.** [hint] 우울한 depressed

_____

4 **그는 점점 지쳐갔어.** (서서히 정도가 커져가는 변화) [hint] 지친, 피곤한 tired

_____

5 **그녀는 침착해 보였어.** [hint] 침착한 calm

_____

▶ 모범답안은 p.281을 확인하세요.

LESSON 04 | 5형식의 새로운 이해

영어에 새로운 눈을 뜨게 해줄

mp3 듣기

Challenge 이번 레슨을 끝낸 후 풀어보세요.

> 여러분은 곧 영어를 자연스러운
> 문장으로 말하게 됩니다.

🎧 1-L4-1.mp3

I made you. "내가 너를 만든다."라고?

〈주어 + 동사 + 목적어〉가 있다고 다 완벽한 문장이 되는 건 아닙니다.

이 문장을 **자연스러운 문장**으로 만드는 2가지 방법은?

방법 1 _____

방법 2 _____

▶ 모범답안은 p.281을 확인하세요.

Why 왜 5형식을 배워야 하는 거죠?

5형식을 이해해야 영어 문장의 구조를 제대로 볼 수 있기 때문입니다. 우리는 그동안 5형식 문장구조를 1형식, 2형식… 하면서 하나하나 따로 외우는 공부를 했습니다. 하지만 언어라는 것은 문장들이 모여서 만들어지는 것이고, 이런 문장들의 구조는 연관성 없이 별개로 존재하는 것들이 아니라 좀 더 정확한 메시지 전달과 효율적인 소통을 위해 **서로 연결되고 도와주는 상호보완 관계** 속에 놓여 있습니다. 이러한 관계 속에서 영어의 문장구조를 이해하게 되면 영어를 단순히 단어의 조합으로만 보는 게 아니라 언어라는 좀 더 큰 그림 속에서 이해할 수 있을 거예요. 따라서 이번 레슨에서는 단순히 문장구조를 설명하는 것을 넘어서서 **각 문장구조가 가지고 있는 장점과 단점, 그리고 그 해결책을 보여 드리고 문장구조에 대한 근본적인 이해**를 해보겠습니다.

POINT 1 목적어가 없어도 완전한 그대,
1형식: 주어 + 자동사

🎧 1-L4-1.mp3

1형식 문장구조의 특징은 목적어가 필요 없이 스스로 문장을 완성시킬 수 있는 (스스로)자동사가 쓰인다는 점입니다. 〈주어 + 동사〉만으로도 온전한 의미를 전달할 수 있죠.

Harry sang. 해리가 노래했어.
주어   동사

The baby hiccupped. 아기가 딸꾹질을 했어요.
주어   동사

⭐ 1형식 문장의 장점

군더더기 없이 〈주어 + 동사〉만 있어도 의미가 온전한 메시지들을 깔끔하게 전달해 줍니다.

The car stopped. 차가 멈췄어.

They jumped. 그들은 (풀쩍) 뛰었다.

⭐ 1형식 문장의 단점과 해결책

실제로 우리가 의사소통할 때 주어와 동사만 가지고 말을 한다면 "난 잔다." "넌 왔다." "우린 뛴다." 정도로 주고받을 수 있는 정보량이 너무 부실할 거예요. 하지만 걱정하지 마세요! 우리는 앞에서 배운 영어의 찍찍이(전치사-명사, 접속사-문장, to-동사, 부사)를 이용하여 다양한 정보량을 늘려줄 수 있습니다.

접속사 찍찍이로 문장 붙이기	Harry sang **whenever** he was alone. 해리는 혼자 있을 때마다 노래했죠.
전치사 찍찍이로 (동)명사 붙이기	The baby hiccupped **after drinking the juice**. 아기가 **주스를 마신 뒤** 딸꾹질을 했어요.
부사 찍찍이는 그냥 붙이기	The car stopped **suddenly**. 차가 **갑자기** 멈췄어요.
전치사 찍찍이로 명사 붙이고 to 찍찍이로 동사 붙이기	They jumped **over** the fence **to** run away from the cop. 그들은 그 경찰한테서 도망치기 위해 울타리 너머로 뛰었어.

★ **1형식 문장 포인트!** 〈주어 + 동사〉만으로 완전한 문장이 된다고 해서 늘 짧은 문장일 필요가 없습니다. 전치사, 접속사, to부정사(to 동사원형), 부사 등으로 얼마든지 정보량을 늘릴 수 있어요.

POINT 2 독보적인 존재 be동사가 있는
2형식: 주어 + 연결동사 + 주격 보어　🎧 1-L4-2.mp3

2형식의 문장구조는 be동사를 다른 레슨에서 상세하게 다루고 있으므로 간단하게 말씀드리겠습니다. 2형식 문장은 주어와 주어에 대한 정보를 알려주는 주격 보어(명사, 형용사, 전치사)가 연결동사로 연결이 되어 있는 문장입니다.

My father **is** a teacher. 저희 아버지는 교사**세요**.
　주어　　연결동사 주어의 ID(명사)

Kimchi **smells** strong. 김치는 **냄새가** 강하죠.
　주어　　연결동사 주어의 상태(형용사)

The cup **is** on the table. 컵은 테이블 위에 **있어**.
　주어　연결동사 주어의 위치(전치사구)

⭐ 2형식 문장의 장점

2형식 문장은 be동사가 주어에 대해 설명을 해주는 명사, 형용사, 전치사에 붙어 이들을 손쉽게 동사화시켜 줍니다.

> My mother **is a lawyer**. 저희 어머니는 **변호사세요**.
> ➡ be동사가 명사 '변호사'에 붙어 '변호사야'라는 동사로 만들어 줍니다.

> My hands **are cold**. 손이 **차**.
> ➡ be동사가 형용사 '차가운'에 붙어 '차갑다'라는 동사로 만들어 줍니다.

> I **am at home**. 난 **집에 있어**.
> ➡ be동사가 전치사구 '집에'에 붙어 '집에 있어'라는 동사로 만들어 줍니다.

⭐ 2형식 문장의 단점과 해결책

be동사는 특정 의미가 없이 주어와 주격 보어(명사, 형용사, 전치사구)를 연결해주는 어마어마한 장점이 있죠. 하지만 '특정 의미가 없다'라는 말은 의미적인 한계가 있다는 뜻이기도 합니다. 따라서 좀 더 다양한 '의미'를 넣어주기 위해 be동사 대신 다른 동사들(seem, become, look, sound, smell, feel, get 등)을 빌려와 연결동사로 쓸 수 있습니다.

She **is** a doctor. 그녀는 의사예요.	➡ She **became** a doctor. 그녀는 의사**가 되었죠**.
George **is** happy. 조지는 행복**해요**.	➡ George **looks** happy. 조지는 행복**해 보여요**.
Nancy **was** frustrated. 낸시는 답답**했어요**.	➡ Nancy **got** frustrated. 낸시는 답답**해졌어요**.
Colin **is** sleepy. 콜린은 졸려요.	➡ Colin **seems** sleepy. 콜린은 졸린 것 같아요.

> ★ **2형식 문장 포인트!** 본인의 의미가 따로 존재하지 않는 **be동사**는 주격 보어를 동사화시켜준다는 막강한 장점이 있지만 의미적으로 한계가 있을 수 있죠. 하지만 일반동사들을 빌려 연결동사로 활용함으로써 좀 더 다양하게 주어의 상태를 표현할 수 있습니다.
> I **was** upset. 나는 **화가 났어**.
> ➡ I **grew** upset. 나는 **서서히 화가 치밀어 올랐어**.
> grow를 빌려와 연결동사로 쓰면 '서서히 정도가 커져가는 변화'를 표현할 수 있습니다.

배운 문법 바로 쓰는 영어 연습

🎧 1-L4-3.mp3

A 찍찍이를 이용해 1형식 영어 문장을 쭉쭉 늘려보세요.

1 나 잤어.

_____

2 나 9시까지 잤어. [hint] ~까지 until

_____

3 그녀는 소리 질렀어. [hint] 소리 지르다, 고함치다 yell

_____

4 그녀는 아들에게 소리 질렀어. [hint] ~에게 at

_____

B 다음 우리말을 2형식 영어 문장으로 만들어 보세요.

1 그는 배가 고파졌어요.

_____

2 그는 배가 고파져서 햄버거를 샀습니다. [hint] 그래서 so

_____

3 우리는 절친이었어요.

_____

4 우리는 대학 때 절친이었어요. [hint] (우리는) 대학 때 (when we were) in college

_____

▶ 모범답안은 p.281을 확인하세요.

목적어가 나와야 온전해지는
3형식: 주어 + 타동사 + 목적어 🎧 1- L4 - 4.mp3

3형식 문장구조는 〈주어 + 동사〉만으로는 온전한 정보를 전달할 수 없고 동사 뒤에 동작을 당하는 대상인 목적어가 와야 하는 문장입니다.

부족한 메시지	온전한 메시지
She fed. (X) 그녀는 먹었다… 뭐를?	She fed **her baby**. 그녀는 **아기를** 먹였어(아기에게 젖을 먹였어). 　주어　동사　　목적어
He bought. (X) 그는 샀다… 뭐를?	He bought **a bottle of water**. 그는 **물 한 병을** 샀어. 　주어　　동사　　　목적어
They touched. (X) 그들은 만졌다… 뭐를?	They touched **the snow**. 그들은 **눈을** 만졌어요. 　주어　　　동사　　　목적어

⭐ 3형식 문장의 장점

'주어와 동사'뿐 아니라 동작의 영향을 받는 대상인 '목적어'까지 표현할 수 있는 문장구조입니다.

Most of the students like **Mr. Courtney**. 대부분의 학생들이 **코트니 씨를** 좋아하죠.
　　　　　　　주어　　　　동사　　목적어

I took **a shower**. 나 **샤워를** 했어.
주어 동사　　목적어

He always asks **many questions**. 그는 항상 **많은 질문을**(질문을 많이) 하죠.
주어　　　　동사　　　목적어

⭐ 3형식 문장의 단점과 해결책

3형식 문장은 동작을 당하는 목적어를 가지고 있지만 때에 따라 〈주어 + 동사 + 목적어〉까지만 말했을 경우 온전한 메시지가 만들어지지 않는 경우들이 있습니다.

부족한 메시지	이유
I made you. (X) 내가 너를 만들었다?	너를 어떻게 만들었는지, 혹은 너에게 무엇을 만들어 주었는지 **추가 정보가 없이는 문장이 온전한 의미를 가지지 못합니다.**
I consider her. (X) 나는 그녀를 여긴다?	너를 어떻게 여기는지 **목적어에 대한 정보가 없이는 문장의 의미가 불완전합니다.**

따라서 이런 경우는 3형식 문장에 부족한 정보를 덧붙여 온전한 의미를 전달할 수 있는 목적어가 2개인 4형식 문장이나 목적격 보어가 있는 5형식 문장으로 바꿔서 표현합니다.

온전한 메시지	이유
I made you **a sandwich**. (O) 내가 네게 **샌드위치를** 만들어줬지.	**목적어 뒤에 무엇을 만들어 주었는지를 덧붙여**(4형식 문장) 온전한 의미를 만들어 줍니다.
I made you **happy**. (O) 내가 너를 **행복하게** 해줬지.	**목적어 뒤에 목적어 상태를 나타내는 형용사를 덧붙여**(5형식 문장) 온전한 의미를 만들어 줍니다.

★ **3형식 문장 포인트!** 말을 하다 보면 〈주어 + 동사 + 목적어〉만으로는 온전한 의미를 전달할 수 없는 경우들이 있습니다. 이때는 3형식 문장 구조를 4형식이나 5형식의 문장구조 형태로 바꿔서 부족한 정보들을 덧붙여 자연스러운 문장으로 만들어 낼 수가 있습니다.

'～을/를'은 목적어를 나타내는 말이 아닙니다!

많은 분들이 '～을/를'이 붙으면 목적어 역할을 한다고 알고 있습니다. 하지만 이것은 우리말의 문법이에요. **영어에서 목적어란 동사 뒤에 오는 명사를 일컫습니다. 동사 뒤에 나오는 명사이기 때문에 목적어인 것이지 '～을/를'로 해석되기 때문에 목적어가 되는 것이 아닙니다.** 목적어를 우리말 해석으로 인지하게 되면 '～을/를'로 해석되지 않는 영어의 목적어들은 이상하게 들리고 이해가 안 되기 때문에 이 개념을 잘 이해하고 있는 것이 중요해요.

예 내 말에 대답해.

Answer to me. (X)

Answer me. (O)

➡ 여기서 Answer은 타동사이기 때문에 뒤에 명사(목적어)가 바로 따라 나옵니다. 우리말로 '내 말에'라고 해석된다고 해서 전치사 to를 쓰면 안 됩니다.

다음은 **목적어가 '～을/를'로 해석이 안 되기 때문에 헷갈리는 대표적인 타동사들**입니다.

discuss	～에 대해 토론하다	reach	～에 도달하다
greet	～에게 인사하다	resemble	～와 닮다
explain	～에게 설명하다	mention	～에 대해 언급하다
contact	～에게 연락하다	attend	～에 참석하다
date	～와 데이트하다	enter	～에 들어가다
marry	～와 결혼하다	ask	～에게 물어보다
appreciate	～에 대해 감사하다	regret	～에 대해 후회하다
approach	～에게 접근하다	join	～에 합류하다, ～와 함께하다

POINT 4 목적어 2개가 나란히 오는 4형식: 🎧 1-L4-5.mp3
주어 + 타동사 + (간접)목적어 + (직접)목적어

우리는 Lesson 1에서 영어에서는 완전한 문장에 명사를 붙일 때 반드시 '전치사'라는 찍찍이 가 있어야 한다는 것을 배웠습니다.

I cleaned the whole house **with my brother**. 오빠랑 집을 전부 청소했어.
　　完전한 문장　　　　　　　　　　　전치사 + 명사

My family ate lunch **in the park**. 우리 가족은 **공원에서** 점심을 먹었어.
　　完전한 문장　　　　　　　전치사 + 명사

하지만 4형식 문장구조에서는 '전달의 의미가 내포된 동사' 뒤에 명사 두 개를 나란히 두어 서 앞에 나온 명사는 수신자로, 뒤에 나온 명사는 전달 대상으로 해석을 하자는 암묵적인 약속이 되어 있습니다. 따라서 〈주어 + 동사 + 명사〉라는 완벽한 문장구조 뒤에 전치사 없 이 명사가 바로 붙어 나오는 특이한 형태를 지니죠.

I **sent** my grandparents a card. 할머니 할아버지께 카드를 보냈어.
　　　　　 수신자　　　　　 전달 대상

I **taught** myself English. 전 **영어를 독학**했어요. (영어를 나 자신에게 가르쳤어요.)
　　　　　 수신자　　 전달 대상

Tim **bought** me a snack. 팀이 **내게 간식을** 사줬어.
　　　　　　 수신자　 전달 대상

⭐ 4형식 문장의 장점

전치사 필요 없이 명사 2개만 나란히 두어도 누구에게 무엇을 전달했는지 복잡한 의미를 이 렇게 간단하게 표현할 수 있습니다.

Could you **show me the paper**? 나한테 그 서류 좀 보여줄래요?

I'll **give you the money**. 내가 **너한테 그 돈** 줄게.

He **made me Korean food**. 그는 **내게 한국음식을** 만들어줬어.

057

✪ 4형식 문장의 단점과 해결책

전치사 없이 명사 두 개를 나란히 두어 수신자와 전달 대상만 표현하다 보니까 의미가 단조롭고 자칫하면 표현의 오해가 생길 가능성도 있습니다.

표현의 오해	이유
I made him a scarf.	단순히 '그에게 스카프를 만들어 주었다.'라는 뜻이 되어 그를 위한 **나의 정성과 노력**을 표현할 때 2% 부족한 문장이 됩니다.
Give me it. (X)	발음이 짧고 단어의 **의미가 명확하지 않은 대명사가 문장 끝에 오면** 자칫 못 듣고 놓치거나 **정확히 무엇을 지칭하는지 헷갈릴 수도** 있습니다.

의미를 좀 더 내 의도에 맞게 세밀하게 표현하고 수신자와 전달 대상을 정확하게 전달하기 위해서 〈주어 + 동사 + 목적어(전달 대상)〉에 전치사로 명사(수신자)를 붙여 3형식으로 만들어 줍니다.

주어 + 동사 + 목적어(전달 대상) + 전치사 + 명사(수신자)

William **gave me a cookie**.　　윌리엄이 **나에게 쿠키를** 줬어.

= William **gave a cookie to me**.

➡ 전치사 to를 쓰면 '누구에게' 주는 것인지 그 의미가 명확해지면서 강조가 됩니다.

I **made him a scarf**.　　나는 **그에게 스카프를** 만들어줬어.

= I **made a scarf for him**.　　나는 **그를 위해서 스카프를** 만들었어.

➡ for를 쓰면 '그를 위한 나의 정성과 노력'이 강조됩니다.

My mom **read me a book**.　　엄마가 **내게 책을** 읽어줬어.

= My mom **read a book to me**.

➡ 전치사가 들어가면 '누구에게' 읽어주는 것인지 그 의미가 명확해지면서 강조가 됩니다.

Give me it. (X)

➡ **Give it to me**.　　내게 그걸 줘.

➡ 발음을 놓치기 쉬운 대명사는 나란히 명사 두 개를 놓는 형태로 쓰지 않고 3형식 문장 형식을 써서 의미에 혼동이 없게 합니다.

⭐ 4형식 문장을 3형식 문장 형태로 바꿀 때 주의할 점

단순히 누구에게 주는지 '전달'의 메시지가 강한 동사들은 단순한 방향성을 나타내는 전치사 to를 써서 누구에게 주는 것인지 강조해 줍니다.

주어 + 동사 + 목적어 + **to 명사(수신자)**
give, send, show, bring, offer, pass 등

I'll **send you** the photo.   네게 그 사진 보내줄게.
→ I'll **send** the photo **to you**.

하지만, 주기 위해서 정성과 노력, 돈, 시간 등이 들어가는 동사인 경우에는 전치사 for를 써서 받는 사람을 위한 정성과 노력 등을 강조해 줍니다.

주어 + 동사 + 목적어 + **for 명사(수신자)**
buy, make, cook, find, get 등

My mom **bought me** a bag.   엄마가 내게 가방을 사주셨어.
→ My mom **bought** a bag **for me**.   엄마가 나를 위해 가방을 사주셨어.

또한, 전달 대상이 대명사인 경우는 문장 끝에 두지 않고 3형식 문장으로 바꿔 정보를 자칫 못 듣거나 누락되게 하지 않습니다.

I'll send you **it**. (X)	I'll send **it to you**. (O) 내가 그거 너한테 보낼게.
Give your mother **them**. (X)	Give **them to your mother**. (O) 그것들 너희 어머니께 드려.

★ **4형식 문장 포인트!** 전치사 없이 목적어 두 개를 나란히 놓아 간단하게 수신자와 전달 대상을 표현할 수 있지만 ① 수신자를 강조하고 싶거나 ② 전달자의 정성과 노력을 표현하고 싶은 경우 ③ 정보의 누락이 없이 확실히 표현하고 싶은 경우는 3형식 문장구조로 바꿔 표현해 줍니다.

배운 문법 바로 쓰는 영어 연습

🎧 1-L4-6.mp3

Ⓐ 다음 우리말을 3형식 영어 문장으로 만들어 보세요.

① **목걸이 샀어.** [hint] 목걸이 necklace

_____

② **엄마 드리려고 목걸이 샀어.** [hint] 누구 주려고 무엇을 사다 buy something for someone

_____

③ **저는 영화 보는 것 좋아해요.** [hint] ~하는 것을 좋아하다 like to V / like Ving

_____

④ **저는 시간될 때 영화 보는 것 좋아해요.**

[hint] 내가 시간 될 때 when I have time / in my free time

_____

Ⓑ 다음 우리말을 4형식 영어 문장으로 만들어 보세요.

① **점원에게 신분증을 보여주셔야 해요.** [hint] ~하셔야 해요 You have to V | 신분증 ID

_____

② **술을 구매하기 위해서는 점원에게 신분증을 보여주셔야 해요.**

[hint] (문장 앞) ~하기 위해서는 To V

_____

③ **나한테 그 주소 좀 문자로 보내줄래?** [hint] ~해줄래? Could you ~? | 문자로 보내다 text

_____

④ **수업 끝나고 나한테 그 주소 좀 문자로 보내줄래?** [hint] 수업 끝나고, 방과 후 after class

_____

▶ 모범답안은 p.282를 확인하세요.

POINT 5 **3형식의 부족함을 채워주는**
5형식: 주어 + 타동사 + 목적어 + 목적격 보어 🎧 1-L4-7.mp3

5형식은 목적어 뒤에 목적어가 누구인지 목적어의 정체(ID)를 알려주는 명사나 목적어의 상태를 나타내는 형용사 또는 목적어의 동작을 나타내는 동사가 따라 나오는 문장구조입니다.

주어 + 동사 + 목적어 + 목적격 보어	
❶ 주어 + 동사 + 목적어 + 명사	My friends call **me Sue**. 내 친구들은 **나를 '수'라고** 불러요. [목적어 me의 정체(ID)는 'Sue']
❷ 주어 + 동사 + 목적어 + 형용사	He makes **me happy** all the time. 그는 항상 **날 행복하게** 해줘. [목적어 me는 '행복한' 상태]
❸ 주어 + 동사 + 목적어 + 동사	I want **you to listen to me**. **내 말을 잘 들어줬으면** 해. [목적어 you가 할 일은 '내 말을 잘 듣는 것']

〈주어 + 동사 + 목적어〉만으로는 의미가 온전하지 않은 3형식 문장구조의 한계를 보완해주는 문장구조로써 이 문장구조를 가질 수 있는 동사들이 많지는 않으므로 많이 쓰이는 동사를 몇 가지 외워두면 좋습니다.

1 목적격 보어로 '명사'가 올 수 있는 동사

주어 + 동사 + 목적어 + 목적격 보어(명사)
make, call, name, elect, consider 등

He **calls** me "**honey**." 그는 저를 "honey(자기야)"라고 불러요.

We **named** our son **Robin**. 우리는 아들을 로빈이라고 이름 지었어요.

I **consider** her **my best friend**. 저는 그녀를 제 절친이라고 여깁니다.

2 목적격 보어로 '형용사'가 올 수 있는 동사

주어 + 동사 + 목적어 + 목적격 보어(형용사)

make, find, keep, consider, leave, get 등

I **found** him **very attractive**. 그가 굉장히 매력 있다는 걸 알게 됐어.

Don't **leave** me **alone**. 날 혼자 두지 마!

This book **made** me **so depressed**.
이 책이 날 너무 우울하게 만들었어. (이 책 때문에 너무 우울해졌어.)

3 목적격 보어로 'to부정사'가 올 수 있는 동사

주어 + 동사 + 목적어 + 목적격 보어(to부정사)

want, tell, ask, force, expect, allow, advise, get,
cause, encourage, motivate, order 등

I **got** my son **to clean his room**. 아들에게 방을 치우게 했어.

They **encouraged** me **to be a teacher**. 그들은 내게 교사가 되어 보라고 독려했어.

My parents **helped** me **(to) move**. 부모님이 이사하는 걸 도와주셨어.

The book **motivated** me **to start exercising**.
그 책이 운동을 시작할 마음을 먹게 해줬어. (그 책 보고 운동할 마음이 생겼어.)

4 목적격 보어로 '동사원형'이 올 수 있는 동사

주어 + 동사 + 목적어 + 목적격 보어(동사원형)

지각동사 see, watch, hear, feel
사역동사 have, make, let, help

I **saw** him **shut the door**. 저는 그가 문 닫는 것을 봤어요.

I **felt** the box **move**. 저는 박스가 움직이는 것을 느꼈죠.

She **let** her son **play outside**. 그녀는 아들을 밖에서 놀게 해줬어요.

He **had** his wife **send the document**. 그는 부인에게 서류를 보내달라 했습니다.

★ **5형식 문장 포인트!** 목적어 뒤에 목적어의 정체(ID), 상태, 동작을 알려주는 목적격 보어가 존재하는, 많은 정보를 담고 있는 문장구조입니다. 따라서 목적어만으로는 온전한 문장이 전달되지 않는 3형식 문장구조의 한계를 보완해줄 수 있습니다.

Review 3

배운 문법 바로 쓰는 영어 연습

🎧 1-L4-8.mp3

Q 다음 우리말을 5형식 영어 문장으로 만들어 보세요.

1 저는 항상 집을 깨끗이 치워 놓고 다녀요. [hint] (어떤 상태로) 유지하다 keep

_____

2 저는 혹시라도 누가 올까 봐 항상 집을 깨끗이 치워 놓고 다녀요.
[hint] 혹시라도 ~할까 봐 just in case | (당사자가 있는 곳에) 오다 come over

_____

3 저희는 딸 이름을 Sophie(소피)라고 지었어요.

_____

4 저희는 할머니 이름을 따서 저희 딸 이름을 Sophie(소피)라고 지었어요.
[hint] ~의 이름을 따서 after ~

_____

5 그들이 공원에서 술 마시는 것을 봤어요.

_____

▶ 모범답안은 p.282를 확인하세요.

진짜 원리를 알면 실제 써먹는 영어가 된다

지각동사 꿰뚫어보기

mp3 듣기

그냥 그렇게 배웠어요.

왜 동사원형을 쓰는 거예요?

Challenge 다음 두 문장은 어떤 큰 차이가 있을까요?

여러분은 곧 이 둘의 차이를
구분할 수 있게 됩니다.

🎧 1-L5-1.mp3

❶
I heard him punch **the car.**

❷
I heard (that) he punched **the car.**

▶ 이에 대한 설명은 p.068에서 확인할 수 있습니다.

POINT 1 ## 지각동사의 특별함

🎧 1-L5-1.mp3

지각동사라는 것은 다른 대상의 행동을 직접 보고, 듣고, 느끼는 동사(see, look, watch, hear, listen, feel)로, 다른 일반동사들과 다른 큰 특징이 있습니다. 바로 감각을 통한 정보를 인지한다는 것인데요, 이것이 중요한 이유는 감각을 통해 정보를 인지하기 위해서는 크게 2가지의 전제 조건이 충족되어야 하기 때문이에요.

1 **사건이 발생한 그 현장에 있어야 합니다.**

볼 수 있는 거리에서 넘어짐

내가 당신이 넘어진 그곳, 적어도 넘어지는 것이 **보이는 거리에 있어야** 당신이 넘어지는 것을 볼 수가 있습니다.

2 **그 일이 발생한 동시간에 보고 듣고 느껴야 합니다.**

see와 fall이 같은 시간에 발생

I **saw** you **fall** down.

내가 당신이 넘어지는 것을 보려면 **넘어지는 시점에 나는 보고 있어야** 하는 것이지요.

지각동사의 문장구조가
<주어 + 동사 + 목적어 + 동사원형>일 수밖에 없는 이유

⭐ 지각동사의 목적어의 동작을 동사원형으로 표현하는 이유

우선, 우리가 영어 공부를 할 때 '동사원형'이란 말을 많이 듣게 되는데요, 단순히 '동사의 원형이다'라는 설명을 넘어서서 동사원형이 가진 핵심개념을 이해하고 있어야 다양한 문장구조들이 이해됩니다.

> **동사원형의 핵심개념**
>
> **동사원형이란 동사에 tense(시제)를 빼준 것입니다.** 즉 시간의 정보가 들어가 있지 않고 순수하게 그 동작만을 보여주는 형태이죠.

어떤 사건을 직접 목격하고 듣고 느끼려면 그 사건이 발생한 현장에서 그 사건이 발생된 같은 시간에 있어야 한다는 것이 전제가 되기 때문에 지각동사의 시제만 보아도 목적어의 동작 발생 시점을 알 수 있으므로 뒤따라오는 동사에 또 시제를 넣어줄 필요 없이 동사원형을 써주는 것입니다.

주어 + 지각동사(see, watch, hear, feel) + 목적어 + 동사
　　　　　　　　　　　　　　　└───────┘
　　　　　　　　　　　　　　　같은 시점에 발생

목적어의 동작이 발생하는 시점과 그것을 지각하는 시점이 같습니다. 그래서 앞에 나온 I saw you fall down.에서 fall이 동사원형이었던 것이죠.

I saw you fall down.
나는 네가 **넘어지는 걸 봤어.**

당신이 넘어진 시점과 내가 목격한 **시점이 같기 때문에
시간의 개념을 또 넣어줄 필요 없이 동사원형으로 목적어
의 동작만을 넣어줍니다.**

좀 더 다양한 예문을 통해 확실하게 이해해 봅시다.

I saw him kick a ball.
그가 공을 **차는 걸 봤어.**

그가 공을 차는 것을 목격하려면 그 현장이나 근처에서
동시간에 내가 보고 있었던 거죠. 따라서 **시제를 또 보여줄
필요가 없으므로 목적어의 동작은 동사원형을** 씁니다.

I heard the car hit the wall.
그 차가 벽에 **부딪히는 소리를 들었어요.**

그 차가 벽을 박은 소리를 들으려면 그 현장이나 근처에
서 **동시간에 내가 듣고 있었던 거예요.** 따라서 **시제를 또
보여줄 필요가 없으므로 목적어의 동작은 동사원형을** 씁니
다.

의미 차이 때문에 생기는 문장구조의 변화   🎧 1-L5-3.mp3

⭐ 다음 두 문장은 어떤 차이가 있을까요?

I **heard him punch** the car.

I **heard (that) he punched** the car.

✨ **Challenge(p.064)에 대한 설명입니다.**

I heard him punch the car.
나는 그가 차를 주먹으로 치는 소리를 들었어.

그가 차를 주먹으로 치는 소리를 '직접' 들으려면 그 현장에서 동시간에 들어야 합니다. 따라서 heard에 이미 과거시제가 들어가 있으므로 **동시간에 이루어진** punch에는 시간의 개념을 또 넣어주지 않고 동사 원형으로 동작만 보여줍니다.

I heard (that) he punched the car.
나는 그가 차를 주먹으로 쳤다는 얘기를 들었어.

현장에서 직접 소리를 들은 것이 아니라 제3자나 다른 **매체를 통해 그 정보를 전해 들었을 경우**에는 완벽한 문장을 담을 수 있는 **that절을 이용**하여 내가 전해 들은 정보를 heard 뒤에 붙여 쓰면 됩니다.

POINT 4 주어 + 지각동사 + 목적어 + 동사원형 *vs.*
주어 + 지각동사 + 목적어 + 현재분사(Ving)

🎧 1-L5-4.mp3

① 〈주어 + 지각동사 + 목적어 + 동사원형〉을 쓰는 경우

〈주어 + 지각동사 + 목적어 + 동사원형〉의 문장구조는 주어가 목적어의 행동, 행위를 직접 지각했다는 것을 나타냅니다. 이때 중요한 포인트는 목적어의 동작을 동사원형으로 표현한 다는 것은 그 목적어의 그 행동(action)을 발생한 하나의 사건으로써 사건 전체를 짚어서 말하고 있다는 것입니다. 즉, 목적어의 행동을 동사원형으로 쓰게 되면 그 행동의 시작부터 끝까지 '하나의 완료된 동작'으로 지칭하여 언급하는 것이 됩니다.

I **saw** you **fall** down.　나는 네가 **넘어지는 걸 봤어.**

넘어지는 행동, **그 사건 전체를 지칭**합니다.

I **heard** him **hit** the wall.　나는 그가 벽을 **치는 소리를 들었어.**

벽을 주먹으로 한 번 치는 **동작 하나를 지칭**합니다.

쾅!

069

2 〈주어 + 지각동사 + 목적어 + 현재분사(Ving)〉를 쓰는 경우

하지만 동작의 시작과 끝 전체를 지칭한 하나의 완료된 동작을 나타내는 것이 아니라 동작이 지속, 반복, 진행 중인 상황에서는 지속, 진행의 형용사인 현재분사(Ving)를 써주어야 합니다. 현재분사는 이런 때에 쓰입니다.

❶ 동작이 반복될 때

벽을 주먹으로 치거나 망치로 못을 박거나 다리를 떨거나 이런 짧은 동작이 계속되려면 반복이 되어야 합니다. 동작이 반복될 때 현재분사를 써주세요.

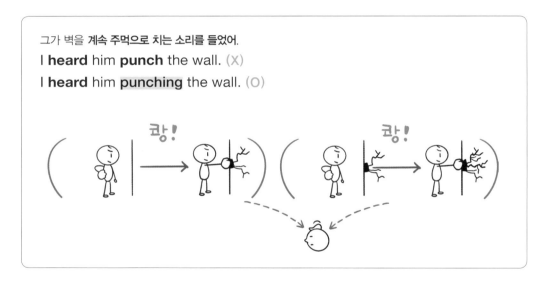

그가 벽을 **계속 주먹으로 치는** 소리를 들었어.
I **heard** him **punch** the wall. (X)
I **heard** him **punching** the wall. (O)

❷ 시작과 끝을 다 볼 수 없는 정적인 동작일 때

나는 그녀가 버스 **기다리는** 걸 봤어.
I **saw** her **wait** for a bus. (X)
I **saw** her **waiting** for a bus. (O)
➡ 완성되는 동작이 없기 때문에 동작의 처음부터 끝까지 볼 수 없고 늘 기다리는 중인 모습을 볼 수밖에 없습니다.

③ 동작이 진행 중임을 표현할 때

'이런 사건이 있었다'라고 있었던 일(event)을 지칭할 때는 동사원형을 쓰지만 그런 행동을 하고 있는 것을 내가 봤다라고 할 때는 현재분사를 써줍니다.

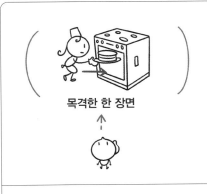

목격한 한 장면

A: Sue doesn't know how to bake a cake!

수는 케이크 만들 줄 몰라!

B: 나 아까 오후에 수가 케이크 **굽고 있는 거 봤는데.**

I **saw** Sue **baking** one this afternoon.

➡ 수가 케이크를 굽고 있는 장면을 내가 직접 봤다고 알려줄 때는 현재분사를 씁니다.

하나의 사실

A: This cake looks like it came from a store.

이 케이크 가게에서 산 거 같은데?

B: 내가 아까 오후에 수가 케이크 **굽는 거 봤어.**

I **saw** Sue **bake** it this afternoon.

➡ 수가 케이크를 사지 않고 직접 구웠다고 있었던 일(event)을 알려줄 때는 동사원형을 씁니다.

이렇게 상황에 따라 '동작 중'을 나타내는 것인지 하나의 '발생한 사실(event)'로 말하는 것인지 달라질 수 있습니다.

동사원형 vs. 현재분사

주어 + 지각동사 + 목적어 + 동사원형	주어 + 지각동사 + 목적어 + 현재분사
❶ 완료된 동작 하나를 나타낼 때 사용	❶ 동작이 반복될 때 사용
❷ 시작과 완료가 있는 동작(action)에 사용	❷ 정적인 행동/상태에 사용
❸ 동작을 하나의 발생한 사건으로 볼 때 사용	❸ 동작이 진행 중일 때 사용

다양한 예문을 통해 확실히 이해하고 넘어가도록 하죠.

I **saw** him **dance**.

그가 **춤 추는 걸 봤어**.

그가 춤을 추는 모습을 **처음부터 끝까지** 전체를 지칭해서 봤다고 하는 경우는 보통 **공연장에서 그가 공연으로서 춤을 추는 경우**입니다.

I **saw** him **dancing**.

그가 **춤 추고 있는 걸 봤어**.

보통 그가 춤을 추고 있는 모습을 **지나가다 우연히** 보게 된 경우에는 **현재분사를 써서 춤을 추고 있는 중인 것을 봤다고 표현해** 줍니다.

I **saw** her **play** the piano.

그녀가 피아노 **연주하는 걸 봤어**.

그녀가 피아노 치는 모습을 **처음부터 끝까지** 지칭해서 봤다고 하는 경우도 보통 **연주회에서 그녀가 피아노 연주를 한 것을 본 경우**를 말합니다.

I **saw** her **playing** the piano.

그녀가 피아노 **치고 있는 걸 봤어**.

그녀가 피아노 치고 있는 모습을 **지나가다 우연히** 보게 된 경우에는 **현재분사를 써서 피아노를 치고 있는 중인 것을 봤다고 표현해** 줍니다.

I **saw** him **sleep**. (X)

정적인 상태인 '잠자는 것'은 **동작의 처음부터 끝까지를 볼 수가 없으므로** 틀린 문장입니다.

I **saw** him **sleeping**.

그가 **자고 있는 걸 봤어**.

그가 자고 있는 것을 봤다는 것은 **늘 자고 있는 중인 모습을 본 것이므로 현재분사를 써야** 합니다.

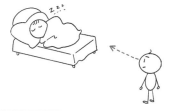

I heard the dog **bark**. 개가 짖는 걸 들었어. 동사원형을 쓰게 되면 **개가 "왕!"** 하고 한 번 짖은 소리를 들었다는 뜻이 됩니다. 	**I heard** the dog **barking**. 개가 **계속** 짖는 걸 들었어. 개가 "왕! 왕! 왕!" 짖는 행동을 반복했다면 **현재분사를 써서 동작의 반복을 표현**해 줍니다. 

POINT 5 주어 + 지각동사 + 목적어 + 과거분사   🎧 1-L5-5.mp3

목적어가 동작을 행하거나 진행 중인 경우가 아니라 목적어가 당한 상태를 표현하려면 목적어 뒤에 수동의 의미가 있는 과거분사를 써주어야 합니다. 공식으로 외우기보다 항상 의미에 맞는 표현을 찾아 써야 한다는 것 잊지 마세요!

I saw him **taken** into custody.   나는 그가 **체포되는** 것을 봤어.
　　　　　과거분사 [목적어가 데려가짐을 당한 상태]

taken into custody 체포되는, 구속되는

목적어의 동작을 어떻게 표현하느냐는 의미에 달려 있습니다.

I saw him **make** a snowball. 　　　동사원형 [그가 눈뭉치를 만드는 행동]	**목적어가 한 행동을 표현**
I saw him **throwing** snowballs. 　　　현재분사 [그가 눈뭉치를 계속 던지는 행동]	**목적어가 반복적으로 한 행동 표현**
I saw him **covered** with snow. 　　　과거분사 [그가 눈으로 덮여 있는 상태]	**목적어가 당한 행동, 상태를 표현**

배운 문법 바로 쓰는 영어 연습

🎧 1-L5-6.mp3

Q 지각동사를 활용해 영어로 말해보세요.

① (연주회 공연을 보고 난 후) 그녀가 **피아노 연주하는 걸 봤어.**

I _____ her _____ the piano.

② 나는 그녀가 전화 **통화하는 것을 들었어요.**

I _____ her _____ on the phone.

③ **A:** 나 너 소파에서 **자는 거 봤어.**

_____ on the couch.

B: 너무 피곤했거든. **나 코고는 소리도 들었어?** [hint] 코를 골다 snore

I was so tired. _____

④ **A:** 나 너 공원에서 **운동하는 거 봤어.**

_____ in the park.

B: 나도 학교 근처에서 **네가 친구랑 달리는 거 봤어.**

_____ with your friend
near the school.

A: 그 공원이 운동하기 좋다고 들었는데. 다음번엔 같이 가자!

I heard (that) that park is a great place to exercise.
Let's go together next time!

▶ 모범답안은 p.282를 확인하세요.

LESSON
06 | 진짜 원리를 알면 실제 써먹는 영어가 된다
사역동사 꿰뚫어보기

엄마께 아이 좀 봐 달라고 했어요.
I had my mom babysit my son.

엄마한테 버릇없이 일을 시켜먹다니…

Challenge 위의 대화에서 여자가 남자를 버릇없다고 오해한 이유는?

🎧 1-L6-1.mp3

I had my mom babysit my son.

영어에서 사역동사 have는 내가 부탁한 대로 상대방이 해 줄 것이라는 기대를 가져도 되는 인간관계에서 사용할 수 있습니다. 가족관계나 고용관계 등과 같이 말이죠. 하지만 우리말로 '시키다'로 외우게 되면 마치 부모님을 부려먹는 것 같은 어감으로 오해가 되는 거죠.

▶ 이에 대한 더 자세한 설명은 p.078에서 확인할 수 있습니다.

POINT 1   영어에서 '사역동사'의 정확한 뜻은?

'사역동사'라는 용어 때문에 우리는 '남을 부리어 시키는' 동사로 make, have, let, help동사를 바라봅니다. 우리가 그동안 실제 회화에서 사역동사를 어색하고 이상하게 활용하곤 한 이유가 바로 이 때문이죠. 왜냐하면 한국문화에서 '시키다'라는 개념과 영어에서 '시키다'라는 개념이 문화적으로 서로 다르기 때문입니다.

한국문화에서는 '누군가에게 무엇을 시킨다'는 것을 인간관계의 서열과 아주 밀접하게 보기 때문에 '나이가 많은 사람이 나이가 어린 사람에게', '직위가 높은 사람이 직위가 낮은 사람에게' 사용되며 '아랫사람이 윗사람에게 무언가를 시킨다는 것은 예의에 어긋나는 행동'이라고 생각이 되죠. 하지만 영어에서 이 동사들은 causative verb(사역동사)라고 부르며 다른 상황이 일어나도록 유발시키는, 발생시키는 동사라고 봅니다. 즉 목적어가 특정 행동을 하는 상황을 불러 일으키는 동사군이라는 뜻이지요.

그런 일이 발생하는 상황을 **가지다**	➡	**have**
그런 일이 발생하는 상황을 **만들다**	➡	**make**
그런 일이 발행하게 **허락하다**	➡	**let**
그런 일이 발생하도록 **돕는다**	➡	**help**

이렇게 특정 상황을 발생시키는 이 동사들은 그 의미에 맞는 문장구조를 갖게 됩니다.

> 주어 + causative verbs(사역동사) + 목적어 + 동사원형

**사역동사는 왜
<주어 + 동사 + 목적어 + 동사원형> 문장구조를 가질까?** 🎧 1-L6-1.mp3

사역동사는 목적어가 특정 행동을 하는 상황을 그려주고, 그러한 상황을 '가지겠다/만들겠다/허락하겠다/돕겠다'라는 의미, 즉 주어가 그러한 상황을 유발시키는 동사입니다.

남편한테 세차를 해달라고 할 거야.

원어민들 머릿속의 진짜 메시지

I'll **have**
내가 **갖겠다**

my husband **wash the car**
남편이 **세차하는 상황을**

따라서 그런 상황이 이미 벌어졌는지 아닌지는 사역동사의 시제로 저절로 알 수가 있습니다.

I'll have my husband **wash the car.** 남편한테 **세차를 해달라고 할 거야.**
➡ 그런 상황을 가질 것이기 때문에 아직 남편이 세차를 하지 않음을 알 수 있습니다.

I had my husband **wash the car.** 남편한테 **세차를 해달라고 했어.**
➡ 이미 그런 상황을 가졌기 때문에 남편이 세차를 했다라는 것을 알 수 있습니다.

우리가 앞서 지각동사에서 동사원형의 핵심개념에 대해서 배워봤는데요.

> ┌─────────────────────┐
> │ 동사원형의 핵심개념 │
> └─────────────────────┘
> ───
> **동사원형이란 동사에 tense(시제)를 빼준 것입니다.** 즉 시간의 정보가 들어가 있지 않고 순수하게
> 그 action만을 보여주는 형태이죠.

이렇게 사역동사는 주어가 어떤 상황을 발생하게 하는지 그 상황만 그려내면 되고, 사역동사의 시제에 따라 자연스럽게 일어난 일인지 일어날 일인지 알 수 있기 때문에 목적어의 동작에 '시간'의 개념을 넣어줄 필요가 없습니다. 따라서 목적어의 동작을 동사원형으로 표현해주는 것입니다.

POINT 3 사역동사 have를 '시키다'라고 외우면 안 되는 이유

🎧 1-L6-2.mp3

✨ **Challenge(p.075)에 대한 설명입니다.**

> 이렇게 영어에서 사역동사는 주어가 원하는 상황을 갖고, 만드는 의미가 있기 때문에 목적어 자리에는 주어가 원하는 상황대로 움직여줄 수 있는 상대가 나올 수 있습니다. 즉, 보통 내가 부탁을 하고 지시를 했을 때 내 뜻대로 움직여줄 수 있는 **아주 가까운 가족관계**이거나, 내가 돈을 주고 일을 시키는 고용관계이거나, 나를 위해 일하기로 약속이 되어 있는 상사와 부하직원 관계에서 사용될 수 있는 것이지요. 따라서 영어에서는 그런 관계 속에 있다면 어린 사람이 나이가 더 많은 사람에게도 사역동사를 쓸 수 있습니다.

I **had my mom babysit** my son while I worked.

나 일하는 동안에 **엄마한테** 아이 **좀 봐달라고 했어/부탁드렸어.**　　　　[우리말 해석은 문맥에 맞게 자연스럽게 하면 됨]

➡ 영어에서 사역동사는 그런 상황을 가졌다 정도가 되기 때문에 가까운 가족관계에서는 충분히 쓸 수 있는 표현입니다.

하지만 우리말로 사역동사를 '시키다'라는 의미로 외우게 되면 I had my mom babysit my son while I worked.와 같은 문장은 마치 부모님을 부려먹는 것 같은 어감으로 오해가 되고 제대로 그 표현을 활용할 수 없게 됩니다. 따라서 have를 무조건 '시키다'로 외우지 말고 그런 상황을 갖기 위해 우리는 어떻게 어머니께 말을 할 것인지 생각해보면 됩니다. 어머니께 지시를 하거나 명령을 하지 않겠죠? 아마 "엄마 저 일하는 동안 아이 좀 봐주실 수 있어요? Could you babysit my son while I work?" 하고 부탁을 할 것입니다. 따라서 I had my mom babysit my son while I worked.는 "일하는 동안 엄마에게 아이 좀 봐달라고 부탁드렸어." 정도로 자연스럽게 의역하면 되죠.

표현은 하나만 있는 것이 아니므로 동사 ask를 써서 I asked my mom to babysit my son while I worked.라고 써도 됩니다. ask는 정말로 부탁을 드렸다라는 뜻이므로 have보다는 좀 더 우회적이고 부드러운 표현이 됩니다. 또한 ask는 have와 다르게 문맥에 따라 부탁한 동작이 이루어졌는지 아직 안 이루어졌는지 다양하게 해석될 수 있습니다.

I **had** my mom **babysit** my son while I worked.

나 일하는 동안 **엄마한테** 아이 좀 **봐달라고 했었어.**

➡ 이미 그러한 상황을 가졌기 때문에 어머니가 아이를 봐줬음이 내포되어 있습니다.

I **asked** my mom **to babysit** my son while I worked.

나 일하는 동안 **엄마한테** 아이 좀 **봐달라고 부탁드렸어.**

➡ 문맥에 따라 어머니가 아이를 이미 봐주셨는지 아니면 앞으로 봐주실 건지를 알 수 있습니다.

회사에서는 내가 원하는 일이나 필요한 일이 이루어지도록, 그런 상황을 가질 수 있도록 내가 요청할 수 있는 대상은 부하직원이 될 거예요. 따라서 사역동사 have는 주로 부하직원에게 일을 시키거나 부탁할 때 사용됩니다.

I'll **have** Larry **answer** my phone.　　[Larry는 나의 부하직원]

래리가 제 **전화를 받게 하겠습니다.**

➡ 좀 더 부드럽게 I'll ask Larry to answer my phone.(래리한테 제 전화를 받아달라고 부탁할게요.)이라고 표현해도 됩니다.

동등한 관계인 직장 동료에게는 have를 쓰지 않고 ask를 쓰는 것이 자연스럽습니다.

I'll **ask Larry to answer** my phone. [Larry는 나의 직장 동료]

I'll **have** Larry answer my phone. (X)

'시키는 개념'에 대한 이런 문화 차이도 잘 이해해야 실제 영어를 사용할 때 자연스러운 표현을 쓸 수 있습니다.

POINT 4 사역동사 have, make, let, help의 뉘앙스 차이 비교

🎧 1 - L6 - 3.mp3

영어에서 '~한 상황을 가지다/만들다'라는 뜻으로 〈주어 + 동사 + 목적어 + 동사원형〉의 구조로 쓰이는 동사는 크게 4가지가 있습니다. 각자의 고유 의미와 특색이 있기 때문에 잘 알아두어 상황에 맞는 표현을 골라 써야 해요.

1 have

목적어가 '동사원형'하는 상황을 가지다라는 뜻으로 **보통 그런 상황을 가지기 위해 상대방에게 부탁**을 하기 때문에 ask로 바꿔 써도 됩니다.

> Could you please?

I **had** my brother **buy** some milk.
가지다 – 동생이 우유를 사오는 상황을

의역: 동생한테 우유 좀 **사와 달라고 했어.**
= I **asked** my brother **to buy** some milk.

2 make

목적어가 '동사원형'하도록 '만들다'라는 뜻으로 **엄청난 강제성의 뉘앙스**를 가진 표현입니다. 보통 상대가 원하지 않는 행동을 억지로 시킬 때 사용되기 때문에 사용에 주의해야 해요. 동사 force로 바꿔 써도 됩니다.

The robber **made** me **unlock** the door.
만들다 – 내가 문을 여는 상황을

의역: 강도가 **(억지로)** 내게 그 문을 **열게 했어요.**
= The robber **forced** me **to unlock** the door.

3 let

목적어가 '동사원형'하는 상황을 **허락하여 하게 해줄 때** 사용합니다. formal한 상황에서는
allow로 바꿔 써도 됩니다.

My teacher **let** me **have** this book.
허락하다 – 내가 이 책을 갖는 상황을

의역: 선생님께서 이 책을 **가져도 된다고 하셨어요.**
= My teacher **allowed** me **to have** this book.

4 help

help는 목적어가 '동사원형'을 하도록 도와줌으로써 그런 상황을 갖게 되는 동사입니다.

I **helped** my friend **carry** the box.
돕다 – 내 친구가 박스를 옮기는 상황을

의역: 친구가 박스 **옮기는 것을** 내가 **도와줬어요.**
= I **helped** my friend **(to) carry** the box.

help는 '도와서 그런 상황이 되도록 한다'라는 사역동사의 뜻 말고도 그냥 '목적어가 그 행
동을 하도록 도와주다'라고 일반동사의 의미로도 볼 수 있기 때문에 목적어의 동작을 to
부정사로도 붙여 '목적어가 ~하도록 돕다'로 표현해도 됩니다. 실제 회화에서는 동사원형을
쓰는 것이 좀 더 일반적입니다.

POINT 5 '시키다'라는 뜻으로 have 대신 쓸 수 있는 일반동사들

1 get 목적어 to V

'움직이는 이미지'의 기본동사 get을 이용하여 '목적어가 특정 행동을 하도록 움직이게 하다'라는 뜻으로 '시키다'라는 의미를 표현할 수 있습니다.

[주어 get] + [목적어 + to V]
주어가 움직이다   목적어가 ~행동을 하도록

하지만 조심해야 하는 것은 get을 쓰게 되면 상대방이 그 행동을 하게끔 움직이기 위해 설득을 한다든가 대가를 준다든가 하는 어떤 노력이 들어갔다는 뉘앙스가 있습니다.

| 아들한테 **설거지 좀 하라고 했어요.**
| I **had** my son **wash** the dishes.   [아들에게 설거지를 하라고 시킴]
| I **got** my son **to wash** the dishes.   [아들에게 설거지를 시키기 위해 꾸짖음, 설득, 대가 등의 노력이 있었음이 내포됨]

2 ask 목적어 to V

누군가에게 일을 시키는 행동은 종종 '부탁'의 형태로 이루어지기 때문에 ask의 형태로 바꿔 표현해도 됩니다. 다만 ask를 쓰게 되면 have보다 더 간접적이고 부드러운 어감이 됩니다.

| I'll **have** my husband **download** the program.
| 남편한테 그 프로그램을 **다운로드 받아 달라고 할게요.**

| I'll **ask** my husband **to download** the program.   [have보다 더 간접적이고 부드러운 어감]
| 남편한테 그 프로그램을 **다운로드 받아 달라고 부탁할게요.**

3 tell 목적어 to V

누군가에게 일을 시키는 행동이 '지시'에 가까울 때 tell로 바꿔 쓸 수 있습니다. tell을 쓰게 되면 '~을 하라고 (말)했다' 정도가 되어 원어민이 느끼는 어감은 have보다 더 강합니다.

Mom **told** me **to take** the garbage out. [어감이 제일 강함]
엄마가 쓰레기를 밖에 **내놓으라고 하셨어.**

Mom **had** me **take** the garbage out.
엄마가 쓰레기를 밖에 **내놔 달라고 하셨어.**

Mom **asked** me **to take** the garbage out. [어감이 제일 부드러움]
엄마가 쓰레기를 밖에 **내놔 달라고 부탁하셨어.**

tell > have > ask

직장 상사가 일찍 출근하라고 했어.

강 My boss **told** me **to come** to work early.

My boss **had** me **come** to work early.

약 My boss **asked** me **to come** to work early.

083

배운 문법 바로 쓰는 영어 연습

🎧 1-L6-5.mp3

Q 사역동사를 활용해 영어로 말해보세요.

---

1 **A:** 나는 코미디 영화가 좋아. **날 웃게 하거든.** [hint] 웃다 laugh

I like comedy movies. _____

B: 나는 슬픈 영화가 좋아. 내가 울고 싶을 때 **울 수 있도록 도와주거든.**

I like sad movies _____
when I want to.

---

2 **A:** 나 **엄마 김장하는 것 도와**드려야 해. [hint] 김장하다 make kimchi

I need to _____.

만약 엄마 안 도와드리면, **나 콘서트에 가는 거 엄마가 허락 안 하실 거야.**

[hint] 콘서트에 가다 go to the concert

If I don't (help her), _____.

엄마는 늘 우리가 김장 같이 하게 하시거든. [hint] 사역동사 have를 사용하세요.

_____ with her.

▶ 모범답안은 p.283을 확인하세요.

영어의 시제

LESSON 01

알아두면 영어의 이해가 더 깊어지는

알아두면 영어의 이해가 더 깊어지는

영어 시제에 대한 전반적인 이해

mp3 듣기

저 오늘 저녁에 친구 만날 거예요.
I am meeting my friend tonight.

미래 일은 will 써야 하는 거 아닌가?

Challenge 위의 대화에서 여자에게 우리가 설명해줘야 하는 문법 규칙은?

🎧 2-L1-1.mp3

I am meeting my friend **tonight.**

시제와 시간이 늘 일치하는 것은 아닙니다. 현재진행형의 모양이 미래시간을 표현하는 경우도 있습니다.

이미 하기로 약속이 되어 있는 일, 예정된 일에는 현재진행형의 모양을 종종 사용하는데요, 언제 하기로 한 일인지 미래의 시간과 보통 같이 쓰이기 때문에 '현재진행'의 의미와 헷갈릴 걱정은 안 하셔도 됩니다.

▶ 이에 대한 더 자세한 설명은 p.092에서 확인할 수 있습니다.

> **Why** 왜 영어 시제는 개념부터 공부해야 하나요? (너무 뻔한 거 같은데…)
>
> 시제라는 것은 동작이 일어난 '때'를 나타내는 아주 중요한 정보입니다. 시제를 잘못 사용하게 되면
> 동작이 발생한 시기나 일의 순서 등에 큰 혼란이 생기고 소통에 오해를 불러일으킬 수 있죠. 특히 **영
> 어의 시제는 우리말과는 다른 원리와 방식이 적용돼요. 때문에 우리말의 시제 개념을 영어에 그대로
> 적용해서는 안 됩니다.** 이번 레슨에서는 우리말과 다르게 영어의 시제는 어떤 원리로 어떻게 구성이
> 되어 있는지 제대로 이해하기 위해 먼저 굵직한 개념들부터 공부해 보도록 하겠습니다.

★ **우리말의 시제:** 어미가 굉장히 발달한 우리말은 시제도 **다양한 어미를 이용하여 표현**합니다.
   과거: ~했다   현재: ~한다   미래: ~할 것이다
   진행: ~하고 있다   완료: ~해오고 있다 등

POINT 1   영어의 시제(tense)는 두 개   🎧 2 - L1-1.mp3

시제를 구분하고 나누는 여러 시각과 의견이 있지만 '동사의 모양 안에 담긴 시간의 정보'를
시제로 보는 언어학의 관점에서 영어의 시제는 과거시제와 현재시제 두 가지로 구분합니다.

I **sing**. 난 노래한다.
She **sings**. 그녀는 노래한다.
➡ [현재시제] 동사 모양만 봐도 현재시간임을 알 수 있습니다.

I **sang**. 난 노래했다.
➡ [과거시제] 동사 모양만 봐도 과거시간임을 알 수 있습니다.

I **will sing**. 난 노래할 것이다.
➡ 동사 모양 안에 미래시간임을 담지 못하고 있습니다. 따라서 미래시간을
표현하기 위해 조동사 will을 사용합니다.

---

1 현재시제의 동사 모양

영어의 현재시제는 1인칭, 2인칭, 복수명사가 주어 자리에 오면 동사를 원형 그대로 쓰지만
3인칭 단수의 주어(She/He/It/Jane/My friend ...)가 나오게 되면 동사에 -(e)s를 붙여 현재
시간을 표현합니다.

I **love** coffee. 난 커피를 **아주 좋아해.**

Jack and his wife **love** coffee. 잭과 아내는 커피를 **아주 좋아해.**

Jack **loves** coffee. 잭은 커피를 **아주 좋아해.** ➡ 3인칭 단수 주어이므로 love 뒤에 -s를 붙입니다.

He **loves** coffee. 그는 커피를 **아주 좋아해.** ➡ 3인칭 단수 주어이므로 love 뒤에 -s를 붙입니다.

2 과거시제의 동사 모양

영어의 과거시제는 주어의 모양과 상관없이 보통 동사에 –ed를 붙여 과거시간을 표현합니다. (이와는 달리 불규칙하게 동사 모양이 변하는 과거시제들은 따로 외워야 해요. p.239 표 참고)

과거시제 규칙 동사 변형	과거시제 불규칙 동사 변형
I **watched** TV. 난 TV **봤어.** We **watched** TV. 우린 TV **봤어.** He **watched** TV. 그는 TV **봤어.** Paul **watched** TV. 폴은 TV **봤어.**	I **broke** the cup. 내가 그 컵을 **깼어.** She **swam** yesterday. 그녀는 어제 **수영했어.** We **took** a lot of pictures. 우린 사진을 많이 **찍었어.** They **brought** some books. 그들은 책을 몇 권 **가져왔어.**

POINT 2 영어에서 미래 일을 표현하는 방법 🎧 2-L1-2.mp3

영어에는 동사의 모양을 변형시켜서 미래시간을 표현하는 미래시제는 없습니다. 때문에 미래시간을 나타내기 위해서 다른 단어의 힘을 빌려야 하고, 그 대표적인 녀석에는 will, be going to V, be Ving가 있습니다. 이들을 동사에 붙여서 미래시간을 이야기할 수 있죠.

나 내일 거기 **차 가지고 갈 거야.**

I **will drive** there tomorrow.

I **am going to drive** there tomorrow.

I **am driving** there tomorrow.

POINT 3 그럼 영어에서 '형(진행형, 완료형)'이란?

영어에서의 '형(aspect)'은 동작이 시간 안에서 어떻게 구성이 되어 있는지, 그 동작을 시간 안에서 어떻게 바라봐야 하는지를 표현해주는 방법이에요.

⭐ 진행형은 '특정 시점에 한참 하고 있는 행동'을 알려줍니다.

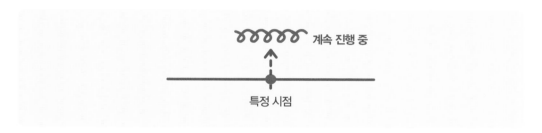

⭐ 완료형은 '동작이 두 시점에 걸쳐 연결되어 있는 것으로 바라보는 시각'을 나타내 줍니다.

이렇게 동작을 시간 안에서 어떻게 바라봐야 하는지를 알려주는 '형'이 시제와 함께 사용이 되면서 사건의 구체적인 '시간 정보'가 만들어지는 거예요.

> **I've been studying** English for three years. 나는 영어를 3년째 **공부해오고 있습니다.**
> ➡ [현재완료형] 현재에 하고 있을 뿐 아니라 3년동안 계속 지속적으로 이어져 오고 있는 행동이라는 정보까지 보여줍니다.

POINT 4 **시제(tense)와 시간(time)이 일치하지 않을 때** 🎧 2-L1-4.mp3

우리말과 마찬가지로 영어에서도 시간과 시제가 늘 일치하는 것은 아닙니다. 미래 일을 현재 시제로 표현하기도 하고 과거시제를 쓰기도 하죠. 영어에서는 어떤 경우 시제와 시간을 다르 게 쓰는지 알려 드릴게요.

1 단순 현재시제가 미래시간을 표현할 수 있는 경우가 있습니다.

이미 시간표나 일정표에 나온 짜여진 일정들을 이야기할 때는 단순 현재시제를 씁니다. 이 미 정해진, 변하지 않을 하나의 굳어진 사실로 보는 것이지요. 이는 우리말과도 좀 비슷한데 요, 우리말도 이미 일정표에 찍혀 나온 일을 하나의 현재 사실처럼 이야기하는 경우가 많죠.

His bus **arrives** in Busan at 3:00.　걔가 탄 버스가 부산에 3시에 **도착해.**

The TV show **begins** at 7:00.　그 드라마 7시에 **시작해.**

We **don't have** any classes this Friday.　우리 이번 주 금요일에 수업 **없어요.**

2 시간·조건의 접속사가 쓰인 부사절에는 미래시간에 will 대신 현재시제를 씁니다.

if/when/while/before/after/as soon as/until 등 시간이나 조건을 나타내는 접속사가 쓰인 부사절의 경우에는 주절만 봐도 미래시간임을 알 수 있기 때문에 종속절에 또 미래시 간을 넣지는 않습니다.

I'll text you **when** I **get** there.　**도착하면** 문자할게.

She **will drop** by **if** she **has** time.　**시간되면** 그녀가 들를 거야.

drop by 들르다

091

3 **현재진행형이 미래시간을 표현하는 경우도 있습니다.**

✨ **Challenge(p.087)에 대한 설명입니다.**

이미 하기로 되어 있는 일, 약속이 되어 있는 일, 예정된 일에는 현재진행형의 모양을 종종 사용하는데요, 미래의 시간과 보통 같이 쓰이기 때문에 '현재진행'의 의미와 헷갈릴 걱정은 안 해도 됩니다.

> I **am meeting** my friend **tonight**. 나 오늘 저녁에 친구 만나.
> I'**m having** a birthday party **tomorrow**. 나 내일 생일파티 해.

4 **영어에서는 시제를 낮추어 일어날 가능성을 낮춰줍니다.**

영어에서는 일어날 가능성이 낮다는 것을 시제를 낮춰서 반영을 합니다.

> If I **had** lots of money, I **would** not work.
> 돈이 많**다면** 나 일 안 **할 거야**. (하지만 현실은 돈이 많지 않아 일을 해야 함)
> ➡ 현재에 일어날 가능성이 낮은 일이기 때문에 일부러 시제를 과거로 낮춰서 가능성이 낮다는 것을 보여줍니다.

이 개념은 영어표현 전반에서 적용이 됩니다. 즉 '일어날 가능성이 낮은 일'을 나타내는 **가정법**뿐만 아니라 '상대방이 내 부탁대로 해줄 것이라는 기대를 낮춰서 상대의 부담감을 줄여주는, **정중하고 우회적인 표현**'을 만들어내는 데도 사용되죠. 따라서 실제 원어민들의 영어 표현에서 현재나 미래를 나타내는 것임에도 과거시제를 쓰는 경우를 많이 볼 수 있는 겁니다.

도와줄 수 있어요?

Can you help me? → **Could** you help me?

➡ 일부러 시제를 낮추게 되면 좀 더 우회적인, 조심스러운 표현이 됩니다.

괜찮으시다면 마실 것을 가져와 주셔도 될까요? (상대방에게 부탁)

Would it be okay if you **brought** something to drink?

➡ 일부러 시제를 과거로 낮추어서 상대방이 정말로 그렇게 해줄 것이라는 기대, 가능성을 낮춰줍니다. 실제 일어날 가능성이 낮다는 태도는 상대방에게 부담감을 덜 주게 되므로 더 공손하고 우회적인 표현이 되는 것이지요.

난 돈이 많다면 포르쉐를 살 거야.

If I **had** lots of money, I **would** buy a Porsche.

➡ 현재 사실은 돈이 많지 않으므로 일부러 시제를 낮춰 일어날 가능성이 낮음을 보여줍니다.

오렌지 주스가 좋겠네요. / 오렌지 주스를 주시면 좋겠어요.

Orange juice **would** be fine.

➡ 상대방이 음료를 제안하는 상황에서 시제를 낮춰 would를 쓰게 되면 '주신다면 ~하겠네요', '괜찮으시다면 ~하겠네요' 정도의 뉘앙스가 들어가 더 정중하고 우회적인 표현이 됩니다.

배운 문법 바로 쓰는 영어 연습

🎧 2-L1-5.mp3

Q 시제와 형에 유의해 다음 우리말을 영어로 말해보세요.

① 잭은 커피를 **아주 좋아해**.

Jack _____ coffee.

② 우린 **사진을** 많이 **찍었어**.

We _____ a lot of _____.

③ 나 내일 거기 **차 가지고 갈 거야**.

I _____ there tomorrow.

④ 난 10년째 영어 **공부를 해오고 있어**.

_____ English for ten years.

⑤ 그 기차는 서울에 7시에 **도착해**.

The train _____ in Seoul at 7:00.

⑥ **도착하면 문자할게**.

I'll _____ you when I _____ there.

⑦ 나 **오늘 저녁에** 남자친구 **만나**.

I am _____ my boyfriend _____.

⑧ 난 돈 많으**면** 일 안 **할 거야**.

_____ I had lots of money, I _____ not work.

⑨ **도와줄 수 있어요?** (공손버전)

_____ you help me?

⑩ 홍차 **주시면 좋겠네요**.

Black tea _____ be fine.

▶ 모범답안은 p.283을 확인하세요.

영어의 시제는 단 2개!
현재시제와 과거시제

mp3 듣기

영
어
의
시
제

그 일은 미안했어.
I was sorry about that.

사과를 하는 거야 마는 거야!

Challenge 위의 대화에서 남자가 기분 나쁜 이유는?

🎧 2 - L2-1.mp3

I **was** sorry about that.

'미안했다'는 말을 I was sorry라고 표현한다면, 상대방 입장에서는 사과한 사람이 현재에는 그러한 감정이 있는지 없는지 모릅니다. 이 문장은 단지 과거에 '미안했었다'는 과거의 감정만을 나타내는 것이지요.

I **am** sorry about that.

▶ 이에 대한 더 자세한 설명은 p.098에서 확인할 수 있습니다.

> **Why** 왜 현재시제와 과거시제를 따로 또 배워야 하죠?
>
> 영어의 현재시제를 현재 일어나는 일을 표현할 때 쓰는 시제라고만 알고 있는 분들이 많습니다. 하지만 그런 식의 이해는 시제를 잘못 쓰게 할 확률이 높죠. 지금 일어나는 일에는 현재진행형을 써야 하죠. 그럼 현재시제는 어떤 때 써야 할까요? 그리고 과거시제도 우리말의 과거시제와 착각하여 실수하는 분들이 많아요. "미안했다"를 I was sorry~라고 사과한 여자분처럼요. 기본 시제라서 누구나 잘 알 것 같지만 은근히 헷갈리고 실수하는 현재시제와 과거시제의 실체를 이번 레슨에서 제대로 짚고 가보겠습니다.

POINT 1 # 단순 현재시제의 핵심   🎧 2-L2-1.mp3

⭐ 현재시제는 지금 이 순간 일어나는 일에 쓰는 시제가 아닙니다.

영어에서 현재시제는 현재시간에 이루어지는 동작/사건을 표현하는 시제가 아닙니다. 현재시간에 벌어지는 일은 현재진행형을 씁니다.

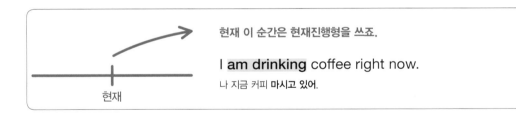

현재 이 순간은 현재진행형을 쓰죠.

I am drinking coffee right now.
나 지금 커피 **마시고 있어.**

현재시제는 지금 그 행동을 하고 있는 중인지가 중요하지 않습니다. 영어의 현재시제는 반복적으로, 습관적으로, 주기적으로, 일상적으로 일어나는 일에 사용하는 시제입니다. 그래서 동작의 횟수, 빈도를 알려주는 부사들과 종종 같이 쓰이기도 하죠. (always, sometimes, often, barely, frequently, every day, every morning, ...)

반복적, 습관적, 주기적, 일상적인 일에 단순 현재시제를 씁니다.

I drink coffee every day.
난 커피 매일 **마셔.**

POINT 2 단순 현재시제의 다양한 쓰임　🎧 2 - L2 - 2.mp3

1 '주기적이고 일상적으로 하는 행동'에 사용합니다.

My father always **gets** up early in the morning.　우리 아버지는 아침에 늘 일찍 **일어나셔.**

I **don't watch** scary movies.　난 공포영화는 **안 봐.**

My brother **works** out regularly.　우리 오빠는 규칙적으로 **운동해.**

get up 일어나다 | scary movie 공포영화 | work out 운동하다

2 '과학적이거나 일반적인 사실, 고유의 성질' 등을 나타낼 때 사용합니다.

The Earth **goes** around the sun once a year.　지구는 1년에 한 번 태양 주위를 **돌죠.**

Gina **has** big eyes.　지나는 눈이 **커.**

Water **boils** at 100 degrees Celsius.　물은 섭씨 100도에서 **끓죠.**

3 '계약서 내용'이나 '늘 지켜야 하는 규칙'에 사용합니다.

All employees **are** required to wear uniforms.　직원들은 모두 유니폼을 입어야 **합니다.**

Always **be** on time.　항상 시간을 엄수**하세요.**

be required to V ~하도록 요구되다 (~해야 한다는 의미) | on time 정각에, 제시간에

4 '속담이나 격언'을 말할 때 사용합니다.

The early bird **catches** the worm.　일찍 일어나는 새가 벌레를 **잡는다.**

A bad workman always **blames** his tools.

일 못하는 사람이 항상 연장 **탓한다.** (우리 속담의 '쟁기질 못하는 놈이 소 탓한다.'에 해당)

단순 과거시제의 핵심　　　🎧 2-L2-3.mp3

⭐ **과거시제는 이미 발생한 과거 사실이나 종료된 과거의 상태에 쓰입니다.**

영어에서 과거시제는 현재에는 더 이상 유효하지 않은 상태나 과거에 발생한 사건을 언급할 때 사용합니다.

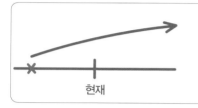

이미 완료된 과거 일에 사용합니다.

I **had** lunch with Jane.
제인과 점심을 **먹었어.**

현재

 Challenge(p.095)에 대한 설명입니다.

앞에서 I was sorry about that.이라는 여성의 사과를 듣고 원어민이 기분 나빴던 비밀이 바로 과거시제 was에 있습니다.

우리말로는 "내가 미안했어."라고 과거시제로 말해도 맥락상 현재도 그 미안한 감정을 갖고 있는 게 표현됩니다. 문맥에 따라 자연스럽게 이해가 되는 거죠.

하지만 **영어에서의 과거시제는 더 이상 유효하지 않은 과거의 상태를 표현하기 때문에** "내가 미안했어."라고 해서 I was sorry.라고 하면 현재의 미안함이 아닌 **과거에 느꼈던 감정만 표현**되는 거죠. 따라서 현재에 가지고 있는 미안한 감정을 표현하고 싶다면 과거 일에 대한 사과라 하더라도 I am sorry.라고 현재시제를 써야 합니다.

현재에 더 이상 하지 않는 과거의 습관이나 반복적인 행동도 과거시제로 표현할 수 있어요. 이런 경우, 과거시제도 종종 동작의 빈도를 알려주는 빈도부사와 같이 쓰이기도 합니다.

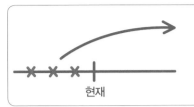

더 이상 하지 않는 과거의 습관에도 과거시제를 씁니다.

I often **had** lunch with Jane.
제인과 자주 점심을 **먹었지**.

POINT 4 **단순 과거시제의 다양한 쓰임** 🎧 2-L2-4.mp3

1️⃣ '과거에 발생한 일이나 사건, 상태'를 나타낼 때 사용합니다.

따라서 종종 과거를 나타내는 시간들과 같이 쓰입니다.

yesterday 어제	**last year** 지난해	**12 years ago** 12년 전
in 2020 2020년에	**when I was little** 어릴 적	**for the past three years** 지난 3년간

Jade **bought** a new phone.   제인은 폰을 새로 **샀어**.

My parents **were** surprised to see me at the mall **yesterday**.
우리 엄마아빠가 **어제** 쇼핑몰에서 날 보고 **놀라셨어**.

2️⃣ '과거에 규칙적이거나 습관적으로 일어난 일'에도 사용합니다.

He always **ate** french fries with mayonnaise.
그는 항상 감자튀김을 마요네즈랑 같이 **먹었어**.

She **was** always busy.   그녀는 항상 **바빴지**.

'역사적 사실'을 나타낼 때 사용합니다.

World War Ⅱ **began** in 1939.　2차 세계대전은 1939년에 **발발했죠.**

Hanguel **was** created by King Sejong.　한글은 세종대왕이 창제**했죠.**

Tip　배운 영어가 쓰는 영어가 되는 팁

영어에서 정중하고 공손한 표현을 만드는 방법
(공손한 사람 되려면 꼭 알아야 할 팁)

원어민의 머릿속에 존댓말은 없습니다. 우리말의 존댓말 시스템이 영어에는 없으니까요. 대신 앞서 Lesson 1에서 말씀드린 것처럼 **영어에서 공손이란 상대방이 내 부탁이나 요구대로 해 줄 것이라는 확신을 낮추어서 상대방의 부담을 적게 해준다**는 개념이 녹아 있죠. 바로 '시제 낮춤'을 통해 그런 뉘앙스를 전달할 수 있습니다. 또, 직설적인 표현보다 둘러 말하면 완곡하게 들립니다. 따라서 **'시제 낮춤'**에 **'둘러 말하기'**까지 보태면 더 정중하고 공손하며 우회적으로 표현할 수 있게 됩니다.

예를 들어 부탁을 할 때 Can의 시제를 Could로 낮춰 물어보면 공손하고 부드럽게 들립니다. 하지만 한 단계 더 나아가 Could로 물어볼 수 있는 것을 굳이 Would be able to로 더 길게 둘러 물어보면 더욱 우회적이고 공손한 표현이 됩니다. 이때 Would는 어떤 일을 '하겠다'는 의지의 표현인 Will의 시제를 낮춘 것이며 be able to는 '~할 수 있다'는 의미입니다. 짧게 말할 수 있는 것을 길게 둘러 물어보는 것으로 깍듯함과 조심스러움을 한껏 드러내고 있습니다. 따라서 비즈니스 상황처럼 특별히 더 갖춰서 표현해야 하는 경우에 활용되는 어법이죠.

그럼 예문을 통해 어감을 직접 확인해 볼까요? **공손 정도는 ❶ 〈 ❷ 〈 ❸ 〈 ❹**라고 볼 수 있습니다.

❶ **Send** me the file, please.

나한테 파일 **보내줘**.

→ please를 붙여도 명령어의 형태는 지시의 뉘앙스를 지닙니다. 부탁이 아닌 지시의 표현임을 알아두세요.

❷ **Can you send** me the file, please?

파일 좀 **보내줄 수 있어요**?

→ 의문문의 형태로 상대의 허락을 구하듯이 말하면 부탁의 뉘앙스가 됩니다.

❸ **Could you send** me the file, please?

파일 좀 **보내주실 수 있을까요**?

→ 현재 하는 부탁이어도 일부러 시제를 낮추어 과거시제를 쓰면 좀 더 우회적인 뉘앙스가 생깁니다.

❹ **Would you be able to send** me the file?

파일 좀 **보내주실 수 있으시겠어요**?

→ 단순히 could가 아니라 더 둘러서 would와 be able to를 합쳐 말하게 되면 더욱 정중하고 조심스러운 부탁의 뉘앙스가 만들어집니다.

이 밖에도 '시제 낮춤'과 '둘러 말하기'를 이용하면 조심스러운 부탁의 표현을 다양하게 만들 수 있습니다.

Would you mind sending me the file?

괜찮으시면 파일 좀 **보내주시겠어요**?

Would you mind Ving ~?
괜찮으시면 ~해주시겠어요?

I was wondering if you could send me the file.

파일 좀 **보내주실 수 있을지 궁금합니다**.

I was wondering if you could ~
~ 좀 해주실 수 있을지 궁금합니다

I'd appreciate it if you could send me the file.

파일 좀 **보내주실 수 있다면 고맙겠습니다**.

I'd appreciate it if you could ~
~ 좀 해주실 수 있다면 고맙겠습니다

Would it be okay if you sent me the file?

파일 좀 **보내주셔도 괜찮으시겠어요**?

Would it be okay if you ~?
~좀 해 주셔도 괜찮으시겠어요?

Could I ask you to send me the file?

파일 좀 **보내주십사 부탁드려도 될까요**?

Could I ask you to V ~?
~해주십사 부탁드려도 될까요?

진작에 이렇게 배웠어야 하는 시제 일치

시제 일치는 아무 때나 이루어지는 것이 아니라 보통 말을 다른 이에게 전달해주는 문장에서 사용되는 규칙입니다. **원어민들의 실제 영어에서는 이 시제 일치가 잘 지켜지지 않는 경우도 많습니다.**

---

1 다른 이의 말을 듣자마자 전달을 할 경우

"맷이 아프다고 했어.(Matt **said** (that) he **was** sick.)"와 같이 단순히 들은 정보를 상대에게 전달할 때는 시제 일치를 시켜주지만 방금 전해들은 정보에 대해서는 그가 아픈 상황이 현재의 사실일 확률이 높기 때문에 현재시제로 종종 표현해 줍니다.

> Matt **said** (that) he **is** sick.   맷 (지금) 아프대.

---

2 말을 한 사람이 100%의 확신으로 이야기했음을 강조할 때

정말 그럴 것이라고 강경한 태도로 말했음을 강조하기 위해 시제를 과거로 낮추지 않고 조동사 will을 그대로 살려서 표현할 수 있습니다.

> 그가 다시는 거짓말 안 **하겠다고 했어.**
> He **told** me (that) he **would** never lie.   ➡ 단순히 그에게 들은 말을 전달
> He **told** me (that) he **will** never lie.   ➡ 그의 강경한 태도를 강조

---

3 전달되는 내용이 불변의 사실, 진실인 경우

변하지 않는 현재의 사실은 현재시제로만 표현을 해주기 때문에 이 경우는 시제일치를 아예 시켜주지 않고 현재시제로만 표현합니다.

> Vicky **said** her husband **is** short.   ➡ 남편이 키가 작은 것은 변하지 않는 사실
> 비키가 자기 남편은 키가 작**다고 했어.**
>
> Colin **said** he **has** a peanut allergy.   ➡ 땅콩 알러지가 있다는 것은 변하지 않는 사실
> 콜린이 자기는 땅콩 알러지가 있**다고 했어.**

---

4 전달되는 내용이 일시적인 사실, 진실일 경우

불변의 사실은 아니지만 지금 사실이라고 여겨지는 일들에는 현재시제를 써서 현재 사실임을 강조해주어도 되고 시제 일치를 시켜주어도 됩니다.

> 벤은 오늘 숙제가 **없대.**
> Ben **said** he **didn't have** homework today.   ➡ 단순히 들은 바를 전달만 하는 역할로서 시제 일치를 해도 되고
>
> Ben **said** he **doesn't have** homework today.   ➡ 현재의 사실임을 강조하여 현재 시제로 맞춰 써도 됩니다.

배운 문법 바로 쓰는 영어 연습

🎧 2-L2-5.mp3

Q 시제에 유의해 다음 우리말을 영어로 말해보세요.

① 내 친구 샐리는 규칙적으로 **운동해**.

My friend Sally _____ regularly.

② 물은 섭씨 0도에서 **얼어요**. [hint] 얼다 freeze

Water _____ at 0 degrees Celsius.

③ **학생들은 모두** 교복을 입어야 **해요**.

_____ required to wear uniforms.

④ 일 못하는 사람이 항상 연장 **탓하는 법이야**.

A bad workman always _____ his tools.

⑤ 어제 제인이랑 **점심 먹었어**.

I _____ with Jane yesterday.

⑥ 한글은 세종대왕이 창제**했어**.

Hanguel _____ created by King Sejong.

⑦ 콜린이 자기는 땅콩 알러지가 **있다고 했어**.

Colin _____ he _____ a peanut allergy.

⑧ 맷이 나한테 **다시는 거짓말 안 하겠다고** 했어.

[단순히 들은 말 전달] Matt told me that he _____.

[맷의 강경한 태도를 강조] Matt told me that he _____.

⑨ 벤은 오늘 숙제가 **없대**.

[단순히 들은 말 전달] Ben said he _____ homework today.

[현재 사실임을 강조] Ben said he _____ homework today.

▶ 모범답안은 p.283을 확인하세요.

영어의 시제

will *vs.* be going to V *vs.* be Ving

미래시간을 나타내는 장치들

mp3 듣기

I will help you.

부담스럽게 왜 이래?

Challenge 위의 대화에서 여자가 남자를 불편하게 한 이유는?

🎧 2-L3-1.mp3

I will help you.

도움을 제안할 때 진짜로 일어날 일이라는 어감의 will을 쓰면 상대방이 도움을 원치 않는 상황에서는 부담을 주는 표현이 됩니다. 너무 어감이 세죠. 상대방이 명백히 내 도움이 필요한 상황이 아니라면 허락을 구하듯이 Let me help you.라고 하는 것이 자연스럽습니다.

Let me help you.

▶ 이에 대한 더 자세한 설명은 p.106에서 확인할 수 있습니다.

> **Why** 미래시간 하면 will 아닌가요? 왜 다른 것도 배워야 하죠?
>
> 영어에서는 동사 안에 직접 미래시간을 심어두는 방법이 없기 때문에 다른 단어들을 빌려다가 동사에 붙여서 미래시간을 표현해 줍니다. 그 대표적인 녀석들이 will, be going to V, be Ving, will be Ving입니다. 이 미래의 표현들은 우리말 해석은 다 비슷하지만 구분해서 써야 하는 경우가 꽤 많기 때문에 항상 헷갈리지요. 하지만 지금부터 알려드리는 이 표현들의 특징 하나하나를 잘 이해하고 큰 그림을 그리게 되면 영어를 쓰고 접해 나가면서 점점 더 명확히 원어민들의 사용법을 이해하고 그 뉘앙스를 구분할 수 있게 될 거예요.

POINT 1 **미래 일을 나타내는 가장 일반적인 녀석, will** 🎧 2-L3-1.mp3

1 말하는 사람이 '일어날 거라고 확신하는 일'을 말할 때 쓰입니다.

조동사 will은 말하는 사람이 진짜 일어날 일이라고 확신하는 미래의 일을 말할 때, 정말로 지킬 약속이나 제안을 할 때 많이 쓰입니다. 심지어 문맥에 따라서는 '정말 하겠다'고 말하는 사람의 완강한 태도나 의지까지도 느낄 수 있죠.

Harry said he **will be** late.   해리가 늦을 거래.

➡ 정말로 늦을 거라는 사실을 전함

I**'ll call** you in 30 minutes.   30분 있다가 **전화할게.**

➡ 정말로 30분 뒤에 전화할 것임

If you are late again, Mom **will be** very upset.   너 또 늦으면 엄마 엄청 화내실 **거야.**

➡ 진짜로 엄마가 화내실 거라고 확신하며 말함

I promise I **won't disappoint** you next time.   다음엔 진짜 **실망시키지 않겠다**고 약속해요.

➡ 정말 실망시키지 않을 것이라 약속

I **will succeed**.   난 반드시 **성공할 거야.**

➡ 주어의 강한 의지를 표현

I **will do** it! Don't worry!   할 **거야!** 걱정하지 마!

➡ 진짜 일어날 일이라는 확신때문에 강조와 완강한 뉘앙스까지도 드러남

✨ Challenge(p.104)에 대한 설명입니다.

앞에서 I will help you.라는 여성의 말을 듣고 남자가 불편했던 이유는 will 때문이었습니다. 도움을 제안할 때 진짜로 일어날 일이라는 will을 쓰게 되면 상대방이 도움을 원하지 않는 상황에서는 너무 어감이 센 표현이 됩니다. 원치 않는 도움을 받는 건 상당히 부담스러운 일이니까요. 상대방이 명백히 내 도움이 필요한 상황이 아니라면 허락을 구하듯이 Let me help you.라고 하는 것이 자연스럽습니다.

2 '말을 하는 그 순간, 시점에 무언가를 결정할 때' 쓰입니다.

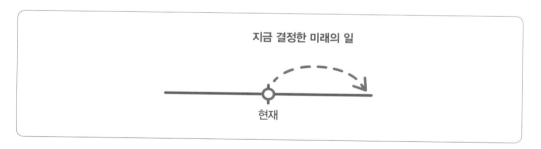

지금 결정한 미래의 일

현재

A: The house is so dirty. 집이 너무 더럽다.

B: I**'ll wash** the dishes. 내가 **설거지할게**.

➡ 더럽다는 얘기를 듣고 그 자리에서 설거지를 하겠다고 결정함

A: Vicki **will be** very busy preparing for the party. 비키는 파티 준비하느라 무지 바쁠 **거야**.

➡ 정말 바쁠 것이라고 믿고 이야기함

B: Don't worry! I**'ll help** her! 걱정 마! 내가 **도와줄게**!

➡ 바쁠 것이라는 얘기를 듣는 순간 도와주겠다는 결정을 하고 이야기함

3 어떤 일이 일어날 것이라 '상황을 예측할 때' 쓰입니다.

미래의 일을 예측할 때의 will은 종종 be going to V와 의미가 비슷합니다.

> It **will get** warmer later.   좀 있으면 더 **따뜻해질 거야.**
>
> = It **is going to get** warmer later.
>
> This test **won't be** easy.   이번 시험은 쉽지 **않을 거야.**
>
> = This test **isn't going to be** easy.

later 나중에, 이따가

영 어 의 시 제

POINT 2 미래 일을 나타내는 be going to V   🎧 2-L3-2.mp3

---

1 말하는 이가 '하려고 마음먹은 일'을 표현할 때 쓰입니다.

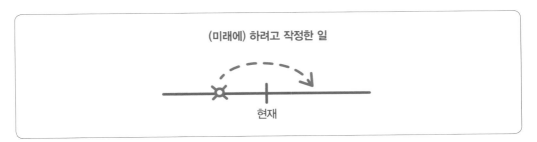

(미래에) 하려고 작정한 일

현재

> **A:** The house is so dirty.   집이 너무 더럽다.
>
> **B:** I know. **I'm going to wash** the dishes.   알아. 내가 **설거지 해놓을 거야.**
>   ➡ 설거지하기로 마음을 먹었고 그렇게 할 것이라는 주어의 의사를 표현

> **A:** Vicki will be very busy preparing for the party.   비키가 파티 준비하느라 바쁠 거래.
>
> **B:** Don't worry! I **am going to help** her.   걱정 매! (안 그래도) **도와줄 거야.**
>   ➡ 도와줄 것으로 마음먹었고 그렇게 할 것이라는 주어의 의사를 표현

2 어떤 일이 일어날 것이라는 '미래의 상황을 예측할 때' 쓰입니다.

단순히 미래의 일을 예측할 때의 be going to V는 앞서 말씀드린 대로 조동사 will과 의미 차이가 거의 없습니다.

> I think it **is going to rain** tomorrow. 내일 비 올 것 같아.
>
> = I think it **will rain** tomorrow.
>
> Ellen **is going to do** well on this test. 엘렌은 이번 시험 잘 **볼 거야**.
>
> = Ellen **will do** well on this test.

하지만 지금 상황으로 보아 실제로 일어날 가능성이 높은 가까운 미래 일에 대한 예측은 be going to V를 씁니다.

> I think he **is going to win** the election. 난 그가 선거에서 **이길 거**라고 생각해.
>
> ➡ 이미 표를 엄청 많이 받았음을 확인한 상태에서 하는 말
>
> It **is going to rain** soon. 곧 비가 오겠네.
>
> ➡ 현재 밖에 먹구름이 잔뜩 낀 상태에서 하는 말
>
> I **am going to throw up**. 나 **토할 것 같아**.
>
> ➡ 속이 굉장히 안 좋은 상태에서 하는 말
>
> You **are going to fall down**! 너 그러다 **넘어진다**!
>
> ➡ 위험하게 장난치고 있는 것을 본 상황에서 하는 말

POINT 3 계획한 미래 일을 나타내는
be going to V *vs.* **be Ving**

🎧 2-L3-3.mp3

1 말하는 사람의 의사가 담겨 있을 때는 **be going to**

be going to는 앞서 말씀드렸듯이 말하는 이가 어떤 일을 하리라 마음먹고 있는 일, 그렇게 하려고 작정한 일에 사용합니다.

> I **am going to break up** with him. 나 걔랑 **헤어질 거야**.
>
> ➡ 헤어지기로 마음먹었고 그렇게 할 거라는 주어의 의사가 담겨 있음

2 계획되어 있거나 약속이 된 일에는 be Ving

be Ving는 그렇게 하기로 계획되어 있는 일, 상대방과 그렇게 하기로 약속이 되어 있는 일에 주로 사용합니다. 미래 일임이 뻔한 문맥에 사용되고, 언제 그 행동을 할 것인지 '미래시간'과 보통 함께 쓰여 현재진행형의 의미와 혼동되지 않게 합니다. 특히 누구를 만나기로 했거나 어디에 놀러 가기로 했을 경우는 이미 약속이 다 되어 있거나 일정이 정해진 상태이기 때문에 현재진행형의 형태가 주로 쓰입니다.

I **am leaving** tomorrow.   나 내일 **떠나.**

➡ 이미 떠날 준비를 다 해놓은 계획된 일

I **am having** dinner with my friend this evening.   나 오늘 저녁에 친구랑 **밥먹어.**

➡ 친구와 저녁 먹기로 이미 약속이 되어 있는 상태

좀 더 다양한 예문을 통해 be going to V와 be Ving의 차이를 느껴볼까요?

내가 내일 저녁 **할 거야.**

I **am going to make** dinner tomorrow.

➡ 내가 하기로 마음먹은 일이고 그렇게 할 것이라는 주어의 의사를 표현

I **am making** dinner tomorrow.

➡ 저녁식사를 만들기로 약속해 놓거나 계획한 일에 쓸 수 있는 표현

(남편이 출장 갔다면서) 너 이번 주말에 뭐 **하려고 하는데?**

What **are** you **going to do** this weekend?

➡ 상대방이 무엇을 하고자 하는지 그 마음먹은 일을 물어보는 뉘앙스 (보통 상대방이 어떤 상황에 있는지 어느 정도 알 때 쓰는 표현입니다.)

너 주말에 뭐할 거야?

What **are** you **doing** this weekend?

➡ 주말의 세워둔 계획을 물어보는 뉘앙스

will과 be going to V, be Ving는 문맥에 따라 비슷하게 쓰이는 경우도 많습니다. 하지만 100프로 일어날 일이라고 확신하며 말하거나 말하는 순간 결심한 일에는 will, 하기로 작정한 일을 표현할 때는 be going to, 이미 약속을 하고 계획을 해놓은 일에는 be Ving를 사용한다는 각자의 특징도 잘 구분해두면 활용하는 데 도움이 될 거예요.

A: 신발 할인하더라.

Shoes are on sale.

B: 진짜? 우리 아이 데리고 신발 사러 가야겠네.

Really? Then I **will take** my son shoe shopping.

➡ 지금 말하는 순간 결정하는 일이므로 will을 씁니다.

(잠시 뒤 다른 친구를 만나)

C: 내일 뭐 할 거야?

What **are** you **doing** tomorrow?

➡ 내일 세워둔 계획을 물어보는 문장입니다.

B: 나 내일 아이 데리고 신발 사러 갈 거야.

I **am going to take** my son shoe shopping.

➡ 내일 아이 데리고 신발 사러 갈 것이라고 마음먹었고 그렇게 할 것이라는 의사를 표현하는 것입니다.

I **am taking** my son shoe shopping.

➡ 내일 아이 데리고 신발 사러 갈 것을 계획해 놓은 일로 봐서 be Ving를 써도 됩니다.

이같이 말하는 사람의 태도에 따라 be going to V를 쓸 수도, be Ving를 쓸 수도 있어요.

POINT 5 **미래시간을 나타내는 will be Ving**   🎧 2 - L3 - 5.mp3

1 미래의 특정 시점에 하고 있을 일을 표현할 때

will be Ving는 미래진행형으로서 미래의 특정 시간에 하고 있을 일, 진행 중일 일을 표현할 때 씁니다.

While you are at the party, **I will be working** at my friend's house.

미래의 한 시점에 내가 하고 있을 행동을 표현

네가 파티에 있는 동안, 난 친구 집에서 **일하고 있을 거야.**

2 나의 일정을 미리 알려줄 때

will be Ving는 특히 나의 일정이 다른 일들에 영향을 끼칠 때 사용합니다.

I will be coming back late tonight, so don't wait up for me.

저 오늘 늦게 **올** 거니까 기다리지 마세요.

➡ 내가 늦게 올 것이라는 예정된 일이 '나를 기다리는 행동'에 영향을 끼침으로 will be Ving 형태를 사용합니다.

I will be using the car tonight.

제가 오늘 저녁에 차 **쓸 예정이에요.**

➡ 오늘 저녁에 차를 쓸 예정이므로 '차를 쓸 일이 있으면 저녁 전에 사용해 달라'라는 메시지가 전달됩니다. 다른 사람의 차 사용 시간에 영향을 미침으로 will be Ving를 사용합니다.

3 '난 ~하고 있을게'라고 말할 때

상대방이 다른 일을 하는 동안 무엇을 하고 있을 것인지 결정하고 알려줄 때 씁니다. 우리 말로 '~하고 있을게' 정도로 의역이 됩니다.

A: I have to study now. 나 이제 공부해야 해.

B: Okay, then I **will be watching** TV in the living room.

알았어. 그럼 난 거실에서 TV **보고 있을게.**

배운 문법 바로 쓰는 영어 연습

🎧 2 - L3 - 6.mp3

Ⓐ 주어진 어감에 맞게 다음 우리말을 영어로 말해보세요.

① 30분 있다가 **전화할게**. (정말로 할 것임)

_____ in 30 minutes.

② 너 또 늦으면 엄마 엄청 화내**실 거야**. (진짜로 확신하며 말함)

If you are late again, Mom _____ very upset.

③ 다음엔 **진짜 실망시키지 않겠다고** 약속해요. (정말 그럴 거라고 약속)

I promise _____ next time.

④ 이번 시험은 쉽지 **않을 거야**. (미래의 일을 단순히 예측)

This test _____ easy.

⑤ 내일 **비 올 것** 같아. (미래의 일을 단순히 예측)

I think _____ tomorrow.

⑥ 곧 **비가 오겠네**. (현재 먹구름이 잔뜩 긴 상태)

_____ soon.

⑦ 나 내일 **떠나**. (이미 떠날 준비를 다 해놓은 계획된 일)

I _____ tomorrow.

⑧ **너** 이번 주말에 **뭐 하려고 하는데**? (하려고 마음먹은 일을 묻는 어감)

_____ this weekend?

⑨ 너 주말에 **뭐할 거야**? (세워둔 계획을 묻는 어감)

_____ this weekend?

⑩ 네가 파티에 있는 동안, 난 친구 집에서 **일하고 있을 거야.** (미래의 특정 시간에 하고 있을 일)

While you are at the party, I _____ at my friend's house.

Ⓑ 주어진 어감에 맞게 다음 대화를 영어로 말해보세요.

❶ **A:** 비키는 파티 준비하느라 **무지 바쁠 거래.** (정말 바쁠 것이라고 믿고 이야기함)

Vicki _____ preparing for the party.

B: 걱정 마! **내가 도와줄 거니까!** (얘기를 듣는 순간 결정하고 이야기함)

Don't worry! _____ her!

❷ **A:** 나 이제 공부해야 해.

I have to study now.

B: 알았어. 그럼 **난** 거실에서 TV **보고 있을게.**

Okay, then _____ TV in the living room.

▶ 모범답안은 p.284를 확인하세요.

개념을 이해하면 영어 쓰기가 훨씬 쉬워지는

영어의 '형(aspect)' 꿰뚫어보기

mp3 듣기

Are you smoking?

담배를 안 피우고 있는데 뭐라는 거야?

Challenge 위의 대화에서 남자가 혼란스러워한 이유는?

🎧 2 - L4 - 1.mp3

흡연자인지 비흡연자인지를 물을 때

🎯

Do you smoke?

현재시제로 Do you smoke?라고 해야 흡연자인지 비흡연자인지를 묻는 질문이 됩니다. 진행형으로 Are you smoking?이라고 하면 지금 담배를 피우고 있는 거냐고 묻는 말이죠. 진행형을 쓰면 현재의 근황이나 지금 하고 있는 행동을 물어보는 게 돼요.

▶ 이에 대한 더 자세한 설명은 p.119에서 확인할 수 있습니다.

Why 왜 진행형과 완료형을 배워야 하는 거죠? (공식 다 아는데 말은 안 나오고…)

그동안 우리는 '진행형', '완료형' 하며 용어와 공식으로만 공부를 해왔는데요. 실제 이 '형'이 의미하는 바를 깨닫게 되면 진행형과 완료형을 왜 사용해야 하는지 이들이 담당하고 있는 역할이 더 와 닿습니다. 특히 **진행형과 완료형은 우리말 해석으로 정확하게 표현하기 힘든 부분들이 있기 때문에 이들에 대해 정확히 이해하지 못하면 모호한 개념을 계속 가지고 영어를 사용하게 될 수도 있어요.** 한마디로 영어를 쓰는 데 자신이 안 생긴다는 거죠. 이번 레슨에서는 형의 진짜 역할과 의미를 제대로 파악하고 쓰는 연습을 통해 영어의 자신감을 키워보도록 하겠습니다.

POINT 1 영어의 '형'은 2가지: 진행형과 완료형

지금껏 그냥 용어와 공식으로 외웠던 진행형, 완료형의 그 '형'은 동작이 시간 안에서 어떻게 구성이 되어 있는지, 그 동작을 시간 안에서 어떻게 바라봐야 하는지 그 시각을 표현해주는 방법입니다.

1 진행형

진행형은 말하는 사람이 특정 시점에 '누가/무엇이 진행·지속하고 있는 행동을 보여주는 형'으로 그 시점(과거, 현재, 미래)에 따라 과거진행형, 현재진행형, 미래진행형이라고 부릅니다.

그 시점에 일시적으로 진행된 일

시점

과거 ➡ 과거진행형

현재 ➡ 현재진행형

미래 ➡ 미래진행형

2 완료형

완료형은 막연한 시점에 일어난 일이 다음 동작의 시점까지 서로 연결되어 지속되거나, 반복되거나, 영향을 미치고 있음을 보여주는 시각을 표현해 줍니다. 마찬가지로 동작의 시점이 언제냐에 따라 현재완료형, 과거완료형, 미래완료형으로 구분이 됩니다.

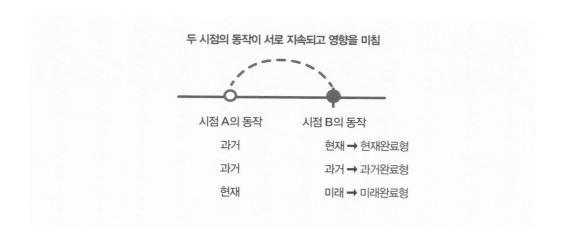

그럼 실제 이 형들이 문맥에서 어떻게 쓰이고 어떤 의미가 있는지 알아보도록 하겠습니다.

POINT 2 **'진행형' 문장구조의 원리** 🎧 2-L4-1.mp3

⭐ 형용사인 현재분사를 동사화시킨다.

영어에서 진행, 지속을 나타내는 의미는 '현재분사(Ving)' 하나밖에 없습니다. 하지만 현재분사는 형용사의 품사를 가지기 때문에 동사로 쓸 수가 없죠. 따라서 자신의 의미가 따로 없이 형용사, 명사, 전치사구에 붙어 동사화시켜주는 be동사를 이용하여 현재분사를 동사로 써먹게 해줍니다.

be + Ving(현재분사) ➡ 현재분사가 동사화

I **am walking**. 나는 걸어가고 있어.

I **was taking a shower** when you called me. 네가 전화했을 때 **샤워 중이었어.**

➡ be동사의 도움을 받아 형용사인 현재분사로 진행의 동작을 표현할 수 있게 됩니다.

POINT 3 현재진행형의 핵심개념

🎧 2 - L4 - 2.mp3

현재진행형은 현재 말하고 있는 시점이나 그 시점 언저리에서 계속 진행·지속되고 있는 일에 쓰입니다. 핵심 포인트! 보통 일상적으로, 주기적으로 이루어지는 일이 아니라 '일시적인 행동이나 상황'에 사용되는 형태입니다. (일상적이고 주기적으로 이루어지는 일은 단순 현재시제를 씁니다.)

현재

진행되고 있는 동작은 문맥에 따라 현재의 짧은 순간에 벌어지는 행동일 수도 있고
말하는 시점 언저리에서 벌어지는, 좀 더 긴 시간에 걸쳐 지속되고 있는 행동일 수도 있습니다.

She **is sleeping** right now.
그녀는 지금 **자고 있어.**

➡ 지금 이 순간 하고 있는 행동

She **sleeps** nine hours a day.
그녀는 하루에 9시간을 **자.**

➡ 일상적으로 이루어지는 행동

I **am exercising** these days.
나 요즘 **운동해.**

➡ 요즘 하고 있는 행동

I **exercise** regularly.
나 규칙적으로 **운동해.**

➡ 늘 규칙적으로 하는 행동

117

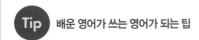

진행형이 불가한 경우도 있습니다

행동을 의지대로 일시적으로 진행, 지속할 수 없는 **상태동사들**(stative verbs: 정신적, 감정적, 감각/인지적, 소유/존재적 상태)에는 진행형을 사용할 수 없습니다.

I am having two daughters. (X)
➡ 일시적으로만 엄마인 상태가 될 수는 없습니다.

I am knowing you are right. (X)
➡ 알고 모르는 인지의 상태도 일시적이 되게끔 내 뜻대로 조절할 수 없습니다.

She is liking him. (X)
➡ 누군가를 좋아하는 감정도 내 뜻대로 잠깐만 할 수 있는 게 아닙니다.

따라서 다음과 같은 동사들은 진행형을 쓸 수 없습니다.

정신적 상태	know 알다 understand 이해하다 recognize 깨닫다	think 생각하다 doubt 의심하다 respect 존경/존중하다	believe 믿다 imagine 상상하다
감정의 상태	like 좋아하다 hate (아주) 싫어하다	dislike 싫어하다 want 원하다	love 사랑하다 prefer 선호하다
감각/인지의 상태	see ~가 보이다 look ~하게 보이다	smell ~하게 냄새 나다 sound ~하게 들리다	hear ~하게 들리다 seem ~인 듯 하다
소유/존재의 상태	exist 존재하다 own 소유하다	have 갖고 있다 possess 소유하다	belong 속하다

하지만 상태동사의 경우에도 상태가 아닌 **동작**(action)**의 의미로 쓰이는 경우에는 진행형이 가능**합니다.

I am having a good time.　나 좋은 시간 **보내고 있어.**

➡ 소유의 상태가 아니라 시간을 보내는 action으로 쓰임

I'm seeing someone.　나 **연애 중이야.** (만나는 사람 있어.)

➡ '～가 보이다'가 아니라 '만나다, 데이트하다'라는 action으로 쓰임

I am looking.　나 **쳐다보고 있어.**

➡ '～하게 보이다'가 아니라 고개를 돌려 '쳐다보는' action으로 쓰임

I am loving this book.　이 책 **너무 재미있어.**

➡ 사랑의 감정 상태가 아니라 즐겁게 그 동작을 즐기고 있다는 action으로 쓰임

POINT 4　단순 현재시제와 현재진행형의 비교　🎧 2 - L4 - 3.mp3

 Challenge(p.114)에 대한 설명입니다.

단순 현재시제	현재진행형
일상적이고, 주기적이고, 반복적인 일	말하는 시점에 진행되고 있는 일시적 일
I clean the house. 집은 내가 **치워.** ➡ 내가 늘 하는 집안일로, 가정에서 내가 맡아서 하는 일로 해석이 됩니다.	**I am cleaning** the house. 나 집 **치우고 있어.** ➡ 단순히 지금 내가 하고 있는 행동을 알려주는 표현입니다.
Do you **smoke**? 담배 **피우세요?** ➡ 늘 하는 버릇이나 행동을 나타내므로 담배를 피우는 흡연자인지 비흡연자인지를 묻는 질문이 됩니다.	**Are** you still **smoking** these days? 요즘도 계속 담배 **피우세요?** ➡ 요즘 담배를 피우는지 현재의 근황을 묻는 질문입니다.
✕ ✕ ✕ ✳ ✕ ✕ 현재	현재

현재진행형의 시간의 길이는 아주 다양합니다. 문맥에 따라 짧은 순간일 수도 있고 수 일, 수 년이 될 수도 있어요.

1 	**말하고 있는 순간에 일어나고 있는 일** **A:** What **are** you **doing**? (지금) 뭐하고 있어? **B:** I **am hanging** out with my friends. 친구랑 놀고 있어.
2	**말하고 있는 순간 언저리에서 일어나고 있는 일** (최근 근황) I **am trying** to get up early these days. 나 요즘 일찍 일어나려고 **노력 중이야**. I **am studying** psychology. 난 심리학 **공부 중이야**.
3 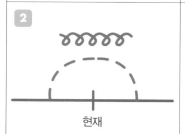	**일시적인 행동들** (며칠, 몇 시간, 몇 달, 몇 년도 될 수 있음) My father **is working** in Daegu this year. 아버지가 올해 대구에서 **일하고 계셔**. I **am working** part-time at a coffee shop this semester. 나 이번 학기에 커피숍에서 **알바하고 있어**.

4

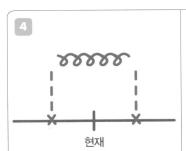

현재

유행, 트렌드를 표현
유행이나 트렌드는 일시적인 현상이므로 진행형을 씁니다.

More and more people **are using** smartphones to transfer money.
점점 더 많은 사람들이 돈을 송금하는 데 스마트폰을 **사용한다**.

Many young men **are wearing** skinny jeans these days.
요즘에 많은 젊은 남자들이 스키니진을 **입어**.

5

현재

always, constantly와 함께 반복적으로 일어나는 일의 강조 표현
일시적인 일에 쓰이는 진행형과 '항상, 늘'이라는 부사 always, constantly는 시간의 개념이 서로 어울리지 않습니다. 이렇게 어울리지 않는 이 둘을 일부러 같이 써서 계속해서 반복되는 일을 강조해 줄 수 있습니다.

My mom **is constantly nagging** at me.
엄마는 나한테 **허구한날** 잔소리셔.

You **are always drinking**.
너는 **어떻게 맨날** 술이냐.

My girlfriend **is always writing** cute notes to me.
내 여자친구는 **맨날** 나한테 사랑스러운 쪽지를 **써줘**.

> *cf.* 진행형과 always, constantly의 조합은 보통 일반동사에 적용됩니다.
> She is always being late. (X)

6

현재

★ 현재진행형의 의미는 아니지만
현재진행형의 모양을 활용한 것

계획된 미래의 일을 표현
예정된 미래를 현재진행과 쓸 때는 주로 미래시간을 같이 써서 현재진행의 의미와 혼동되지 않게 합니다.

I **am cleaning** the house with my boys this afternoon.
오늘 오후에 애들이랑 집 **치울 거야**.

My parents **are coming** this weekend.
우리 부모님이 주말에 **오셔**.

〈be + 형용사〉도 진행형이 될 수 있어요!
"너 오늘따라 왜 이래?"의 뉘앙스가 됩니다

일시적으로 계속, 지속되는 행동에 진행형을 쓴다고 배웠습니다. 따라서 단순히 주어의 상태를 나타내는 〈주어 + be동사 + 형용사〉의 문장 형태를 〈주어 + be동사 + being + 형용사〉의 진행형 문장으로 바꿔 쓰게 되면 **주어의 평소 상태가 아니라 일시적으로 다른 상태, 일부러 다르게 구는 태도를 표현**할 수 있습니다.

You **are being quiet** today.   너 오늘따라 왜 이렇게 조용해?
➡ 평소에는 안 조용한 사람이 오늘따라 유난히 조용히 굴 때 사용

I **am** just **being silly**.   웃자고 하는 말/짓이야. 그냥 까부는 거야.
➡ 일부러 웃기려고 잠깐 까부는 행동을 할 때 사용

You **are being unfair** (now).   너 지금 억지부리고 있는 거야.
➡ 지금 불공평하게 굴며 억지를 부리고 있는 상황

하지만 내 의지대로 일시적으로 바꿀 수 없는 상태에는 쓸 수 없습니다.

I am being hungry. (X)
➡ 배고픈 상태는 내 의지대로 바꿀 수 있는 것이 아니죠.

I am being angry. (X)
➡ 화가 나고 안 나고도 내 마음대로 조절할 수 있는 게 아닙니다.

과거진행형의 핵심개념 🎧 2-L4-5.mp3

과거진행형은 과거에 어떤 일이 발생했을 때 그 시점에 이미 다른 일이 지속, 진행되고 있음을 보여주는 표현(시각)입니다.

> She was cooking. (X)
>
> I was studying. (X)

그래서 이런 식으로 혼자서는 사용되지 않습니다. 문맥이나 대화에서 특정 시점이나 상황이 암시라도 되어 있어야 합니다. 과거진행형은 (1) 과거의 특정 시점에 진행되고 있던 사건을 언급할 때 또는 (2) 과거에 두 가지 사건이 동시에 발생되어 진행될 때 사용됩니다.

1 과거의 특정 시점에 진행되고 있는 사건을 표현할 때

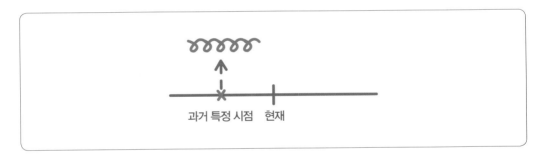

과거 특정 시점 현재

My mom **was cooking** when I woke up.

내가 일어났을 때 엄마는 **요리 중이셨어.**

➡ '내가 일어났을 때'라는 과거 시점에 엄마는 이미 요리 중이셨다.

I **was studying** in the U.S. this time last year.

나는 작년 이맘때 미국에서 **유학 중이었어.**

➡ '작년 이맘때'라는 과거의 시점에 난 미국에서 유학 중이었다.

wake up (잠에서) 깨다, 일어나다 | this time last year 작년 이맘때

2 과거에 두 가지 사건이 동시에 발생되어 진행될 때

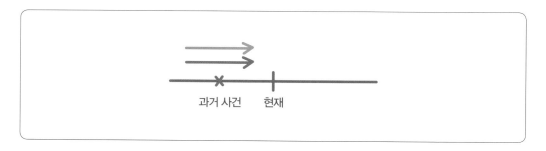

She **was cooking** while he **was watching** TV.

그가 TV를 **보는 동안** 그녀는 **요리를 했어.**

➡ '그가 TV 보는 행동을 하는 동안' '그녀가 요리하고 있는 행동'이 동시에 진행되고 있었음을 표현

While he **was driving**, I **was listening** to music.

그가 **운전하는 동안** 나는 **음악을 들었어.**

➡ '그가 운전하는 동안' '나는 음악을 듣고 있는 행동'이 동시에 진행되고 있었음을 표현

POINT 7 단순 과거시제와 과거진행형의 비교   ∩ 2-L4-6.mp3

단순 과거시제	과거진행형
과거시제는 단순히 과거에 발행한 사건, 상태를 나타내며 **그 일의 처음과 끝까지를 지칭**합니다.	과거 특정 시점에 하고 있던 중인 행동, 즉 **완성된 일이 아닌 진행되고 있던 사건**을 나타낼 때 씁니다.
과거의 사건, 상태 표현 	과거에 진행되고 있는 일 
I **watched** TV a lot yesterday. 나 어제 TV 많이 **봤어.** ➡ 어제 있었던 'TV를 본 일' 전체를 지칭합니다.	I **was watching** TV when he texted me. 그가 문자했을 때 나 TV **보고 있었어.** ➡ 그가 문자 했던 시점에 내가 하고 있던 중인 행동을 알려줍니다.

124

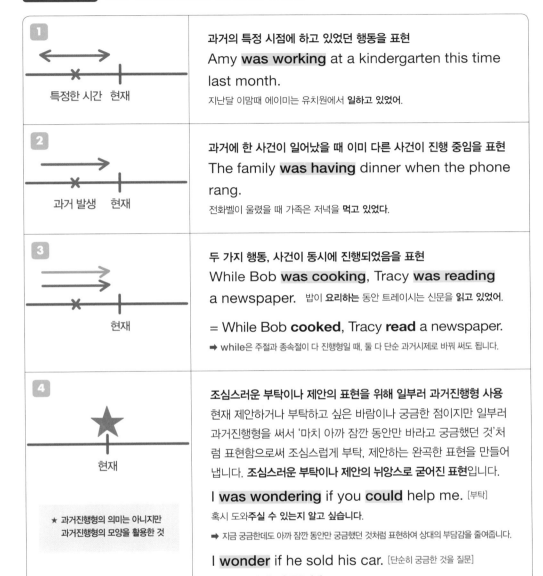

1

특정한 시간　현재

과거의 특정 시점에 하고 있었던 행동을 표현
Amy **was working** at a kindergarten this time last month.
지난달 이맘때 에이미는 유치원에서 **일하고 있었어**.

2

과거 발생　현재

과거에 한 사건이 일어났을 때 이미 다른 사건이 진행 중임을 표현
The family **was having** dinner when the phone rang.
전화벨이 울렸을 때 가족은 저녁을 **먹고 있었다**.

3

현재

두 가지 행동, 사건이 동시에 진행되었음을 표현
While Bob **was cooking**, Tracy **was reading** a newspaper.　밥이 **요리하는** 동안 트레이시는 신문을 **읽고 있었어**.

= While Bob **cooked**, Tracy **read** a newspaper.
➡ while은 주절과 종속절이 다 진행형일 때, 둘 다 단순 과거시제로 바꿔 써도 됩니다.

4

현재

★ 과거진행형의 의미는 아니지만 과거진행형의 모양을 활용한 것

조심스러운 부탁이나 제안의 표현을 위해 일부러 과거진행형 사용
현재 제안하거나 부탁하고 싶은 바람이나 궁금한 점이지만 일부러 과거진행형을 써서 '마치 아까 잠깐 동안만 바라고 궁금했던 것'처럼 표현함으로써 조심스럽게 부탁, 제안하는 완곡한 표현을 만들어 냅니다. **조심스러운 부탁이나 제안의 뉘앙스로 굳어진 표현**입니다.

I **was wondering** if you **could** help me. [부탁]
혹시 도와**주실 수 있는지** 알고 싶습니다.
➡ 지금 궁금한데도 아까 잠깐 동안만 궁금했던 것처럼 표현하여 상대의 부담감을 줄여줍니다.

I **wonder** if he sold his car. [단순히 궁금한 것을 질문]
그가 차를 팔았는지 **궁금하네**.
➡ 부탁의 표현이 아니라 '정말 궁금하다'라는 표현으로 과거진행형을 쓰지 않습니다.

I **was hoping** (that) you **could** come here. [부탁]
당신이 여기로 좀 **와 주실 수 있으면 좋겠습니다**.
➡ 지금도 바라고 있지만 이전에 잠깐 바랐던 것처럼 표현하여 상대의 부담감을 줄여줍니다.

I **hope** you can come here. [순수한 바람]
당신이 (올 수 있을지는 모르겠지만) 여기 올 수 있**기를 바라요**.
➡ '당신이 정말 여기 오기를 바란다'는 바람을 이야기하는 것으로 진행형을 쓰지 않습니다.

영어의 시제

125

배운 문법 바로 쓰는 영어 연습

🎧 2-L4-8.mp3

Q 시제와 형에 주의해 다음 우리말을 영어로 말해보세요.

① 네가 **전화했을** 때 **샤워 중이었어.**

I _____ when you _____ me.

② 나 **요즘** 영어를 배우고 있어.

I _____ English _____ days.

③ 난 언니가 둘 **있어요.**

I _____ two sisters.

④ 나 (지금) 좋은 시간 **보내고 있어.**

I _____ a good time.

⑤ **담배 피우세요?**

_____

⑥ 요즘 스키니진을 **입는** 젊은 남자들이 많아.

Many young men _____ skinny jeans these days.

⑦ 너는 **어떻게 맨날 술**이냐.

You are _____.

⑧ 너 오늘따라 **왜 이렇게 조용해?**

You are _____ today.

⑨ 당신이 여기로 좀 와 **주실 수 있으면 좋겠습니다.** (부탁)

I _____ (that) you _____ come here.

⑩ 내가 빨래**하는 동안** 남편은 설거지를 **하고 있었어.**

While I _____ the laundry, my husband _____
the dishes.

▶ 모범답안은 p.284를 확인하세요.

POINT 9 **현재완료형의 핵심개념**   🎧 2-L4-9.mp3

완료형은 앞서 말씀드렸듯이 두 시점의 사건이나 상태가 서로 연결되어 지속되거나, 반복되거나, 영향을 미치고 있음을 보여주는 시각입니다. 따라서 현재완료형은 **과거의 막연한 한 시점에 발생한 일/완료된 일이 현재까지 반복되거나 연결되어 있음**을 보여줍니다.

두 시점이 서로 지속되고 영향을 미침

과거의 막연한 시점   현재

<u>과거에 발생한 일, 완료가 된 상태나 의미</u>를 현재에도 가지고 있음을 나타내기 위해

과거분사(past participle)   have

> 영어에서 완료가 된 상태를 나타내는 것은 과거분사 하나밖에 없으므로 과거분사가 사용됩니다.

소유의 동사 have의 형태가 완료의 의미가 있는 과거분사와 합쳐져 '동사'로서 사용되는 것입니다.

have + p.p.

I **have cleaned** the room.   나 방 **치워놨어.**

➡ 방 청소가 완료된 상태를 지금도 가지고 있음, 즉 지금도 방이 치워진 상태라는 의미가 내포됩니다.

She **has gone**.   그녀는 **떠났어요.**

➡ 그녀가 가서 지금 없는 상태를 나타냅니다.

My wallet **has been stolen**.   제 지갑을 **도난당했어요.**

➡ 지갑을 막 도난당해서 지금 없음을 알려주는 표현입니다.

단순 과거시제와 현재완료의 비교　　🎧 2-L4-10.mp3

단순 과거시제	현재완료형
과거의 행동, 상태를 나타내기 때문에 종종 **정확한 과거 시점**(예 last night, long ago, in 2000, yesterday 등)과 같이 쓰입니다.	정확한 과거 시점이 나오게 되면 현재와의 끈이 완전히 끊겨버리기 때문에 **과거의 막연한 시점을 나타내는 부사들**(예 already, just, yet, still, for 기간 등)과 종종 쓰입니다.

I **read** the book **two days ago**.

나 그 책 **이틀 전에** 읽었어.

➡ 정확한 과거 시점이 나오면 과거시제를 씁니다.

I **visited** Thailand **when I was in high school**.

저는 **고등학교 때** 태국 **가봤어요**.

➡ '고등학교 때'라는 정확한 과거시간이 나와서 과거시제를 씁니다.

I've **already read** the book.

나 **이미** 그 책 **읽었어**.

➡ 과거의 막연한 한 시점에 한 일이 현재에 의미의 가질 때 현재완료형을 씁니다.

I've **visited** Thailand **before**.

저는 **전에** 태국에 **가본 적이 있어요**.

➡ 과거의 막연한 한 시점의 경험이 현재에 의미를 가질 때 현재완료형을 씁니다.

Tip **배운 영어가 쓰는 영어가 되는 팁**

한국인에게 너무 헷갈리는

원어민들의 과거시제와 현재완료형의 차이

---

1 **'~한 적이 있다'에 무조건 현재완료형을 쓰면 안 돼요!**

우리말에는 영어의 현재완료형과 똑같은 개념이 없습니다. 우리는 과거에 한 모든 경험을 그냥 '~한 적이 있다'라고 표현할 수 있어요.

> "나 작년에 일본 다녀온 적 있어."

우리말로는 맞는 문장이지만, 영어의 현재완료형에는 **과거의 행동이나 사건이 현재와 연결이 되어 있다라는 것이 전제**되어 있기 때문에 **정확한 과거 시점이 나온 경우에는 현재완료를 쓸 수 없습니다.**

나 **작년에** 일본 **다녀온 적 있어.**

I**'ve visited** Japan **last year**. (X)

→ I visited Japan **last year**. (O)

➡ 작년이라는 정확한 과거 시간은 현재완료와 쓰일 수 없습니다.

따라서 현재와의 끈을 놓아버린 죽은 사람에게도 현재완료형을 쓰지 않습니다.

나 마이클 잭슨 **본 적 있어요.**

I**'ve seen** Michael Jackson. (X)

→ I saw Michael Jackson. (O)

★ **기억해 주세요!**

우리말: ~해본 적 있어요	영어: have p.p.
모든 과거의 경험을 지칭할 때 쓰는 표현입니다. 정확한 과거 시간이 나와도 상관이 없고 죽은 사람에게 사용해도 상관이 없습니다.	**현재와의 끈을 완전히 놓아버린 정확한 과거 시간이나 죽은 사람에게는 사용할 수 없어요.**

2 의미가 같은데 과거시제를 쓸 때와 현재완료형를 쓰는 경우

말이라는 것은 말을 하는 사람이 '자신이 받아들인 사실'을 표현하는 것이기 때문에 **같은 사실에 대해서도 말하는 이가 상황을 어떻게 느끼고 바라보느냐에 따라 과거시제를 쓸 수도 있고 현재완료형을 쓰기도** 합니다. 즉, "나 열쇠를 잃어버렸어."라는 말을 I lost my key.라고도 할 수 있고 I've lost my key.라고 표현할 수도 있는 거죠.

과거시제는 이미 끝난, 과거에 발생한 사건을 나타내기 때문에 I lost my key.라고 한다면 이미 다 끝난 일로서 열쇠가 분실되었다는 사실을 표현하는 것이죠. 하지만 현재완료를 쓰게 되면 열쇠를 잃어버린 상태가 현재에도 의미를 가지기 때문에 지금 잃어버린 상태지만 혹시 찾으면 어디선가 나올지도 모른다는 가능성을 열어놓고 말을 하는 태도가 들어가게 됩니다.

하지만 '방금(just), 벌써(already)'와 같은 부사가 현재완료형과 함께 쓰였다면 이미 완료된 일임이 강조되기 때문에 과거시제와 비슷한 의미로 사용할 수 있습니다.

> I**'ve just finished** my homework.
> = I **just finished** my homework.
> 나 **방금** 숙제 **다 했어**.

> I**'ve already eaten**.
> = I **already ate**.
> 나 **벌써** 밥 **먹었어**.

---

3 원어민들은 특정 상황에 대한 일은 단순 과거시제를 써요.

과거의 한 특정 시점을 떠올리면서 말할 때는 현재완료형 대신 **단순 과거시제**를 씁니다. 실제 대화에서는 상황과 맥락상 암묵적으로 이해가 되는 경우, 그 생각을 일일이 다 말로 표현하지 않지요. 때문에 과거의 특정 시점이 이미 전제되어 있을 때는 과거시제를 써서 표현합니다.

(저녁을 먹는 상황) 너 카레에 버섯 **넣었어**?

Did you **put** mushrooms in the curry?

➡ 단순히 막연한 한 과거 시점이 아니라 '네가 카레 만들었을 때'라는 정확한 시점을 떠올리며 말하기 때문에 단순 과거시제를 사용합니다.

(외출하려고 집에서 나오는 상황) 너 지갑 **챙겼어**?

Did you **get** your wallet?

➡ 지갑 챙겼는지를 물어볼 때는 '집에서 나오기 전'이라는 정확한 시점을 떠올리며 말하기 때문에 단순 과거시제를 사용합니다.

현재완료형은 문맥 안에서 크게 완료, 지속, 양이나 횟수, 경험의 4가지 의미를 가집니다.

1 완료

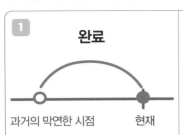

과거의 막연한 시점　　현재

과거의 막연한 한 시점에 발생한 일이 현재에도 영향을 미치거나 의미를 가지고 있음을 표현할 때, 보통 막 발생한 일을 알려줄 때 씁니다.

I've washed the car.　나 세차했어.

➡ 차가 지금 세차된 상태임이 내포

I've just had lunch.　나 **방금** 점심 먹었어.

➡ 방금 점심 먹어서 지금 배부름, 밥 안 먹어도 됨

He **has already left**.　그는 이미 떠났어.

➡ 그는 이미 떠나서 지금 없음

TV 뉴스나 신문에서 새로운 소식을 알려줄 때

A famous actor in India **has been murdered**.

인도의 한 유명 배우가 **살해당했습니다**.

2 지속

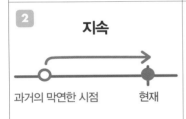

과거의 막연한 시점　　현재

과거의 일이 현재까지 지속·발전될 때

이 경우 보통 **지속됨을 나타내는 시간의 힌트들**과 종종 쓰이고 과거에 시작된 일을 현재까지 계속해서 하고 있을 때에는 현재진행형의 **형태**를 보통 사용합니다.

I've been cooking for three hours.

3시간째 요리하고 있어.

I've been exercising since 2020.

2020년부터 운동을 해오고 있습니다.

He **hasn't called** me **yet**.　그는 아직도 전화가 없어요.

3 양이나 횟수

현재

과거에서부터 현재까지 얼마나 자주, 많이 했는지 표현할 때

I **have seen** this movie **four times this month**.

이번 달에만 이 영화 네 번 봤어.

I **have checked** the report **three times so far**.

여태까지 그 보고서를 세 번이나 확인했어요.

I've read three books **this week**.

이번 주에만 책 세 권 읽었어.

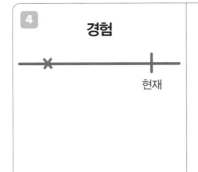

4 경험

현재

과거의 막연한 한 시점에 한 경험이 현재에 의미를 가질 때

Have you **been** to Mexico?　너 멕시코 **가본 적 있어?**

➡ 그래서 멕시코 어때? 그래서 또 가고 싶어? 싫어? 등의 의미

Have you **heard** David's new song?

데이비드의 신곡 **들어봤어?**

➡ 그래서 그 노래를 알아? 그래서 그 노래가 좋아? 등의 의미

I **have seen** this movie.　나 이 영화 **본 적 있어.**

➡ 그래서 그 내용 알아, 그래서 또 안 봐도 돼 등의 의미

I**'ve eaten** Turkish ice cream before.

나 예전에 터키 아이스크림 **먹어본 적 있어.**

➡ 그래서 어떤 맛인지 알아, 그래서 어떤 느낌인지 알아 등의 의미

POINT 12　**현재완료진행형의 핵심개념**　🎧 2-L4-12.mp3

1 과거의 막연한 시점에 발생한 일이 현재에도 쭉 진행 중일 때 씁니다.

보통 이 경우 얼마나 오랫동안 진행됐는지 시간의 정보가 같이 나옵니다.

I**'ve been watching** TV **for five hours**.　➡ 지금도 보고 있거나 지금 막 TV 끄면서 하는 말

나 TV **5시간째 보고 있어.**

She **has been sleeping since seven o'clock**.➡ 지금도 자고 있음

그녀는 **7시부터 자고 있어.**

He **has been waiting for one hour**.　➡ 지금도 기다리는 중

그가 **지금 1시간째 기다리고 있어.**

2 이미 완료된 일이 현재 상황에 적극적인 영향을 끼치고 있을 때 사용합니다.

You are sweating a lot. **Have** you **been exercising**?

너 엄청 땀 흘린다. **운동하고 있었던 거야**?

➡ 현재 땀을 흘리고 있는 상황은 운동을 하고 있었던 행동 때문입니다.

I **have been typing** so much (that) my fingers hurt.

나 **계속 타이핑을** 너무 많이 **했더니** 손가락이 아프네.

You look so cold. How long **have** you **been waiting**?

너 너무 추워 보인다. 얼마나 오래 **기다리고 있었던 거야**?

영어의 시제

언제 현재완료형을 쓰고 언제 현재완료진행형을 쓰는지 너무 헷갈려요.

1 현재완료형과 현재완료진행형의 의미가 비슷한 경우

동작의 끝이 있지 않고 계속해서 지속될 수 있는 동사 study, live, work 등은 얼마나 오랫동안 그 동작을 해왔는지 이야기할 때 현재완료형과 현재완료진행형의 의미가 비슷합니다.

I**'ve lived** in this neighborhood **for ten years**.
= I**'ve been living** in this neighborhood **for ten years**.
10년째 이 동네에 살고 있어요.

I**'ve worked** at a bookstore **for three years**.
= I**'ve been working** at a bookstore **for three years**.
3년째 서점에서 일하고 있어요.

I**'ve studied** in Germany **since 2014**.
= I**'ve been studying** in Germany **since 2014**.
2014년부터 쭉 독일에서 공부 중이에요.

2 얼마나 오랫동안 하고 있는 중인지를 말할 때는 현재완료진행형

하지만 그 외에, **동작의 끝이 존재하는 동사들은 얼마나 오랫동안 그 행동을 하고 있는 중인지 이야기할 때** 보통 현재완료진행형을 씁니다.

I~~'ve eaten~~ for one hour. (X)
→ I**'ve been eating** for one hour. (O) 한 시간째 식사 중이야.

She ~~has taken~~ a shower for 30 minutes. (X)
→ She **has been taking** a shower **for 30 minutes**. (O) 그녀는 30분째 샤워 중이야.

3 정확한 횟수 언급 없이 반복적으로 계속 하고 있는 동작을 말할 때도 현재완료진행형

또한 몇 번 했는지 정확한 횟수가 나오지는 않지만 반복적으로 계속 하고 있는 동작에도 현재완료진행형을 씁니다.

I**'ve called** you **four times** today. 내가 오늘 너한테 **전화를 네 번이나 했어.**
➡ 과거에서 현재까지 몇 번을 했는지를 표현

I**'ve been calling** you. 너한테 **계속 전화하고 있었어.**
➡ 전화를 계속해서 걸고 있었다는 것을 표현

과거완료형의 핵심개념

〈과거완료형: had p.p.〉는 과거 한 시점의 동작보다 더 먼저 발생한 일에 쓰입니다.

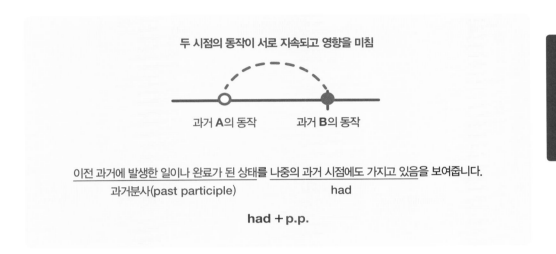

두 시점의 동작이 서로 지속되고 영향을 미침

과거 **A**의 동작　　　　과거 **B**의 동작

이전 과거에 발생한 일이나 완료가 된 상태를 나중의 과거 시점에도 가지고 있음을 보여줍니다.

과거분사(past participle)　　　　　　　had

had + p.p.

By the time he was ready to eat, everyone **had** already **finished**.
그가 식사할 준비가 됐을 때쯤에는 이미 다들 **식사를 마친 상태였어.**

The job was very easy because she **had done** it so many times.
이전에 정말 많이 **해봤**기 때문에 그 일은 너무 쉬웠어.

They **had never been** to Germany, so they were very excited.
그들은 독일에 **가본 적이 없었**기 때문에 굉장히 설렜죠.

영어의 시제

135

과거완료형을 쓸 때 꼭 기억해 두세요!

과거완료형을 단순히 '과거보다 먼저 일어난 일에 쓴다'라고만 외우게 되면, 우리는 과거보다 더 먼저 일어난 일에 〈had p.p.〉가 쓰이지 않는 많은 영어 표현들을 보면서 헷갈릴 수밖에 없습니다. 따라서 과거완료형이 사용되는 다음의 조건을 꼭 기억해 주세요!

---

1 일어난 과거 일이라고 무조건적으로 과거완료형을 쓰는 것은 아닙니다.

과거완료형은 보통 과거에 있었던 일을 떠올리며 묘사하거나 이야기할 때 사용이 되는데요. 이때 여러 일들을 이야기하는 과정에서 **더 먼저 일어난 일임을 확실히 해줘야 할 때, 더 먼저 일어난 일이 나중에 일어난 과거 일과 직접적인 연관성을 가질 때** 사용됩니다.

I **hadn't read** any plays by Shakespeare until I **started** dating Susie.

수지랑 사귀기 전까지는 셰익스피어 희곡을 **읽어본 적이 없었어.**

➡ 수지와 사귄 행동이 내가 셰익스피어 희곡을 읽게 된 이유였다는 상관관계가 내포됩니다.

By the time the police **arrived**, he **had already driven** off.

경찰이 도착했을 때쯤 그는 **이미 가버리고 없었다.**

➡ 그는 이미 도망가고 없어 경찰이 그를 잡을 수 없었다는 상관관계가 내포됩니다.

---

2 직접적인 연관성이 없는 일을 나열할 때는 단순 과거시제를 씁니다.

오늘 아침에 나는 샤워를 **하고** 아침**식사를 했다.**

This morning, I **had taken** a shower and **ate** breakfast. (X)

➡ This morning, I **took** a shower and **ate** breakfast. (O)

➡ 샤워를 한 것과 아침을 먹은 것은 직접적인 관련성이 없습니다. 그냥 아침에 한 일들을 나열한 것이므로 단순 과거시제로 일어난 순서대로 쓰면 됩니다.

I **got** on the subway and **put** my backpack on the shelf.

나는 지하철에 **타서** 가방을 선반 위에 **올려 놓았다.**

The nurse **asked** my name and **checked** my blood pressure.

간호사는 내 이름을 **물어본** 후 내 혈압을 **쟀다.**

영어의 시제

1 완료

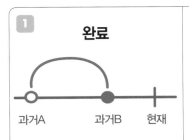

과거A   과거B   현재

먼저 일어난/완료된 일(A)이 나중에 일어난 일(B)에 연결되어 있거나 영향을 끼치거나 의미를 가질 때

When I **got** to the party, he **had already gone**.
내가 파티에 도착했을 때 그는 이미 가고 없었어.

I **found** out that he **had called** me
so many times.
그가 내게 전화를 수십 통 했다는 걸 알았어.

I **knew** the ending of the book because I **had
already read** it.
그 책을 이미 읽어서 결말을 알고 있었어.

get to + 장소/행사 ~에 가다
find out ~을 알게 되다

2 지속

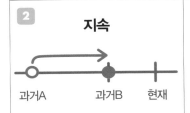

과거A   과거B   현재

먼저 일어난 과거의 일(A)이 다음 과거 시점(B)까지 지속 · 발전될 때
이 경우 보통 **지속됨**을 나타내는 시간의 힌트들과 함께 쓰이고
먼저 일어난 과거의 일이 다음의 과거 시점까지 계속되고 있기 때문에 종종 진행형과 함께 쓰입니다.

I **had been working** there **for three years**
before I **found** this job.
이 직장을 찾기 전까지 저는 그곳에서 3년째 근무 중이었어요.

The baby **had been sleeping for only 30
minutes** when she **woke** up crying.
아기가 울면서 깼을 때 겨우 30분째 자고 있었던 거야.
(겨우 30분 자고 아기가 울면서 깼어.)

I **hadn't heard** of the movie **until she
mentioned it**.
그녀가 언급하기 전까지는 그 영화에 대해 들어보지 못 했어.

wake up -ing ~하면서 잠에서 깨다

137

3 양이나 횟수

과거A   과거B   현재

먼저 일어난 일(A)의 반복이 나중에 발생한 일(B)까지 이어질 때

I **had already read** the report three times before I **submitted** it.

그 보고서를 제출하기 전에 **이미** 세 번을 **읽어봤어**.

He **had already watched** the movie five times by the time he **returned** the DVD.

DVD를 반납할 즈음에 그는 **이미** 그 영화를 다섯 번이나 **봤어**.

by the time S + V ～할 때 즈음

4 경험

과거A   과거B   현재

과거 일(B)보다 더 먼저 했던 경험(A)을 이야기할 때

I **had already seen** the movie before she **told** me about it.

그녀가 그 영화에 대해 알려주기 전에 나는 **이미** 그 영화를 본 적이 있었어.

Before then, **had** you **ever met** her?

그 전에는 그녀를 **만난 적이 있어**?

I **hadn't eaten** at that restaurant **before yesterday**.

어제 전까지는 그 식당에서 **식사해본 적이 없었어**.

5 가정법 및 wish와 함께

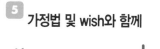

일어나지 않은   현재
과거 사실이나 상상

★ 과거완료형의 의미는 아니지만
   과거완료형의 모양을 활용한 것

과거에 실제로 일어나지 않은 일이나 과거에 대한 상상을 이야기할 때

If you **had come** a little earlier, we **wouldn't have missed** the bus.

네가 조금만 일찍 **왔어도** 버스 안 놓쳤는데.

➡ 사실은 네가 늦게 와서 우린 버스를 놓쳤다는 이야기

The party **was** so much fun! I wish (that) you **had come**.

파티 너무 재미있었어! 네가 **왔으면** 좋았을 텐데.

➡ 사실은 그 파티에 너는 오지 않았다는 의미가 내포

배운 문법 바로 쓰는 영어 연습

🎧 2-L4-15.mp3

Q 시제와 형에 유의해 다음 우리말을 영어로 말해보세요.

① 나 이틀 전에 로이 **봤어**.

I _____ Roy two days ago.

② 너 멕시코 **가본 적 있어?**

_____ to Mexico?

③ 나 마이클 잭슨 **본 적 있어.**

I _____ Michael Jackson.

④ **나 막** 숙제 **끝냈어.**

_____ my homework.

⑤ **나 방금** 점심 **먹었어.** (지금 배부름. 밥 더 안 먹어도 됨)

_____ lunch.

⑥ 그는 **이미 떠났어.** (떠나서 지금 없음) [hint] 떠나다 leave

He _____.

⑦ **우린** 결혼한 **지** 10년 **됐어요.**

_____ married _____ ten years.

⑧ 그는 **아직도** 전화가 **없어요.**

He _____ me _____.

⑨ 이번 달에만 이 영화 **네 번 봤어.**

I _____ this movie _____ this month.

영어의 시제

139

⑩ 그는 **지금** 1시간째 **기다리고 있어**. (지금도 기다리는 중)

He _____ for one hour.

⑪ 너 엄청 땀 흘린다. **운동하고 있었던 거야?**

You are sweating a lot. _____

⑫ 내가 파티에 도착했을 때 그는 **이미 가고 없었어**.

When I got to the party, he _____.

⑬ 오늘 아침에 나는 샤워를 **하고** 아침식사를 **했어**.

This morning, I _____ a shower and _____ breakfast.

⑭ 이 직장을 찾기 전까지 저는 그곳에서 3년째 **근무 중이었어요**.

I _____ there for three years before I found this job.

⑮ 그 책을 **이미 읽어서** 결말을 **알고 있었어**.

I _____ the ending of the book because I _____ it.

⑯ 그 전에는 **그녀를 만난 적이 있어?**

Before then, _____ you ever _____?

⑰ 파티 너무 재미있**었어**! 네가 **왔으면** 좋았을 텐데.

The party _____ so much fun! I wish (that) you _____.

▶ 모범답안은 p.285를 확인하세요.

영어의 '법'

LESSON 01

mp3 듣기

영어에서 '법'은 3가지!

직설법, 명령법, 가정법

> **Please come here.**

> 무례한 사람 같으니라구!

 Challenge 왜 중년의 남자는 상대를 무례하다고 생각했을까요?

❌

Please come here.

Please를 붙여도 명령법은 상대방이 내 말대로 따를 것이라는 전제가 깔려 있기 때문에 지시적인 뉘앙스가 강합니다. 또한 서구문화에서는 아무리 가족 사이, 친구 사이라 하더라도, 혹은 어린 사람한테 하는 말이라도 부탁을 할 때는 의문문의 형태로 하는 게 무례하지 않은 자연스러운 표현이에요.

▶ 이에 대한 더 자세한 설명은 p.146에서 확인할 수 있습니다.

'법'이 뭐예요? 왜 '법'을 공부해야 하죠?

영어에서 '법'은 아주 중요해요. **말하는 내용 그대로를 의미하는 것인지, 사실은 그렇지 않음을 알면서 반대로 이야기하는 것인지 상대방에게 그대로 따르라고 말하는 것인지를 보여주기 때문에** 자칫하면 사실과 사실이 아닌 것을 혼동할 수 있고 듣는 사람의 기분을 상하게 할 수 있어요. 특히 우리말과 그 표현방식이 너무 달라서 오해도 받기 쉽고 어색한 표현을 하기 쉽죠. 이제 법이 무엇인지 어떤 형태로 법을 문장에 심어 두는지를 그 원리를 이해하면서 통합적이고 포괄적인 공부를 해보겠습니다.

POINT 1 영어의 '법'이란 무엇인가?

영어에서 '법(mood)'이란 말하는 사람이 어떤 태도로 이야기하는지, 말하는 사람의 어조를 **보여주는 동사 형태입니다.** 따라서 이 동사 형태만 들어도 상대방의 말하는 의도를 딱 이해할 수가 있죠. 영어에서 법은 크게 3가지가 있습니다.

❶ 사실을 있는 그대로 이야기하는 **직설법**
❷ 상대방이 내가 말한대로 따를 것이라는 태도로 이야기하는 **명령법**
❸ 사실이 아니거나 가능성이 떨어지는 일을 이야기하는 **가정법**

각각의 동사 모양이 어떤 형태와 특징을 가지고 문장 안에서 쓰이는지 하나하나 살펴보도록 하겠습니다.

POINT 2 사실과 시제를 일치시켜 주는 직설법   ∩ 3-L1-1.mp3

직설법은 사실을 있는 그대로 직설적으로 말하는 태도/어조를 보여줍니다. 따라서 시제를 말하는 사실과 그대로 맞춰서 이야기하면 됩니다.

난 졸릴 때 보통 커피를 마셔.
When I feel sleepy, I usually drink coffee.

➡ 현재의 습관이므로 현재시제를 씁니다.

나 어제 생일파티 했어.
I had a birthday party yesterday.

➡ 과거 사실이므로 과거시제를 씁니다.

그녀가 자기는 쌍둥이라고 했어.
She told me that she is a twin.

➡ 말한 것은 과거이므로 과거시제(told)를 쓰고, 쌍둥이인 것은 변하지 않는 사실이므로 현재시제(is)를 씁니다.

★ 시제와 사실을 일치시켜 주세요!

POINT 3 상대방이 내가 말한대로 따를 것이라는 전제가 있는 명령법

🎧 3-L1-2.mp3

명령법은 상대방이 내가 말한대로 따를 것이라는 태도/어조를 담고 있는 동사 형태를 가집니다. 주어를 생략하고 동사원형으로 문장을 시작하죠. 명령법에서는 잘 알아두어야 하는 핵심이 두 가지 있습니다.

1 명령·지시뿐 아니라 길이나 사용법을 알려줄 때도 사용됩니다.

첫 번째 핵심은 우리말로 '명령법'이라고 부른다고 무조건 '명령'의 뉘앙스를 떠올리면 안 된다는 겁니다. 정확하게는 상대방이 내가 말한 대로 따를 것이라는 전제가 깔려 있는 표현으로 명령과 지시뿐 아니라 상대방에게 길을 알려주거나, 사용법을 알려줄 때도 사용되는 동사 형태입니다.

두 번째 버튼을 누르세요.
Press the second button.

➡ 사용법[매뉴얼]을 알려줄 때 사용합니다.

횡단보도가 나올 때까지 계속 가세요.
Keep going until you come to a crosswalk.

➡ 길을 알려줄 때도 상대가 내 말 대로 따를 것이라는 전제가 깔려 있기 때문에 명령법을 씁니다.

★ 사용법이나 길을 알려줄 때는 보통 please를 붙여 말하지 않습니다.

2 **please를 붙인다 하더라도 지시의 뉘앙스는 사라지지 않습니다.**

✨ Challenge(p.143)에 대한 설명입니다.

> 두 번째 핵심은 방법을 알려주는 경우를 빼고는 please를 붙인다 하더라도 상대방이
> 내 뜻대로 할 것이라는 전제가 들어가 있기 때문에 **지시의 뉘앙스가 강하다**는 겁니다.
> 따라서 우리말에서 공손함을 표시하기 위해 '~세요'를 붙여 말한다는 개념을 영어에 그
> 대로 적용하여 please를 붙여 써도 영어에서 명령법 형태의 문장은 여전히 지시의 뉘
> 앙스를 담고 있으므로 상대에게 무례한 표현이 될 수 있습니다. 영어에서 **지시가 아닌**
> **부탁은 의문문의 형태로 써야** 해요.
>
> ---
>
> 창문 좀 닫아주세요.
> **Close** the window, **please**. [지시]
> → **Could you close** the window, **please?** [부탁]
>
> ---
>
> 그 파일 이메일로 좀 보내주세요.
> **Please email** the file to me. [지시]
> → **Could you please email** the file to me? [부탁]
>
> ---

POINT 4 **가능성이 떨어짐을 시제를 떨어뜨려**
보여주는 가정법 🎧 3-L1-3.mp3

가정법은 실제로는 반대이거나 일어나지 않은 일에 대해 이야기하거나 그럴 가능성이 낮다
는 태도/어조를 보여줍니다. 영어에서는 일어날 가능성이 낮다는 것을 시제를 낮춰서 반영
하기 때문에 원래의 시간에서 시제를 하나씩 낮추어 표현하면 됩니다.

내가 차가 있다면 널 집에 데려다 줄 텐데.   [하지만 현실은 차가 없어서 집에 못 데려다 줌]
If I **have** a car, I **will** take you home.
    ↓   ↓
If I **had** a car, I **would** take you home.

★ 시제를 일부러 하나씩 떨어뜨립니다.

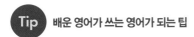

Tip 배운 영어가 쓰는 영어가 되는 팁

한국 사람이 영어할 때 무례한 사람으로 오해받기 쉬운 이유

영어권의 문화에서는 '사회적 거리'를 유지하는 것이 중요합니다. **아무리 가까운 사이거나 나보다 나이가 어리다 하더라도 가족관계가 아닌 이상 섣부른 충고, 지시 형태의 문장 표현, 상대방을 불편하게 하는 걱정들은 무례하다고 생각이 돼요.** 친한 사이일수록 사회적 거리를 좁혀 표현하고 상대방에 대한 '걱정'을 애정과 관심의 표현으로 사용하는 우리와는 다르기 때문에 이런 문화적 차이를 이해하지 못하고 영어를 하게 되면 '무례하다(rude)'거나 남의 일에 '함부로 이래라저래라 한다(bossy)'는 오해를 받을 수도 있으니 조심해야 합니다.

1 충고 형태는 조심해 주세요.

Don't overwork yourself. 너무 무리하지 마라.

가족관계가 아닌 이상 친한 사이여도 직접적인 충고는 지나친 참견이라고 생각될 수 있어요.

2 명령법 문장은 지시의 뉘앙스가 강하기 때문에 질문 형태로 써주세요.

Bring me that dish, please. [지시] 저 접시 좀 갖다 주라.

→ **Can/Could you** bring me that dish, **please?** [부탁]

아무리 가족 사이, 친구 사이라 하더라도, 혹은 어린 사람한테 하는 말이라도 부탁을 할 때는 의문문의 형태로 하는 게 무례하지 않은 자연스러운 표현이에요.

3 '걱정'을 애정과 관심의 표현으로 사용하지 마세요.

너 오늘 되게 피곤해 보인다. You look so tired today. (X)

너 이마에 여드름 났네. You have a pimple on your forehead. (X)

너 다크서클 내려왔다. You have dark circles today. (X)

아주 가까운 사이가 아닌 이상 상대방에 대한 부정적인 이야기는 잘 하지 않습니다. 대신 **영어권 문화에서는 '칭찬'을 애정과 관심의 표현으로 사용합니다.**

You look great today. 너 오늘 좋아 보인다.
I love your shirt! 네 셔츠 멋있다.
You look so cute in those pants. 그 바지 입으니까 멋진데.

단순히 관심을 표현하는 것이 아니라, 누가 봐도 아파 보이고, 건강 상태가 염려되는 상황에서는 Are you okay? What's the matter? 하고 염려해주는 것은 당연히 괜찮습니다.

배운 문법 바로 쓰는 영어 연습

🎧 3 - L1 - 4.mp3

A 다음 빈칸에 들어갈 동사를 보기에서 찾아 알맞은 형태로 바꿔 넣어보세요.

> come   drink   feel   have   keep   walk   will

1. 난 **졸릴** 때 보통 커피를 **마셔**.

   When I _____ sleepy, I usually _____ coffee.

2. 내가 차가 **있다면** 널 집에 데려다 **줄 텐데**.

   If I _____ a car, I _____ take you home.

3. 횡단보도가 **나올** 때까지 **계속 가세요**. [hint] 계속 ~하다 keep -ing

   _____ until you _____ to a crosswalk.

B 다음 명령법 문장을 질문 형태의 부탁 문장으로 바꿔 말해보세요.

1. Close the window, please.

   → _____

2. Please email the file to me.

   → _____

C 다음 중 상대에 대한 관심을 나타낼 때 가장 쓰기 좋은 표현을 있는 대로 고르세요.

1. I love your shirt!
2. You have dark circles today.
3. You look great today.
4. You look so tired today.
5. You look so cute in those pants.

▶ 모범답안은 p.286을 확인하세요.

가정법 꿰뚫어보기

> 오시면 좋을 텐데…
> **If you come, I will be happy.**

> 안 간다고 했는데… 왜 저러지?

 Challenge 위의 대화에서 남자가 혼란스러워하는 이유는?

🎧 3 - L2 -1.mp3

❌ If you **come**, I **will** be happy.

If you come, I will be happy.라고 하면 상대방이 올지 안 올지 모르는 상황에서 "네가 오면 정말로 좋겠다"라는 뜻을 전하게 됩니다. 상대방이 이미 못 온다고 말한 상태에서는 시제를 일부러 하나씩 낮추어서 일어날 가능성이 낮은 일임을 표시해 주어야 합니다.

⊚ If you **came**, I **would** be happy.

▶ 이에 대한 더 자세한 설명은 p.151에서 확인할 수 있습니다.

POINT 1 **If절이 들어갔다고 다 가정법이 아니다** 🎧 3-L2-1.mp3

if절은 단순히 조건을 나타내는 방법으로 'if절은 무조건 가정법이다'라고 생각하면 안 됩니다. If절은 단순히 조건을 보여주는 방법일 뿐입니다.

<u>**If you answer my question first**</u>, I will answer yours.
조건을 나타낼 때 if절을 씁니다.
네가 내 질문에 먼저 대답하면 나도 네 질문에 대답해줄게.

answer someone's question ~의 질문에 답하다

if절에는 직설법에서 쓰이는 if절과 가정법에서 쓰이는 if절의 두 가지 종류가 있습니다. 이둘의 차이를 알아볼게요.

1 **직설법에서의 if절은 '말하는 사람이 if절의 사실 여부를 모르고 말할 때' 사용됩니다.**
정말로 그렇게 될지 안 될지 모르면서 정말로 그렇다면 진짜로 할 행동에 대해서 이야기하는 문장입니다. 따라서 시제와 사실을 맞춰 쓰면 됩니다. 단, 이 경우 if조건절은 미래를 현재시제로 표현한다는 것만 따로 기억해 주세요.

네가 **오면** 좋을 것 같아.

If you come, I will be happy.

➡ 네가 올지 안 올지는 모르지만 '정말로 온다면 진짜로 기쁠 거'라는 뜻

네 지갑 **찾으면** 전화해줄게.

If I find your wallet, I will give you a call.

➡ 내가 지갑을 찾을 수 있을지 없을지는 모르겠지만 '정말로 찾게 된다면 진짜로 전화해줄 거야'라는 뜻

wallet 지갑 | give someone a call ~에게 전화하다

★ if절의 내용이 정말로 충족되면 진짜로 할 행동을 말하는 것이죠. 따라서 시간과 시제를 일치시켜 I will ~로 말합니다. 단, if절은 미래를 현재시제로 표현해 주세요.

2 **가정법에서의 if절은 '말하는 사람이 if절의 사실 여부에 대해 이미 알면서 반대로 말할 때' 사용됩니다.**

 **Challenge(p.149)에 대한 설명입니다.**

이미 조건의 결과를 알고서 일부러 반대인 상황을 말하는 것이기 때문에 시제를 하나씩 낮추어서 실제 일어날 가능성이 낮다는 것을 나타냅니다.

기타만 칠 줄 **알아도** 그 밴드에 들어가는 **건데**.   [현재 사실: 나는 기타를 못 친다.]

If I **know** how to play the guitar, I **will** join the band.
↓ ↓
If I **knew** how to play the guitar, I **would** join the band.

네가 **오면** 좋을 **텐데**.   [현재 사실: 상대방이 오기 싫어한다.]

If you **come**, I **will** be happy.
↓ ↓
If you **came**, I **would** be happy.

★ if절의 내용이 사실이 아니라는 것을 이미 알고 있기 때문에 일부러 시제를 낮춰서 실제로 그런 조건이 충족될 가능성이 낮다는 것을 표현해 줍니다.

how to V ~하는 방법 | play the guitar 기타를 치다 | join ~에 합류하다, 들어가다

법

가정법: 현재 사실을 반대로 이야기할 때 🎧 3-L2-2.mp3

현재의 사실에 대해 일부러 반대의 상황을 이야기하거나 가능성이 희박한 상황을 이야기하는 경우에는 원래 시제인 현재시제에서 시제를 하나씩 낮추어 과거시제를 사용합니다.

내가 몸만 더 괜찮**아도** 오늘 수영하러 갈 **텐데**.　　[현재 사실: 오늘 몸이 안 좋아서 수영하러 못 간다.]

If I **feel** better, I **will** go swimming today.

If I **felt** better, I **would** go swimming today.

그 가방이 조금만 더 싸**도** 제가 살 **수 있는데요**.　　[현재 사실: 그 가방이 비싸서 내가 살 수 없다.]

If the bag **is** a little cheaper, I **can** buy it.

If the bag **were** a little cheaper, I **could** buy it.

내가 조금만 더 젊**다면** 그와 사귈 **텐데**.　　[현재 사실: 내가 나이가 있어서 그와 못 사귄다.]

If I **am** a little younger, I **will** go out with him.

If I **were** a little younger, I **would** go out with him.

★ 현재 상태의 반대나 가능성이 희박한 가정법에서는 be동사를 were의 형태로 통일시키는 것이 문법 규칙입니다. 하지만 실제 회화에서는 주어가 I이거나 단수일 때 were 대신에 was가 종종 쓰이기도 합니다.

feel better (기분이나 몸상태가) 좋아지다 | go swimming 수영하러 가다 |
cheaper 더 싼 (cheap의 비교급) | go out with ~와 사귀다

가정법: 과거 사실을 반대로 이야기할 때 🎧 3-L2-3.mp3

과거에 있었던 일에 대해서 일부러 반대의 상황을 떠올려보고 언급할 때는 원래 시제인 과거시제에서 시제를 하나 더 낮춥니다. 즉, if절은 〈had + p.p.〉 형태를 쓰고, 주절의 〈조동사 + 동사〉 형태는 '이미 다 완료된 과거 일(완료의 의미는 과거분사 p.p.)을 가지고(have) 반대 상황을 가정하는 것'임을 표현하기 위해 〈과거조동사 + have + p.p.〉를 사용합니다.

내가 그날 몸만 더 괜찮**았어도** 수영하러 **갔을 텐데**.　　[과거 사실: 그날 몸이 안 좋아서 수영하러 못 갔다.]

If I **felt** better, I ~~**would go**~~ swimming that day.

If I **had felt** better, I **would have gone** swimming that day.

그 가방이 조금만 더 쌌**어도** 제가 **살 수 있었어요**.　　[과거 사실: 그 가방이 비싸서 못 샀다.]

If the bag **was** a little cheaper, I ~~**could buy**~~ it.

If the bag **had been** a little cheaper, I **could have bought** it.

내가 조금만 더 젊**었어도** 그와 **사귀었을 텐데**.　　[과거 사실: 내가 나이가 있어서 그와 못 사귀었다.]

If I **was** a little younger, I ~~**would go**~~ out with him.

If I **had been** a little younger, I **would have gone** out with him.

POINT 4　가정법: 과거 사실의 반대가 지금 현실에 의미를 갖는 경우

🎧 3-L2-4.mp3

말을 하다 보면 "내가 공부를 열심히 했더라면 지금쯤 돈을 많이 벌고 있을 텐데…"라는 문장처럼 과거 사실의 반대 상황을 떠올리면서 "그랬다면 지금 어떻게 됐을까?"하고 현재의 상황을 상상해보는 경우들이 있습니다. 이럴 때는 if조건절 안의 동사는 과거 사실의 반대 상황임을 심어두기 위해 시제를 하나 더 낮추어 〈had + p.p.〉를 쓰고, 주절의 동사는 지금의 상황이 어떻게 다를지를 상상해보는 것이므로 과거로 시제를 하나씩 낮추어 지금의 현실과는 다르다는 뜻을 심어줍니다.

내가 **공부를** 열심히 **했더라면** 지금 돈을 많이 벌고 있**을 거야**.
[사실은 과거에 공부를 열심히 안 해서 지금 돈을 많이 못 벌고 있다.]

If I **studied** hard, I ~~**will**~~ be making a lot of money now.

If I **had studied** hard, I **would** be making a lot of money now.

153

그가 그녀를 **해고하지만 않았어도** 그녀는 지금 캐나다에서 살고 있**을 거야.**

[사실은 그가 과거에 그녀를 해고해서 지금 그녀는 캐나다에 살고 있지 않다.]

If he **didn't fire** her, she **will** still be living in Canada now.

If he **hadn't fired** her, she **would** still be living in Canada now.

---

make money 돈을 벌다 | make a lot of money 돈을 많이 벌다

POINT 5 가정법에 if절을 빼고 쓰기도 한다

🎧 3-L2-5.mp3

문맥과 대화에서 '어떤 상황이라면'인지 그 조건에 대해 이미 언급이 된 상태라든가, 쌍방이 그 조건이 무엇인지 이해하고 있는 상황이라면 if절은 종종 생략되기도 합니다.

⭐ A의 남자친구가 문제가 많다는 걸 B가 아는 상황

A: My boyfriend ignored my calls and texts again.

남자친구가 또 내 연락 씹었어.

> 문맥상 '내가 너라면'이라는 상황이 전제되므로 if절을 생략할 수 있습니다.

B: (**If I were** you,) I **would** break up with him for that.

(내가 너라면) 난 그러면 헤어질 **것 같아.**

ignore someone's calls and texts 전화랑 문자를 씹다

⭐ A가 공포영화 광이라는 걸 둘 다 아는 상황

A: How was the movie yesterday?

어제 영화 어땠어?

> 문맥상 '네가 그 영화를 봤더라면'이라는 상황이 전제되므로 if절을 생략할 수 있습니다.

B: I didn't like it because it was so scary.

But (**if you had seen** it,) you **would have liked** it.

너무 무서워서 난 싫었어. 근데 (**네가 봤다면**) 넌 **좋아했을 거야.**

scary 무서운

154

바란다고 다 똑같은 게 아니죠!
hope *vs.* wish

'무언가를 바라다'는 표현은 직설법에서의 표현과 가정법 안에서의 표현이 다릅니다. **정말 이루어질지 아닐지 모르면서 순수하게 바랄 때는 hope**(직설법으로서의 '바라다')를 쓰고 **이미 그 결과를 알고 있으면서 일부러 반대 상황을 바랄 때는 wish**(가정법으로서의 '바라다')를 써야 합니다

---

1 **이루어질지 아닐지 모르며 바라는 hope의 핵심 포인트**

직설법으로 말하는 hope는 시제와 사실을 맞춰 씁니다. '바란다'는 것은 미래에 일어났으면 하는 일을 말하는 것이기 때문에 이미 미래의 의미가 내포되어 있습니다. 따라서 원어민들은 that절 안에 조동사 will을 굳이 쓰지 않고 보통 **현재시제를 이용하여 바라는 바를 표현합니다.**

좋은 여행**하기를 바라.**

I **hope** (that) you **have** a good trip.

좋은 시간 **보내기를 바라.**

I **hope** (that) you **have** a good time.

---

2 **안 될 걸 알면서 바라는 wish의 핵심 포인트**

가정법으로 말하는 wish는 이미 결과를 아는 상태에서 그 반대의 상황을 바라는 의미를 지닙니다. 지금도 바라는 마음만큼은 진짜이므로 wish라고 현재시제를 쓰지만 반대 상황을 나타내는 **that절의 시제는 일부러 하나 낮추어서 가능성이 낮음을 보여주죠.**

네가 나랑 영화 보러 **가면 좋을 텐데.**   [영화를 같이 보러 못 가는 것을 알고 하는 바람]

I **wish** (that) you **could go** see a movie with me.

지금 바라는 마음이므로   영화를 같이 보러 갈 가능성이 낮기 때문에
현재시제   과거시제

그렇게 많이 **먹지 않았으면 좋았을 텐데.**   [이미 많이 먹은 상태에서 현재의 바람을 표현]

I **wish** (that) I **hadn't eaten** so much.

지금 바라는 마음이므로   이미 많이 먹은 과거 사실의 반대 상황을 떠올리기 때문에
현재시제   〈had + p.p.〉

> *cf.* wish는 뒤에 **that절**이 오면 가정법의 의미로 '바라다'입니다. 하지만 **wish** 뒤에 명사가 오면 직설법의 의미로 '빌어주다, 소원하다'라는 뜻이 되죠.
> I **wish** you luck! 행운을 빌어!

법

배운 문법 바로 쓰는 영어 연습

A 시제에 유의해 다음 우리말을 영어로 말해보세요.

1 기타만 칠 줄 **알아도** 그 밴드에 **들어가는 건데.** [hint] ~에 들어가다, 합류하다 join

If I _____ how to play the guitar, I _____ the band.

2 내가 조금만 더 **젊다면** 그와 **사귈 텐데.** [hint] ~와 사귀다 go out with

If I _____ a little younger, I _____ with him.

3 이게 맵지만 **않아도** 내가 **먹을 수 있는데.**

If this _____ too spicy, I _____ it.

4 그 가방이 조금만 더 쌌**어도 살 수 있었는데.**

If the bag _____ a little cheaper,
I _____ it.

5 내가 몸만 더 괜찮**아도** 오늘 **수영하러 갈 텐데.** [hint] 수영하러 가다 go swimming

If I _____ better, I _____ today.

6 그가 나와 함께 **있었으면** 사고를 안 **당했을 텐데.**

If he _____ with me, he _____ had an accident.

7 내가 **공부를** 열심히 **했더라면** 지금 돈을 많이 벌고 **있을 거야.**

If I _____ hard, I _____ making a lot of money now.

8 네 지갑 **찾으면** 전화**해줄게.**

If I _____ your wallet, I _____ you a call.

B hope 또는 wish를 활용해 다음 우리말을 영어로 말해보세요.

1 좋은 시간 **보내기를 바라.**

I _____ (that) you _____ a good time.

2 네가 나랑 영화 보러 **가면 좋을 텐데.** [hint] 영화 보러 가다 go see a movie

I _____ (that) you _____ see a movie with me.

3 그렇게 **많이 먹지 않았으면 좋았을 텐데.**

I _____ (that) I _____ so much.

4 즐거운 성탄절 **보내!**

We _____ you a merry Christmas!

법

C 대화의 맥락에 유의해 B의 대사를 영어로 완성해 보세요.

1 **A:** 남자친구가 또 내 연락 씹었어.

My boyfriend ignored my calls and texts again.

B: **난 그러면 헤어질 것 같아.** [hint] ~와 헤어지다 break up with

_____

2 **A:** 어제 영화 어땠어?

How was the movie yesterday?

B: 너무 무서워서 난 싫었어. 근데 **넌 좋아했을 거야.**

I didn't like it because it was so scary.
But _____

▶ 모범답안은 p.286을 확인하세요.

영어의 '태'

영어에서 '태'란?

능동태와 수동태

mp3 듣기

당신 변했어요.
You are changed.

누가 나를 변신시켰지?

Challenge

"당신 변했어요."는 영어로 뭐라고 할까요?

태

🎧 4 - L1-1.mp3

❌

You **are changed**.

사람은 누군가에 의해 억지로 변하지 않습니다. 스스로 변하죠. 똑같은 어려움이 있어도 어떤 사람은 더 강해지고 어떤 사람은 좌절합니다. 이렇게 주어가 그 동작을 직접 행할 때는 능동태를 써야 하기 때문에 You are changed.가 아니라 You've changed.가 맞는 표현이 됩니다.

◎

You've changed.

 이에 대한 더 자세한 설명은 p.163에서 확인할 수 있습니다.

자연스러운 영어 표현을 위해서는 주어와 동사가 맺고 있는 능동과 수동의 의미를 잘 이해하고 쓸 줄 알아야 합니다. 그동안 우리는 영어문법 시간에 수동태를 배울 때 문장의 구조 변화와 의미 변화에만 초점을 맞춰 다뤄왔습니다. 하지만 실제로 영어를 사용하다 보면, 능동태와 수동태의 관계를 통합적으로 이해하고 그 의미와 역할을 유기적으로 잘 파악하고 있을 때, 문맥에 따라 자연스럽게 수동태를 제대로 사용할 수 있고 의미에 맞는 표현을 할 수 있게 된다는 것을 알 수 있어요. 이번 레슨에서는 그동안 우리가 놓쳐왔던 기본! 능동태와 수동태의 역할과 그 의미를 전반적으로 살펴보겠습니다.

POINT 1 영어의 '태'란?

♫ 4 - L1-1.mp3

영어에서 태(voice)란 문장에서 주어와 목적어가 동작과 맺고 있는 관계를 보여주는 방법입니다. 영어에서 태(voice)는 능동태(active voice)와 수동태(passive voice)가 있는데요. 주어가 동작을 직접 실행했음을 보여주는 문장을 능동태라 하고, 주어가 당한 동작을 표현해주는 문장을 수동태라고 합니다.

David changed the flat tire.   ➡ 주어가 직접 그 동작을 한 것이 능동태

데이비드가 펑크 난 타이어를 **교체했어요.**

The flat tire was changed.   ➡ 주어가 동작을 당한 관계를 보여주므로 수동태

펑크 난 타이어가 **교체되었어요.**

보통은 주어가 동작을 행하는 능동태의 문장구조가 주로 사용됩니다. 능동태가 아닌 수동태를 쓸 때는 특히 어떤 문맥과 상황 속에서 언제, 왜 쓰이는지를 이해하는 것이 중요합니다.

POINT 2 수동태로 쓰이는 동사의 특징

♫ 4 - L1-2.mp3

수동태는 '동작을 당한' 목적어를 주어 자리에 놓아 당한 입장을 강조해주는 표현 방법으로써 목적어를 가지는 동사에만 적용되는 문장구조입니다. 따라서 목적어를 가지지 않는 '자동사'들은 수동태의 형태로 사용되지 않습니다.

좋은 **일이** 벌어졌어.

Something good was happened. (X)

Something good **happened**. (O)

> 자동사인 happen은 수동태가
> 없습니다.

POINT 3   **같은 동사도 의미에 따라 능동태/수동태로 달라진다**   🎧 4 - L1-3.mp3

자동사도 되고 타동사도 되는 동사들은 능동태로 쓰였을 때나 수동태로 쓰였을 때나 우리말로 해석이 거의 비슷하게 되는 경우가 많습니다. 때문에 언제 수동태를 써야 하는지 헷갈리는 경우가 있는데요. 우리말 해석으로 구분하려고 하기보다 **누군가에 의해 당하여 이루진 행동인 것인지, 주어 스스로 그런 행동을 한 것인지를 잘 따져 보는 것이 중요합니다.**

⭐ "너 변했어."는 영어로 뭐라고 해야 할까요?

 Challenge(p.161)에 대한 설명입니다.

> 사람은 누군가에 의해 억지로 변하지 않습니다. 스스로 변하죠. 똑같은 어려움을 겪어도 어떤 사람은 더 강해지고 어떤 사람은 좌절합니다. 이렇게 주어가 스스로 그 행동을 할 때는 능동태를 써야 하기 때문에 **You've changed.**가 맞는 표현입니다. (변했고 지금 현재도 변한 상태임을 나타내기 위해서 현재완료형을 씁니다.)
>
> 하지만 "스케줄이 바뀌었어요."라고 할 때는 스케줄은 스스로 변하는 것이 아니라 누군가에 의해 변하고 수정되는 것이기 때문에 수동태를 써야 정확한 표현이 됩니다. **자연스러운 영어 표현을 위해서는 이렇게 같은 동사라 하더라도 주어와 동사가 맺고 있는 능동과 수동의 의미를 잘 보고 써야 합니다.**
>
> 당신 **변했어요**.
>
> You've **changed**.   ➡ 주어가 스스로 변하는 것이므로 능동태
>
> 스케줄이 **바뀌었어요**.
>
> The schedule has **been changed**.   ➡ 주어가 누군가에 의해 바뀌는 것이므로 수동태

태

걱정하다
worry *vs.* be worried

'걱정하다'라는 동사는 우리말로 수동태와 능동태의 해석이 비슷하기 때문에 사용할 때마다 헷갈립니다. 하지만 수동태와 능동태의 기본 원리를 잘 이해하면 상황에 맞는 표현을 구분해 낼 수 있습니다.

worry는 자동사(걱정하다)와 타동사(~에게 걱정을 끼치다) 모두 사용 가능한 동사입니다.

자동사	I **worry** about my parents. [능동태] 나는 부모님 **걱정을 한다.**	➡ 나 스스로 부모님 걱정을 하는 상태
타동사	My parents **worry** me. [능동태] 부모님이 **나를 걱정하게 한다.** → I am **worried** about my parents. [수동태] 나는 부모님 **걱정을 한다.**	➡ 부모님이 나에게 걱정을 끼치고 있는 상태 ➡ 수동태로 내가 걱정을 당하고 있는 상태임을 강조

해석은 같지만 **아무 일도 없는데 스스로 늘 하는 부모님 걱정은 능동태로,** 어떤 사건과 원인으로 부모님에 대해 걱정할 일이 생겨서 하게 된 걱정은 **수동태로** 표현합니다.

이러한 원리를 이해하고 다음 예문들도 살펴보세요.

You worry too much.
넌 **걱정**이 너무 많아.

He worries about money all the time.
그는 늘 돈 **걱정을 한다.**

I am worried about the presentation next week.
다음주에 있을 프레젠테이션 때문에 **너무 걱정돼.**

Jenny looks so depressed. **I am worried** about her.
제니가 너무 우울해 보여. **걱정돼.**

배운 문법 바로 쓰는 영어 연습

🎧 4 - L1 - 4.mp3

A 시제와 태에 주의해 다음 우리말을 영어로 말해보세요.

① **저희 딸이** 책표지를 **찢었어요.** ［hint］ ~을 찢다 rip

_____ the cover of the book.

② 책 표지가 **찢어졌어요.**

The cover of the book _____.

③ **공사 인부들이** 도로를 새로 **깔았어요.**

［hint］ 공사 인부 construction worker | (도로 등을) 새로 깔다 pave

_____ the street.

④ 도로가 새로 **깔렸어요.**

The street _____.

⑤ **데이비드가** 펑크 난 타이어를 **교체했어요.** ［hint］ 펑크 난 flat

_____

⑥ 펑크 난 타이어가 **교체되었어요.**

_____

⑦ **제가** 선물을 **포장했어요.** ［hint］ 포장하다 wrap | 선물 present

_____

⑧ 선물은 **포장이 되어 있었어요.**

_____

태

165

B 다음 영어 문장에서 잘못된 부분을 고쳐 바르게 말해보세요.

① **좋은 일이 벌어졌어.**

Something good was happened.

➔ _____

② **너 변했어.** (변했고 지금 현재도 변한 상태임)

You are changed.

➔ _____

③ **일정이 바뀌었어.** (일정이 바뀌어서 현재에 영향을 미치고 있는 상태임)

The schedule has changed.

➔ _____

C 동사 worry를 활용해 상황과 맥락에 맞게 다음을 영어로 말해보세요.

① 다음주 화요일에 있을 (취업)면접이 **걱정이야.**

I _____ the job interview next Tuesday.

② 딸이 늘 **걱정이야.** 딸은 믿지만 남자들은 못 믿어.

I always _____ my daughter. I trust
my daughter, but I don't trust men.

③ 아들 때문에 **걱정이야.** 지난 주에 여자친구랑 헤어졌거든.

I _____ my son. He broke up with
his girlfriend last week.

▶ 모범답안은 p.287을 확인하세요.

mp3 듣기

LESSON 02

써야 할 때 쓸 수 있다

수동태 꿰뚫어보기

당신이 좋아요.
You are liked by me.

왜 저렇게 말하지?

Challenge 왜 남자는 여자의 영어가 어색하다고 생각하는 것일까요?

🎧 4 - L2 - 1.mp3

❌ You **are liked by** me.

수동태는 목적어를 강조해주기 위해 보통 문맥상 필요에 의해서 사용되는 어법입니다. 상황도 문맥도 가리지 않고 무조건 수동태 문장을 쓰면 어색할 때가 많습니다. 이 경우는 그냥 능동태 문장으로 말하는 것이 자연스러워요.

◎ I **like** you.

▶ 이에 대한 더 자세한 설명은 p.171에서 확인할 수 있습니다.

POINT 1 # 수동태 문장구조 원리   🎧 4 - L2 -1.mp3

우리가 말을 하다 보면 동작을 한 주체보다 당한 존재가 더 중요한 경우가 있습니다. 이렇게 동작을 당한 목적어의 상태를 강조하기 위해 문장 앞, 주어 자리로 도치를 시켜 강조해주는 문장구조가 수동태입니다.

Someone **stole Peter's car** last night. [능동태]
지난 밤에 누군가가 **피터의 차를 훔쳐갔어.**

Peter's car was stolen last night by someone. [수동태]
지난 밤에 **피터의 차가 도단당했어.**

⭐ 수동태가 만들어지는 단계

1단계
Someone ⟨ Peter's car   ➡ 의미상 주어(Someone)보다 목적어 (Peter's car)가 더 중요함을 인식

2단계
Peter's car   ➡ 목적어(Peter's car)를 강조하기 위해 앞으로 보냄

3단계
Peter's car   **stolen**   ➡ 수동의 의미를 집어넣기 위해 동사를 과거분사 (stolen)로 변형 (영어에서 '수동과 완료'의 의미를 갖는 것은 과거분사뿐)

4단계

Peter's car **was stolen**. [완전한 문장]

➡ 과거분사는 형용사이므로 be동사를 붙여 동사로 변신 (완전한 2형식 문장구조)

5단계

Peter's car was stolen *last night* **by someone**.

부가적인 정보

➡ 완전한 문장에 부가적인 정보(언제, 어디서, 왜 등)는 문장 끝에 덧붙이는데, 그 행동을 한 존재를 알려주고 싶다면 전치사를 이용해 붙임

6단계

Peter's car was stolen *last night* ~~**by someone**~~.

➡ 하지만 중요하지 않은 정보는 오히려 쓰지 않는 것이 더 자연스러움

★ 뻔한 정보는 오히려 문장을 어색하게 만들어요.

6단계에서, 문맥상 누구를 이야기하는지 뻔한 대명사나 명사는 굳이 by를 써가며 문장 끝에 붙여 알려주지 않습니다. 오히려 붙이게 되면 불필요한 정보가 되어 문장이 조잡해지죠.

This house **was built** in the 1500s ~~by people~~.

이 집은 사람들에 의해 1500년대에 **지어진 거예요.**

The meeting **was cancelled** ~~by me~~.

회의가 나에 의해 **취소되었어요.**

태

POINT 2 — be동사 대신 다른 연결동사로 수동태 의미 다양하게 만들기

🎧 4-L2-2.mp3

앞서 be동사를 다룬 챕터에서 be동사의 의미적 한계에 대해 배웠는데요. 의미적 한계를 극복하기 위해 다른 일반동사를 빌려 연결동사로 활용하는 방법에 대해 배워보았죠(p.042 참고). 수동태 문장구조(be + p.p.)도 2형식 문장구조에 해당되기 때문에 좀 더 풍부한 의미를 위해 다른 연결동사를 사용하기도 합니다.

I **am** tired. 나 피곤**해.**

I **got** tired. 나 피곤**해졌어.** [피곤한 상태로의 변화]

I **grew** tired. 나는 (점점) 지**쳐갔지.** [피곤한 상태로 서서히 변화]

I **am** touched.　나 감동받았어.

I **feel** touched.　나 감동받았어.　　　[감동을 '느끼고 있음'을 강조]

POINT 3　<be + p.p. + by 명사>라고 무조건 외우지 말기 🎧 4 - L2 - 3.mp3

My car was taken by the police.(내 차는 경찰이 가져갔어.)라는 문장처럼 수동태 문장에서 동작의 의미상 주어를 전치사 by를 이용해 붙이는 경우가 많습니다. 이는 공식이 아니라 by 의 의미가 '~에 의해서'로 영향을 주는 대상을 나타내기 때문입니다. 전달하고자 하는 의미에 따라 다른 전치사를 써야 하는 경우도 꽤 있습니다. 전치사는 의미에 맞게 골라 써야한다는 것 잊지 마세요!

⭐ 다양한 전치사와 함께 쓰이는 수동태 표현

be interested in　~에 관심 있다	➡ 특정 분야에 관심 있다 (범위 안을 나타내는 in)
be pleased/satisfied with　~에 만족하다	➡ 무언가를 가져야 생기는 감정이 만족 (수반의 전치사 with)
be bored with　~에 싫증나다	➡ 무언가를 오래 가져서 생기는 감정이 싫증 (수반의 전치사 with)
be covered with　~로 덮이다	➡ 무언가를 가지고 덮는다 (수반의 전치사 with)
be filled with　~로 채워지다	➡ 무언가를 가지고 채움 (수반의 전치사 with)
be devoted to　~에 헌신하다	➡ 무언가에 바치는 것이 헌신 (목적지로 가는 전치사 to)
be exposed to　~에 노출되다	➡ 무언가에 보여주는 것이 노출 (목적지로 가는 전치사 to)
be married to　~와 결혼하다	➡ 누군가에게 장가/시집가는 게 결혼 (목적지로 가는 전치사 to)
be known to　~에게 알려지다	➡ 누군가에게 다가가는 것이 알려지는 것 (목적지로 가는 전치사 to)
be known for　~로 알려지다	➡ 특정 이유로 유명해짐 (이유를 나타내는 전치사 for)
be worried about　~에 대해 걱정하다	➡ 무언가에 관한 부정적인 생각이 걱정 (관련됨의 전치사 about)
be concerned about　~에 대해 염려하다	➡ 무언가에 관한 부정적인 생각이 염려 (관련됨의 전치사 about)

자, 그럼 예문을 통해 다양한 수동태 문장을 확인해 보세요.

The document **was signed by** the CEO.
그 서류는 대표 **서명을 받았어요.**

Two of her hairs **were found in** his car.
그의 차 **안에서** 그녀의 머리카락 두 올이 **발견되었습니다.**

The spelling errors in the report **were fixed/corrected**.
보고서의 철자 오류는 **교정되었습니다.**

He **was questioned by** the police.
그는 경찰의 **심문을 받았어요.**

Joey **is married to** a nurse.
조이는 간호사**와 결혼했어요.**

two of her hairs 머리카락 두 올 (머리카락은 한 올, 두 올 셀 수 있음) |
spelling errors (오탈자와 같은) 철자 오류 | question ~을 심문하다

POINT 4 | 수동태를 쓰는 데는 이유가 있다 　🎧 4-L2-4.mp3

태

🌟 **Challenge(p.167)에 대한 설명입니다.**

> 이렇게 수동태는 당하는 입장을 강조하기 위해 굳이 목적어를 주어 자리로 보내주는 문장의 변형 형태이므로 아무 때나 사용하게 되면 오히려 문맥의 흐름이 어색하고 표현이 조잡해집니다. 따라서 수동태는 다음과 같이 필요한 상황에서 선택적으로 사용하는 것이 자연스러워요.

1 의미적으로 목적어가 주인공일 때

Workers built the Statue of Liberty between 1875 and 1884.
인부들이 자유의 여신상을 1875년에서 1884년 사이에 **지었습니다.**

The Statue of Liberty was built between 1875 and 1884. ✓ better
자유의 여신상은 1875년에서 1884년 사이에 **지어졌습니다.**

자유의 여신상(Statue of Liberty)이 중요한 정보

171

2 행위자가 뻔하거나 일반 사람인 경우

A doctor successfully **performed** the operation.
한 의사가 그 수술을 성공적으로 **했습니다**.

> 수술은 당연히 의사가 하는 거죠.

The operation was successfully **performed**. ✓ better
그 수술은 성공적으로 **됐습니다**.

operation 수술 | perform (특정 일을) 수행하다

3 글의 객관성을 살리기 위해서

I consider him honest. 난 그가 정직하다고 **생각해요**.

He is considered honest. ✓ better 그는 정직하다고 **여겨집니다**.

> 내가 들어가면 주관적인 판단이 되어버려요.

4 일부러 주어를 숨길 때

누가 했는지 말하기 곤란한 상황이거나 말하기 원치 않는 경우 수동태를 씁니다.

My boss told me to do it. 부장이 내게 그걸 하라고 했어.

I was told to do it. ✓ better 그걸 하라는 얘기를 들었어.

> boss가 시켰음을 감추고 싶을 때

5 주어가 너무 길 때

주어가 너무 긴 문장은 이해를 해칠 수 있어요.

The president of Cozi Motor, who took charge of one of the most important contracts in 2021, hired my brother.
2021년에 제일 중요한 계약들 중 하나를 담당했던 코지 모터 사의 사장이 남동생을 채용했어요.

My brother was hired by the president of Cozi Motor, who took charge of one of the most important contracts in 2021. ✓ better
남동생이 코지 모터 사의 사장**에 의해 채용됐어요**. 그 사람은 2021년에 제일 중요한 계약들 중 하나를 담당했죠.

받는 수신자와 오고 가는 물건이 나란히 나오는 4형식 문장구조에서는 목적어가 두 개이므로 수동태도 받는 사람을 강조하는 수동태와 전달되는 물건을 강조하는 수동태, 두 가지 형태가 존재합니다.

주어 + 동사 + 간접목적어(받는 사람) + 직접목적어(전달되는 물건)

---

1 받는 사람 강조하기

I gave **my boss the report**. 저는 부장에게 그 보고서를 드렸어요.

My boss was given the report by me. **부장이** 저에 의해 그 보고서를 **받았어요.**

★ 의미적으로 중요하지 않은 **by me**같은 정보는 생략하는 게 자연스럽습니다.

받는 사람을 강조하기 위해 주어 자리로 보내고 동사를 수동태의 형태로 바꿔준 다음 직접목적어는 그대로 동사 뒤에 붙여줍니다.

I was given the information yesterday.
저는 그 정보를 어제 **받았습니다.**

I was paid $500 to take photos of the wedding.
결혼식 사진을 찍어주는 데 500달러를 **받았어요.**

He was offered the position, but he decided not to take it.
그는 그 직책을 **제안받았지만** 안 하기로 했어.

take a photo of ~ 사진을 찍다 | decide not to V ~하지 않기로 결정하다

173

I sent **my boss the report**. 저는 부장에게 그 보고서를 보냈어요.

The report was sent to my boss by me. 그 보고서는 부장에게 보내졌어요.

★ 중요하지 않은 정보인 **by me**는 안 붙이는 것이 더 자연스럽습니다.

전달되는 물건을 강조하기 위해 주어 자리로 보내고 동사를 수동태의 형태로 바꿔준 다음 동사 뒤에 알맞은 전치사로 받는 사람을 붙여줍니다.

The job was offered to Mandy. 그 일은 맨디에게 제안되었어요(제안이 들어갔어요).

The ring was given to her granddaughter. 그 반지는 그녀의 손녀에게 주어졌죠.

Tip 배운 영어가 쓰는 영어가 되는 팁

수동태를 만들 때 의미에 오해가 있는지도 생각해 주세요

말을 전달하는 데 있어 오해의 소지가 있거나 의미가 이상해지는 문장들은 좋은 표현이 아닙니다. **목 적어가 있다고 무조건 수동태의 문장이 가능하다고 생각하지 말고** 표현이 자연스럽게 들릴지도 생각해 주세요.

재봉사가 아버지께 저 양복을 만들어 주었어요.

A tailor made my father that suit.

→ **That suit was made for** my father. 저 양복은 아버지를 위해 만들어진 거예요.

→ My father was made that suit. (X)

➡ 〈사람 was made〉는 마치 사람이 만들어진 것처럼 들립니다. 원어민들은 이런 어색한 표현은 사용하지 않아요.

목적어 뒤에 목적격 보어가 나오는 5형식 문장구조에서는 목적어가 한 개이므로 수동태도 한 가지 형태가 존재합니다.

1 목적격 보어가 '명사'인 수동태

주어 + 동사 + 목적어 + 목적격 보어(명사)

Koreans call **this food bibimbap**. 한국사람들은 이 음식을 비빔밥이라고 불러요.

This food is called bibimbap ~~by Koreans~~.

이 **음식은** 한국사람들에 의해 비빔밥**이라고 불러요(해요)**.

★ 뻔한 정보인 **by Koreans**는 안 붙이는 것이 더 자연스럽습니다.

목적어를 강조하기 위해 주어 자리로 보내고 동사를 수동태의 형태로 바꾼 다음 목적격 보어(명사)는 동사 뒤에 그대로 붙여줍니다.

People called **me Pumpkin** when I was little. 어렸을 때 사람들이 저를 '호박'이라고 불렀어요.
→ **I was called Pumpkin** when I was little. 저는 어렸을 때 '호박'이라고 **불렸어요**.

People elected **him mayor**. 사람들이 그를 시장으로 선출했어요.
→ **He was elected mayor**. 그가 시장으로 선출됐어요.

My parents named **me Joseph**, after my grandfather.
부모님이 할아버지 이름을 따서 제 이름을 '요셉'이라고 지었어요.

→ **I was named Joseph**, after my grandfather.
저는 할아버지 이름을 따서 요셉이라고 **이름 지어졌어요**.

call A B A를 B라고 부르다 | pumpkin 호박 | elect 선출하다 |
name A B A에게 B라고 이름짓다 | Joseph[dʒóuzəf] 남자이름 | after (~의 이름을) 따서

태

2 목적격 보어가 '형용사'인 수동태

주어 + 동사 + 목적어 + 목적격 보어(형용사)

I consider **Mark thoughtful**. 저는 마크를 사려 깊다고 생각해요.

Mark is considered thoughtful by me. **마크는** 저에 의해 사려 깊다고 **여겨져요**.

★ 중요하지 않은 **by me**는 안 붙이는 것이 더 자연스럽습니다.

강조하고자 하는 목적어를 주어 자리로 보내고 동사를 수동태로 바꾼 다음 목적격 보어(형용사)는 동사 뒤에 그대로 붙여줍니다.

They kept **the house clean**. 그들은 집을 깨끗하게 유지했어요.
→ **The house was kept clean**. 집이 깨끗하게 유지되었어요.

People consider **Ben trustworthy**. 사람들은 벤을 믿을 만하다고 생각해요.
→ **Ben is considered trustworthy**. 벤은 믿을 만한 **사람으로 여겨져요**.

trustworthy 믿을 만한, 신뢰할 수 있는

3 목적격 보어가 'to부정사'인 수동태

주어 + 동사 + 목적어 + 목적격 보어(to V)

They expect **him to arrive** this afternoon. 그들은 그가 오늘 오후에 도착할 거라고 예상합니다.

He is expected to arrive this afternoon by them.
그가 그들에 의해 오늘 오후에 도착할 거라고 예상됩니다.

★ 중요하지 않은 정보인 **by them**은 안 붙이는 것이 더 자연스럽습니다.

강조하고자 하는 목적어를 주어 자리로 보내고 동사를 수동태로 바꾼 다음 목적격 보어(to V)는 동사 뒤에 그대로 붙여줍니다. 이때 수동태에 to부정사가 붙어 나온다면 〈by 사람〉을 to부정사 앞으로 보내야 함을 주의하세요. 〈to부정사 + by 사람〉처럼 붙어버리면 의미의 혼동이 생길 수 있거든요. 다음 예문을 보세요.

They encouraged **me not to give up**.

그들이 포기하지 말라고 저를 격려해 줬어요.

→ **I was encouraged by** them **not to give up**.

포기하지 말라고 그들에게 격려받았어요.

➡ not to give up by them이라고 하면 마치 그들에 의해 포기하지 않는 것처럼 해석이 될 수 있으므로 순서를 바꿔줍니다.

My coach motivated **me to do my best**.

코치님이 내가 최선을 다해야겠다는 마음이 들게 해주셨어.

→ **I was motivated by** my coach **to do my best**.

최선을 다해야겠다고 코치님께 자극받았어.

➡ to do my best by my coach라고 하면 마치 코치에 의해 최선을 다하는 것처럼 해석될 수 있으므로 순서를 바꿔줍니다.

encourage A to V A에게 ~하라고 격려[독려]하다 | give up 포기하다 |
motivate A to V A에게 ~하겠다는 마음이 들도록 자극[동기부여]하다 | do one's best 최선을 다하다

---

4 지각동사의 수동태

모든 지각동사가 다 수동태로 즐겨 사용되는 것은 아닙니다. 실제 회화에서 들어볼 수 있는 지각동사의 수동태는 '목격되었다'는 의미의 be seen 형태이죠. 보통 목격은 '어떤 행동을 하고 있는 중에' 되는 것이므로 이 경우 목적격 보어로는 진행의 의미가 있는 현재분사가 사용됩니다.

주어 + 지각동사 + 목적어 + 목적격 보어(현재분사)

Jenny saw **him drinking** in the car.   제니는 그가 차 안에서 술 마시고 있는 걸 봤어요.

He was seen by Jenny **drinking** in the car.

그는 제니에 의해 차 안에서 술 마시고 있던 게 목격되었어요.

★ drinking in the car by Jenny라고 하면 마치 '제니에 의해 술을 마시다'처럼 들릴 수 있으므로 by Jenny를 was seen과 붙여주는 것이 자연스럽습니다.

강조하고자 하는 목적어를 주어 자리로 보내고 동사를 수동태로 바꾼 다음 목적격 보어(현재분사)는 동사 뒤에 그대로 붙여줍니다.

Someone saw **Susan getting** out of the car with her sister.
누군가가 수잔이 여동생과 차에서 내리는 걸 봤어요.

→ **Susan was seen getting** out of the car with her sister.
수잔이 여동생과 차에서 **내리는 게 목격됐어요.**

get out of the car 차에서 내리다

People saw **Tim** crying in the car.
사람들은 팀이 차 안에서 울고 있는 모습을 봤어요.

→ **Tim was seen crying** in the car.
팀이 차 안에서 **울고 있는 모습이 목격됐어요.**

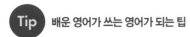
아무도 안 가르쳐준 사역동사의 수동태 이해하기

사역동사의 경우, 수동태를 만드는 규칙을 그대로 따르지 않고 원어민들이 습관적으로 사용하는 표현이 따로 있습니다. 하나하나 짚어가며 설명드릴 테니 꼭 따로 익혀두세요.

주어 + 동사 + 목적어 + 목적격 보어(동사원형)

---

1 억지로 시키는 사역동사 make

Someone made **her move** her stuff.   누가 그녀에게 그녀의 물건을 옮기라고 했어.

She was made to move her stuff.   그녀는 자기 물건을 (강제로) 옮겨야 했어.

= **She was forced to move** her stuff.

> ★ was made move처럼 동사 두 개가 나란히 오는 형태를 쓰지 않기 때문에 to부정사로 move를 붙여주세요. 이런 강요의 의미는 be forced로 바꿔 쓸 수 있는데, 실제 회화에서는 사실 be made to V의 형태보다는 be forced to V가 더 일반적인 표현입니다.

강조하고자 하는 목적어를 주어 자리로 보내고 **동사를 수동태로 바꾼 다음 동사원형의 목적격 보어는 to부정사로** 붙여서 진짜 동사와 구분해 줍니다.

He was made to leave the room.   그는 방에서 (강제로) 나와야 **했다.**

= **He was forced to** leave the room. [좀 더 일반적인 표현]

2 부탁하여 시키는 사역동사 have

Someone had **her move** her stuff.   누가 그녀에게 그녀의 물건을 옮겨 달라고 했어.

~~She was had to move~~ her stuff. (X)

→ **She was asked to move** her stuff. (O)

   그녀는 자기 물건을 옮겨 달라는 요청을 받았어.

> ★ 원어민들은 was had라는 표현 대신 was asked로 표현합니다.

태

강조하고자 하는 목적어를 주어 자리로 보내고 **동사를 was asked로 바꾼 다음 동사원형의 목적격 보어는 to부정사로** 붙여서 진짜 동사와 구분해 줍니다. was asked 대신 was told도 쓸 수 있는데 이 경우 지시나 명령, 잔소리의 어감이 실립니다.

Betty was asked to pick up the CEO at the airport. [have의 수동태]

베티는 대표님을 공항에서 모시고 오라고 **요청받았어요.**

Betty was told to pick up the CEO at the airport. [have의 수동태]

베티는 대표님을 공항에서 모시고 오라**는 지시를 받았어요(얘기를 들었어요).**

3 허락해서 하게 하는 사역동사 let

Someone let **her move** her stuff.   누가 그녀에게 그녀의 물건을 옮겨도 된다고 허락했어.

She was let to move her stuff. (X)

→ **She was allowed to move** her stuff. (O)

그녀는 자기 물건을 **옮겨도 된다는** 허락을 받았어.

★ 원어민들은 **was let**이라는 표현 대신 **was allowed**로 표현합니다.

사역동사 let의 수동태는 강조하고자 하는 목적어를 주어 자리로 보내고 **동사를 was allowed로 바꾼 다음 동사원형의 목적격 보어는 to부정사로** 붙여서 진짜 동사와 구분해 줍니다.

He was allowed to use the company car. [let의 수동태]

그는 회사 차를 **써도 된다는** 허락을 받았습니다.

4 도와서 하게 하는 사역동사 help

Someone helped her move her stuff.

누가 그녀가 짐 옮기는 것을 도와줬어.

사역동사 help의 경우, **원어민들은 습관적으로 was helped to V라는 수동태 형태를 잘 안 쓰므로 그냥 능동태로** 사용하면 됩니다.

지금까지 여러 사역동사의 수동태 문장구조를 살펴봤는데요. 보다시피 동사의 모양을 온전히 유지하면서 수동태로 변형되는 사역동사는 make 하나밖에 없습니다.

배운 문법 바로 쓰는 영어 연습

Q 주어진 동사를 알맞은 형태로 바꿔 다음을 영어로 말해보세요.

① 지갑을 **도둑맞았어.** (steal)

My wallet _____.

② 《1984》는 조지 오웰**에 의해 쓰여졌어.** (write)

1984 _____ Geroge Orwell.

③ 에펠탑은 **1889년에 완공됐어.** (complete)

The Eiffel Tower _____.

④ 수술이 성공적으로 **됐습니다.** (perform)

The operation was successfully _____.

⑤ 그 정보를 어제 **받았습니다.** (give)

I _____ yesterday.

⑥ 그 일을 하는 데 **1,500달러를 받았어요.** (pay)

I _____ to do it.

⑦ 이 제도는 청년층**을 위해 만들어졌어요.** (make)

This program _____ the young.

⑧ **이 음식은** 삼겹살**이라고 해요.** (call)

_____ samgyopsal.

⑨ **그녀가** 미국 대통령으로 **선출됐어요.** (elect)

_____ U.S. president.

⑩ 벤은 **믿을 만한 사람으로 여겨져요.** (consider)

Ben _____.

⑪ 그가 오늘 오후에 도착할 거라고 **예상됩니다.** (expect)

He _____ arrive this afternoon.

⑫ **포기하지 말라고 그들에게 격려받았어요.** (encourage)

I was _____.

⑬ 팀이 차 안에서 **울고 있는 모습이 목격됐어요.** (see)

Tim _____ in the car.

⑭ 그거 **억지로** 한 **거예요.**

I _____ do that.

⑮ 베티는 대표님을 공항에서 모시고 **오라고 요청받았어요.** (ask)

Betty _____ pick up the CEO at the airport.

⑯ 그녀는 이사를 나가**도 된다고 허락받았어.** (allow)

She _____ move out.

⑰ 그걸 하**라는 지시를 받았어(얘기를 들었어).** (tell)

I _____ do it.

⑱ 저는 옷 만드는 것**에 관심이 있어요.** (interest)

I _____ making clothes.

⑲ 그녀는 특이한 패션감각**으로 알려져 있어요.** (know)

She _____ her unique sense of fashion.

⑳ 그의 차는 먼지**로 뒤덮여 있었어요.** (cover)

His car _____ dust.

▶ 모범답안은 p.287을 확인하세요.

CHAPTER 5

동사의 변신

있는 걸로 지져 먹고 볶아 먹는

영어의 품사 변형
한눈에 정리하기

mp3 듣기

Challenge 이번 레슨을 끝낸 후 다음 내용을 설명해 보세요.

동사의 변신

영어 동사를 다른 품사로 바꿔 활용하는 방법

① 동사에 접미사를 붙여 명사로 바꾸기

② 동사를 명사, 형용사, 부사로 바꿔주는 to부정사

③ 동사를 명사로 바꿔주는 동명사

④ 동사를 형용사로 바꿔주는 분사

▶ 이에 대한 더 자세한 설명은 p.186, 187에서 확인할 수 있습니다.

POINT 1   품사를 이리저리 바꾸는 다양한 방법   🎧 5 - L1-1.mp3

영어뿐 아니라 인간이 사용하는 모든 언어는 활용도를 높이기 위해 품사를 변형시키는 방법들이 발달해 있습니다. 우리말의 품사 변형은 어미를 바꾸는 것으로 보통 이루어지죠.

> 춤추다 (동사) → 춤추기/춤추는 것 (명사)
>
> 바쁜 (형용사) → 바쁘다 (동사)

영어에서는 대표적으로 3가지의 품사 변형 방법이 있습니다.

1 접미사를 이용한 품사 변형

 Challenge(p.185)에 대한 설명입니다.

동사를 명사로	act 행동하다 → action 행동 differ 다르다 → difference 차이 agree 동의하다 → agreement 동의, 합의 arrive 도착하다 → arrival 도착 expose 노출하다 → exposure 노출
형용사를 명사로	active 활동적인 → activity 활동 curious 호기심 많은 → curiosity 호기심 accurate 정확한 → accuracy 정확성 free 자유로운 → freedom 자유 happy 행복한 → happiness 행복

형용사/명사를 동사로	final 최종의 → finalize 결말을 짓다　active 활동적인 → activate 활동적이게 하다 motive 동기 → motivate 동기를 부여하다　justice 정의 → justify 정당화하다 length 길이 → lengthen 늘리다, 길어지다
형용사를 부사로	sad 슬픈 → sadly 슬프게　happy 행복한 → happily 행복하게 national 전국의 → nationally 전국적으로　up 위를 향한 → upwards 위쪽으로

2 동사를 변형시킨 품사 변형

 **Challenge(p.185)에 대한 설명입니다.**

동사를 to부정사, 동명사, 분사 모양으로 바꿔서 동사의 품사를 명사, 형용사, 부사로
바꿔줍니다.

to부정사	동명사	분사
to drink → 마시기 (명사) 　마실 (형용사) 　마시기 위해서 (부사)	drink**ing** → 마시는 것 (명사)	drink**ing** → 마시는 중인 (형용사) **drunk** → 마셔진 (형용사)

3 문장의 품사 변형

접속사를 이용하여 문장의 품사를 다양하게 바꿀 수 있습니다.

형용사로	This is the place **where my husband proposed to me**. 　　　　　　　　　　남편이 나한테 프로포즈한 (형용사) 여기는 남편이 내게 프로포즈한 곳이야. The guy (**whom**) **I met in class** was my friend's brother. 　　　　　내가 수업에서 만난 (형용사) 수업에서 만난 남자는 내 친구 형이야.

명사로	I know **(that) you lied to me**. 네가 내게 거짓말한 거 알아. 네가 나한테 거짓말한 것 (명사) Tell me **when you can come**. 언제 올 수 있는지 말해줘. 네가 언제 올 수 있는지 (명사)
부사로	My dog barks a lot **when she gets excited**. 우리 개는 흥분하면 많이 짖어. 흥분했을 때 (시간의 부사) She called me **because you didn't answer her phone**. 네가 그녀의 전화를 안 받아서 (이유의 부사) 네가 전화를 안 받아서 그녀가 나에게 전화했어.

'접미사를 이용한 품사 변형'은 어찌됐건 필요에 의해 단어를 접할 때마다 그때그때 알아가면 됩니다. 영어 단어에 계속 노출되다 보면 저절로 큰 줄기의 규칙은 습득이 되기도 하고요. 하지만 '동사를 변형시킨 품사 변형'과 '문장의 품사 변형'은 변형시키는 방법과 원리를 따로 익혀야 다양하게 활용할 수 있는 힘이 생깁니다. 문장의 품사 변형에 대해서는 《쓰이는 영문법 2》에서 본격적으로 학습할 예정이며, 여기서는 동사의 품사 변형에 집중합니다. 따라서 이어지는 레슨에서는 동사의 모양을 변형시켜 품사를 변형시키는 방법인 to부정사와 동명사, 분사에 대해서 그 구조의 원리와 의미적인 특징, 그리고 실제 쓰이는 원어민들의 활용법까지 하나하나 알아보도록 하겠습니다.

여기저기 다 쓰이는
to부정사 꿰뚫어보기

mp3 듣기

매일 운동하는 것이 좋아요.
It's better for you to exercise every day.

왜 저한테 그러세요?

 Challenge　위의 대화에서 남자가 혼란스러워하는 이유는?

🎧 5 - L2 - 1.mp3

❌
It's better **for you to exercise** every day.

〈It is 형용사 + for 사람 + to V〉의 형태는 다른 사람들과는 다르게 특정 인물에게만 해당되는 상태를 언급할 때 사용하는 문장구조입니다. 따라서 이 문장도 '당신은 매일 운동을 하는 것이 좋겠다.'는 의미이죠. 딱히 조언을 구한 것도 아닌데 자신을 향한 뜬금없는 조언에 상대방은 의아하게 생각할 수 있습니다. 그게 아니라 일반적으로 모든 사람들에게 해당되는 사실로서 '매일 운동하는 것이 좋다.'라고 할 때는 It's better that you exercise every day.가 자연스럽습니다.

▶ 이에 대한 더 자세한 설명은 p.195에서 확인할 수 있습니다.

동사의 변신

Why 왜 to부정사를 꼭 배워야 하나요?

동사원형에 to를 붙여 만든 to부정사란 녀석은 문장 안에서 다양한 역할과 의미로 사용되기 때문에 헷갈릴 때가 많습니다. 그러다 보면 쓸 때 실수를 하기도 하고요. 그런데 중요한 건 이런 to부정사가 **일상적으로 매일 매순간 쓰인다**는 사실이죠. **그렇기 때문에 to부정사의 핵심개념을 이해하고 역할에 따른 특징을 제대로 파악하는 것이 꼭 필요합니다.** 이번 레슨에서는 to부정사의 기본개념부터, 다양한 역할과 그 역할에 따른 문장구조의 원리를 짚어보면서 그동안 우리가 암기 위주의 공부를 하면서 틀릴 수밖에 없었던 부분들을 수정해 나가고 이해해 보는 시간을 갖도록 하겠습니다.

POINT 1 **to부정사의 기본개념 이해하기** 🎧 5-L2-1.mp3

⭐ to부정사의 모양

to부정사는 전치사 'to'의 모양을 빌려다가 동사원형 앞에 놓아 동사의 품사를 명사, 형용사, 부사로 바꿔주는 시스템입니다.

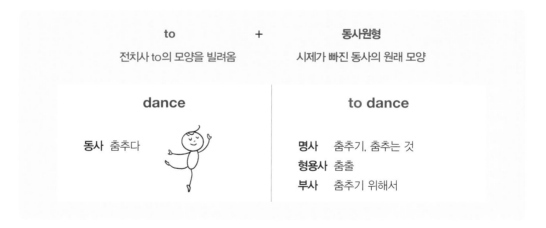

to	+	동사원형
전치사 to의 모양을 빌려옴		시제가 빠진 동사의 원래 모양

dance	to dance
동사 춤추다	**명사** 춤추기, 춤추는 것 **형용사** 춤출 **부사** 춤추기 위해서

I love **to dance**. 난 춤추는 게 정말 좋아요.
　　춤추는 것 (명사)

I don't have time **to dance**. 난 춤출 시간이 없어요.
　　　　춤출 (형용사)

I went to a nightclub **to dance**. 난 춤추러 나이트클럽에 갔어요.
　　춤추기 위해서 (부사)

⭐ to부정사의 장점

이렇게 동사를 변형시켜서 품사를 바꿔주는 to부정사는 동사의 모양을 그대로 품으면서 명사, 형용사, 부사의 품사로 활용이 되기 때문에 **동사 특징을 그대로** 지닙니다. 즉, 동사의 목적어나 수식어들을 그대로 달고 올 수가 있는 거죠. 그래서 훨씬 더 풍부하고 다양한 의미의 명사, 형용사, 부사를 만들어낼 수가 있습니다.

to dance with children	명사	**아이들과** 춤추기/춤추는 것
	형용사	**아이들과** 춤출
	부사	**아이들과** 춤추기 위해서
to dance on the stage	명사	**무대에서** 춤추기/춤추는 것
	형용사	**무대에서** 춤출
	부사	**무대에서** 춤추기 위해서
to dance alone	명사	**혼자** 춤추기/춤추는 것
	형용사	**혼자** 춤출
	부사	**혼자** 춤추기 위해서

⭐ to부정사의 의미적 특징

to부정사는 전치사 to의 모양을 동사원형 앞에 놓아 만든 형태로서, '목적지로 가는 방향성을 나타내는' 전치사 to의 의미가 약해지기는 했어도 남아 있는 경우들이 많습니다. 따라서 종종 그 동작을 하는 쪽으로 다가가고 향하는 상황에서 사용됩니다.

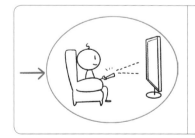

I want **to watch TV**. 난 TV를 보고 싶어.
➡ TV보는 상황으로 가고자 하는 의미

I decided **to learn** how to play the piano. 나는 **피아노를 배우기로** 결심했어.
피아노 배우는 행동 쪽으로 가고자 결심함

He asked me **to open** the door. 그는 내게 **문을 열어달라고** 부탁했어.
내가 문 여는 행동으로 향하도록 부탁함

동사의 변신

191

It's time **to leave**. 떠날 시간이야.

떠나는 행동 쪽으로 다가갈 시간임

I studied hard **to get** an A. 나는 **A를 받기 위해** 열심히 공부했어.

A를 받는 행동 쪽으로 다가가기 위해 열심히 공부함

⭐ to부정사의 역할

to부정사는 명사, 형용사, 부사의 품사로 쓰일 수 있기 때문에 문장 안에서 다양한 역할을 하며 활용이 됩니다.

● **명사의 역할:** 주어, 목적어, 보어

<u>To see</u> my sister again is all I want. **언니를 다시 만나는 게** 내가 원하는 전부야.

언니를 다시 만나는 것 (주어)

He can't afford **to buy** another car. 그는 **차를 한 대 더 살 형편**이 안 돼.

차를 한 대 더 사기 (목적어)

My goal is **to finish** reading this book this month. 내 목표는 **이 달에 이 책을 다 읽는 거야.**

이 달에 이 책을 다 읽는 것 (보어)

afford to V ~할 형편이[여유가] 되다

● **형용사의 역할:** 명사 꾸미기

I have no **place to go**. 난 **갈 곳이 없어.**

바로 앞의 명사 place를 꾸밈 (갈 곳)

Could you please bring **something to drink**? **마실** 것 좀 가져다 주실래요?

바로 앞의 명사 something을 꾸밈 (마실 것)

● **부사의 역할:** 문장, 형용사, 부사 꾸미기

She ran as fast as she could **to catch** the bus. 그녀는 **버스를 타기 위해** 최대한 빨리 달렸어.

버스를 타기 위해

<u>To pay</u> his tuition, he had to work two jobs. **등록금을 내기 위해서** 그는 투잡을 뛰어야만 했어.

등록금을 내기 위해

이런 전체적인 기본개념을 바탕으로 이제 문장 안에서 to부정사가 어떻게 활용이 되고 있는지 하나하나 자세히 알아보도록 할게요.

명사로서 to부정사: 주어 역할

주어 자리에는 명사가 들어가기 때문에, 동작이 주어가 될 때는 동사를 to부정사나 동명사의 형태로 바꿔 동사의 품사를 명사로 만들어 주어야 합니다.

매일 운동을 하는 것이 쉬운 일은 아니야.　[문장의 주어]

To exercise every day is not an easy thing to do.

= **Exercising every day** is not an easy thing to do.　[더 일반적인 표현]

★ 보통 원어민들은 동명사를 주어로 선호하기 때문에 to부정사보다는 동명사의 주어 형태를 흔히 접하게 됩니다.

---

to부정사, 동명사, that절 등이 주어로 쓰여 주어가 길어질 경우에는 주어를 문장 뒤로 보내고 주어 자리에는 it을 두어 주어의 모양을 간단하게 해줄 때가 많습니다. 한눈에 효과적으로 문장의 구조를 이해할 수 있도록 하기 위한 영어만의 독특한 표현 방식인 것이죠.

공공장소에서 큰 소리로 통화하는 것은 좋은 매너가 아니야.

To talk loudly on your phone in public is not good manners.

Talking loudly on your phone in public is not good manners.

➡ 주어가 너무 길어지면 문장구조가 헷갈릴 수 있기 때문에 이런 경우 종종 주어를 문장 뒤로 보내줍니다.

→ _____ is not good manners **to talk loudly on your phone in public**.

➡ 동작인 주어를 문장 뒤에 붙일 때는 talking 형태로 붙이지 않고 to부정사의 형태로 붙이는 것이 일반적입니다.
　Ving 형태는 자칫하면 현재분사로 오해될 수도 있기 때문에 to부정사로 붙여주는 형태가 많습니다.

→ **It** is not good manners **to talk loudly on your phone in public**.

➡ 뒤로 간 주어 때문에 비어 있는 주어 자리는 본인의 의미는 없이 명사 자리를 채워주는 대명사 it으로 넣습니다.

★ 명사 자리를 채워주는 대명사 it에 대한 자세한 설명은 p.046을 참고하세요.

It's nice **to see you here**.　너를 여기서 이렇게 보니까[보는 게] 좋다.

It's uncomfortable **to sleep on the couch**.　소파에서 자는 것은 불편해.

| 주의 | to부정사, 동명사, that절처럼 동사나 문장 자체가 아니라 일반명사가 주어인 경우는 주어를 문장 뒤로 보내지 않습니다.
나랑 수업을 같이 듣고 있는 남자가 경찰이야.

A guy that I've been taking a class with is a police officer.

　주어　　　　주어 A guy를 꾸며주는 수식어

공식만 외우지 말고 문장구조를 이해하자!

우리는 그동안 to부정사의 의미상 주어를 〈It is 형용사 + for 의미상 주어 to V〉 〈It is nice + of 주체 to V〉와 같은 공식으로 외웠습니다. 그런데 문장구조가 왜 이런 형태가 되는지 그 개념을 정확히 이해하지 못하면 적재적소에 자연스럽게 활용하기가 힘들어집니다.

---

1 It is 형용사 + for 의미상 주어 to V와 It is 형용사 + that S V

> **It is** not easy **for** me **to** speak in front of a lot of people.
> 난 많은 사람들 앞에서 말하는 게 쉽지가 않다.
>
> **It is** true **that** I don't like to speak in front of a lot of people.
> 난 많은 사람들 앞에서 말하고 싶지가 않은 게 사실이다.

이 두 문장구조의 차이는 왜 생기는 걸까요?

우리는 그동안 'to부정사의 의미상 주어는 전치사 for로 표현한다'라고 배우면서 〈**It is 형용사 + for 의미상 주어 to V**〉 형태를 공식으로 외웠습니다. 그렇기 때문에 때에 따라서는 왜 〈**It is 형용사 + that 주어 동사**〉에서처럼 that절의 문장 형태가 쓰이는지 제대로 이해할 수가 없었죠. 이들 문장구조를 이해하려면 우선 전치사 for의 의미를 잘 알고 있어야 해요. 전치사 for는 '목적/대상을 바라보는' 그리고 '그쪽으로 가고자 하는' 이미지를 가지고 있는 전치사입니다.

따라서 내가 보고자 하는 대상만을 따져보고 생각할 때 사용하죠.

> We are hoping **for** a girl. 저희는 딸을 원해요.
> ➡ 딸을 바라보면서 그것을 바라는 이미지
>
> They left **for** the airport. 그들은 공항을 향해 떠났어.
> ➡ 공항을 바라보면서 그쪽을 향해 떠남
>
> She is mature **for** her age. 그녀는 나이 치고 성숙해.
> ➡ 나이만 놓고 바라보고 따져봤을 때 성숙함

Challenge(p.189)에 대한 설명입니다.

> 그렇기 때문에 사람마다 각각 다르게 느낄 수 있는 상태인 **쉽고**(easy), **어렵고**(hard/difficult),
> **가능하고**(possible), **불가능하고**(impossible), **필요하고**(necessary), **필요 없는**(unnecessary)
> 등의 형용사들은 '그 대상만 놓고 봤을 때는/그 대상에게는' 그렇게 느껴진다라는 의미가 필요
> 하기 때문에 전치사 for를 사용합니다. 즉, 전치사 for를 사용하여 '다른 사람들한테는 쉬울지
> 몰라도 나한테는 어렵다'와 같은 의미를 표현해주는 것이지요.
>
> ---
>
> **난 많은 사람들 앞에서 말하는 게 쉽지가 않다.**
>
> It is **hard that I speak** in front of a lot of people. (X)
>
> It is **hard for me to speak** in front of a lot of people. (O)
>
> ➡ 여러 사람 앞에서 말을 잘하는 사람들도 있지만 '나'라는 대상만 두고 생각해봤을 때는 어려운 일이므로 for me
> 를 써서 '나한테는 어렵다'라는 의미를 만들어 주어야 자연스럽습니다. 따라서 for me 뒤에는 어쩔 수 없이 that
> I speak를 쓰지 못하고 동사를 to V로 붙여 쓰는 것이지요.
>
> ---
>
> 하지만 **진실을 이야기하는 문장 같은 경우는, 사람에 따라 진실이 달라지는 것이 아니므로 that
> 절로 그 진실의 내용을 끈끈하게 묶어 표현**해 줍니다.
>
> ---
>
> **난 많은 사람들 앞에서 말하고 싶지가 않은 게 사실이다.**
>
> It is **true that I don't like to speak** in front of a lot of people. (O)
>
> ➡ 내가 여러 사람 앞에서 말하는 것을 좋아하지 않는다는 진실을 접속사 that을 이용해 묶어줍니다.

이 둘의 문장구조는 우리말 해석으로는 구분하기 힘든 경우가 많기 때문에 영어로 말할 때는 의미와
상황을 잘 파악하여 알맞은 것을 골라 쓰도록 하는 것이 중요합니다.

네가 이쪽으로 오는 게 좋겠어. (목적지까지 여기에서 더 가까운 상황)

It is **better that you come** here.

➡ '여기에서 목적지까지 더 가깝다는 객관적인 사실'은 사람마다 달라지는 것이 아니므로 that절을 쓰세요.

나는 미안하다고 말하는 것이 쉽지 않아.

It's not **easy for me to say** sorry.

➡ 사과가 쉬운 사람들도 있지만 '나'라는 사람한테는 쉬운 일이 아니라는 것을 표현하기 위해 for me를 사용하세요.

공식으로 외워서 무조건 적용을 하면 문맥에 따른 자연스러운 표현을 구사하기 힘듭니다. 의미를 제
대로 이해해야 왜 써야 하는지 어떻게 써야 하는지가 납득이 되어 자연스러운 표현을 할 수 있어요.

2 It is nice(사람 성격의 형용사) + of 주체 to V

사람의 성격은 그 사람에 속해 있는 고유의 성질이므로 for 대신에 **일부분/소속을 나타내는 전치사 of 를 사용하여 표현**합니다. 그 사람의 여러 성질 중에 한 부분을 짚어서 나타내는 것이지요. 따라서 전치사 of로 성격과 주체와의 관계를 보여줘야 하기 때문에 that절을 쓰지 못하고 to부정사로 동사를 붙여 〈It is 성격의 형용사 + of 주체 to V〉의 문장구조를 사용하는 겁니다.

이렇게 들러주시고 **자상하시네요.**

It's **nice of you to drop** by.

➡ nice는 you의 성질의 한 부분.
따라서 It's nice 뒤에는
〈of you to V〉를 이어주세요.

drop by 들르다

네가 파티에서 그런 말을 한 건 **실례였어.**

It was **rude of you to say** that at the party.

➡ rude는 you의 성질의 한 부분.
따라서 It was rude 뒤에는
〈of you to V〉를 이어주세요.

---

to부정사가 주어로 쓰여 문장 맨 뒤로 가는 경우를 다음 예문을 통해 좀 더 확인해 보세요.

It is important **to help the poor.** 가난한 사람들을 도와주는 것은 중요합니다.

It is important **for me to pray** before going to bed.
저한테는 자기 전에 기도하는 것이 중요해요.

It is not easy **for me to work** with her. 그녀와 함께 일하는 것이 저한테는 쉽지가 않습니다.

It is torture **for me to study math.** 수학을 공부하는 게 저한테는 고문이에요.

주어가 길어도 to부정사, 동명사, that절(아래 예문은 who절) 자체가 주어로 쓰이지 않는 경우에는 문장 뒤로 보내지 않는다는 점도 다시 한번 유념해 주세요.

The person who has been working at the company for 20 years told me.
주어   The person(주어)을 꾸며줌

그 회사에서 20년째 일하고 있는 **사람이** 저한테 알려줬어요.

196

명사로서 to부정사는 문장 안에서 목적어의 역할도 할 수가 있습니다. 아무 동사나 to부정 사를 목적어로 갖지 않고 '목적어의 동작'을 하고자 하는, 그쪽으로 가고자 하는 방향성이 내재된 동사들이 to부정사와 함께 쓰입니다.

I **planned to visit** Jeju island this summer.   이번 여름에 제주도 **가는 것**을 **계획했어**.

(앞으로) ~할 행동을 계획

I **need to fix** my bike.   나 자전거 **고쳐야 해**.

(앞으로) ~할 행동이 필요

⭐ to부정사를 목적어로 갖는 동사들

afford 형편[여유]이 되다	agree 동의하다	ask 부탁하다	require 요구하다
plan 계획하다	attempt 시도하다	choose 고르다	decide 결정하다
mean 의도하다	need 필요로 하다	hope 바라다	struggle 고군분투하다
fail 실패하다	want 원하다	expect 기대하다	desire 열망하다
refuse 거절하다	promise 약속하다	offer 제안하다	would like 원하다
manage 간신히 해내다	aim 노리다, 작정이다	hesitate 주저하다	pretend 척하다

We all **agreed to take** the train.   우리는 모두 **기차를 타는 것**에 **동의했어**.

We didn't **expect to be** hired.   우린 **채용될 거라고 기대하지** 않았어요.

He **pretended to be** okay.   그는 **괜찮은 척했어**.

He **managed to finish** the report.   그는 **간신히 보고서를 끝냈어**.

동사의 변신

197

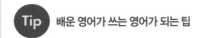

목적어도 길어지면 뒤로 보낼 수 있어요

앞서서 우리는 to부정사, 동명사, that절 등이 주어로 쓰여 주어가 길어질 경우 주어를 문장 뒤로 보내는 문장 변형에 대해서 배웠는데요. 주어뿐 아니라 긴 목적어 역시 문장 뒤로 보내는 경우가 있습니다.

목적어를 문장 뒤로 보낼 때의 조건은 명백한데요. ① **목적격 보어가 존재하는 5형식 문장구조에서** ② **목적어 자리에 일반명사나 대명사가 아닌 to부정사나 that절이 오게 되면** 무조건 목적어를 문장 뒤로 보냅니다.

> [5형식 문장구조] 주어 + 동사 + 목적어 + 형용사

나는 **그**가 흥미롭다는 것을 알게 됐어.

I found **him interesting**.

➡ 목적어가 일반명사나 대명사인 경우 목적어를 뒤로 보내지 않습니다.

나는 **그와 이야기 나누는 것**이 흥미롭다는 것을 알게 됐어.

I found **to talk with him interesting**. (X)

➡ 이렇게 목적어 안에 '동사'가 들어가게 되면 어디까지가 목적어이고 어디부터 목적격 보어인지 확실히 구분하기가 힘들어요.

→ I found **it interesting to talk with him**. (O)

➡ 목적어 자리는 it으로 채워두고 진짜 목적어는 문장 뒤로 보내 의미에 오해가 없도록 해줍니다.

경찰은 **그가 그녀의 사진을 가지고 있다는 사실**에 흥미로워했어.

The police found **that he had her picture interesting**. (X)

→ The police found **it interesting that he had her picture**. (O)

POINT 4 **명사로서 to부정사: 보어 역할**

영어의 문장구조에서 보어는 크게 2가지가 있습니다. 바로 **주격 보어**와 목적격 보어이죠. 이 런 보어 자리에는 명사나 형용사가 쓰이기 때문에 명사와 형용사 역할을 둘 다 할 수 있는 to부정사도 보어로서 자주 활용됩니다. 좀 더 효과적인 설명을 위해 명사뿐 아니라 형용사 로서도 to부정사가 어떻게 보어로 활용이 되는지 같이 설명할게요.

1 주격 보어로서 to부정사

주격 보어는 보통 be동사 뒤에 오는 명사와 형용사로서 주어의 ID(정체)와 주어의 상태를 알 려주는 역할을 합니다.

> Bill is a <u>teacher</u>.
> 　　　　　명사
>
> ➡ Bill의 정체는 선생님
>
> Bill is <u>tired</u>.
> 　　　　형용사
>
> ➡ Bill은 피곤한 상태

to부정사는 명사의 역할뿐 아니라 형용사의 역할도 하기 때문에 주어의 ID(정체)뿐 아니라 주어의 상태를 설명해줄 때도 쓸 수 있습니다.

---

❶ **명사인 to부정사**: be동사 뒤에서 주어의 ID(명사)를 나타냄

My goal is **to pass** the test.　　　　[내 목표 = 시험에 붙는 것]

내 목표는 시험에 붙는 거야.

---

❷ **형용사인 to부정사**: be동사 뒤에서 주어의 상태를 나타냄

The meeting is **to start** at 10:00.　　[그 회의는 10시에 시작할 상태]

회의는 10시에 시작할 예정입니다.

➡ 회의가 10시에 시작할 상태에 놓였다는 점을 염두해두고 문맥에 맞게 알아서 의역하면 됩니다.

| 주의 |　**be to V 용법 정리**

우리가 그동안 **be to V** 용법이라는 이름 하에 우리말 해석으로 '미래, 의무, 의도, 능력, 운명' 하며 외워서 공부를 해왔던 부분입니다. 하지만 실제로는 be동사 뒤에 나오는 다른 형용사들처럼 주어의 상태를 설명해주는 형용사 역할을 할 뿐입니다. 이 점을 기억하고 문맥에 맞게 알아서 자연스럽게 해석하면 됩니다. 다만 이런 형태는 정중하게 갖춰 말하는 뉘앙스가 강하기 때문에 일반 회화에서보다는 격식을 갖춘 자리에서의 논의나, 공문서, 공식적인 지시를 내릴 때 등에 주로 사용된다는 점만 유념해두면 되겠습니다.

일반 회화에서는 **The meeting is to start at 10:00.** 대신에 **The meeting starts at 10:00.** 정도로 말하면 됩니다.

2 목적격 보어로서 to부정사

목적격 보어는 목적어 뒤에서 목적어의 행동이나 상태를 설명해주는 역할을 합니다. 이런 목적격 보어 자리에 to부정사를 쓰면 목적어가 '할' 행동을 표현해줄 수 있습니다.

주어 + 동사 + **목적어** + **to V** →

목적어를 **V**쪽으로 가게 하려는 의미가 동사에 담겨있습니다.

I **encouraged** her **to take** the **class**. 나는 그녀보고 그 수업을 들어보라고 했어.
➡ 목적어(her)가 take the class하라고 독려함

I **want** you **to come**. 나는 네가 와 주기를 원해.
➡ 목적어(you)가 come하기를 원함

⭐ 목적어 뒤에 to부정사가 나오는 동사들

아무 동사나 to부정사를 목적격 보어로 갖지 않습니다. '목적어가 할 행동', 그쪽으로 가고자 하는 방향성이 내재된 동사들이 to부정사를 목적격 보어로 데리고 다닐 수 있죠.

want 원하다	expect 기대하다	invite 초대하다	ask 부탁하다
encourage 독려하다	motivate 동기부여하다	enable 가능하게 하다	request 요구하다
require 요구하다	order 명령하다	tell 말하다	warn 경고하다
teach 가르치다	get 시키다	advise 충고하다	would like 원하다

Larry **asked** me **to give** **him a ride**.
래리는 내게 **차를 태워달라고** **부탁했어.**

My company **requires** us **to wear** **masks**.
저희 회사에서는 **마스크를 쓸 것을** **요구합니다.** (저희 회사에서는 마스크를 써야 합니다.)

1 형용사로서 to부정사의 모양

형용사로서 명사를 꾸며주는 to부정사를 이해하기 위해서는 3가지의 포인트를 염두해둬야 합니다.

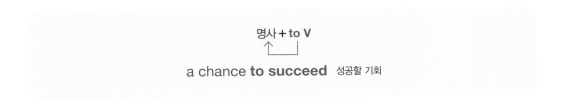

명사 + to V

a chance **to succeed** 성공할 기회

1 명사를 수식하기 때문에 명사에 붙어 있어야 합니다.

보통 형용사는 혼자 나오면 명사 앞에서 꾸며주고 자기 식구를 데리고 나오면 명사 뒤에서 명사를 꾸며줍니다.

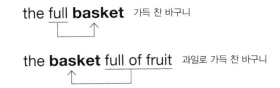

the full **basket** 가득 찬 바구니

the **basket** full of fruit 과일로 가득 찬 바구니

2 to부정사는 늘 명사 뒤에서 명사를 꾸며 줍니다.

to부정사가 명사 앞에서 명사를 꾸며주게 되면 정확히 어디까지가 to부정사인지, 어디부터가 수식을 받는 명사인지 헷갈립니다.

앉을 의자

to sit on a chair (X) '의자에 앉는 것'이라는 명사로 해석이 됩니다.

→ **a chair to sit** on (O)

to sit on이 a chair 뒤에 나와야 '앉을'이라는 형용사로서의 의미가 확실해집니다.

동사의 변신

③ 전치사 to의 의미가 반영되어 '그 동작으로 가고자 하는' 의미를 갖습니다.

따라서 종종 '~할'이라고 의역이 됩니다.

> I have lots of <u>work **to do**</u>. 나 할 일이 많아.
>   해야 할 일

2 형용사로서 to부정사의 의미적 특징

to부정사가 명사를 꾸미는 데는 의미적으로 3가지로 나눌 수 있습니다.

❶ 명사의 내용을 알려주는 to부정사

> I don't have **time to rest**. 난 **쉴 시간**이 없어.
>   ↑_____|
>   (시간: 쉬는 시간)

> He gave **the order to attack**. 그는 **공격하라는 명령**을 했어.
>   ↑_____|
>   (명령: 공격하라는 명령)

> She needed **a chance to prove** she was innocent.
>   ↑_____|
>   (기회: 그녀가 무죄라는 것을 증명할 기회)

그녀에게는 **자신이 무죄라는 것을 증명할 기회**가 필요했어.

❷ 명사가 의미적으로 to부정사의 주어 역할을 하는 경우

> He has **a lot of friends to help** him. 그에게는 **자신을 도와줄 친구들**이 많아.
>   ↑_____|
>   그를 도와줄 많은 친구들 (많은 친구들이 그를 도와주는 것)

> She is looking for **a person to clean** her house. 그녀는 **집을 청소해줄 사람**을 찾고 있어.
>   ↑_____|
>   집을 청소해줄 사람 (사람이 청소를 하는 것)

③ 명사가 의미적으로 to부정사의 목적어 역할을 하는 경우

이 경우 수식을 받는 명사를 to부정사의 목적어 자리에 넣어봤을 때 문장이 자연스러워야 합니다.

I brought **a book to read**. 난 읽을 책을 가져왔어.

읽을 책 (책을 읽는 것)

> 명사를 to부정사 뒤에 두었을 때 read a book(책을 읽다)으로 맞는 표현

그에게는 **이야기를 나눌 사람**이 필요했어.

He needed **someone to talk**. (X)

He needed **someone to talk with/to**. (O)

이야기 나눌 사람

> 명사를 to부정사 뒤에 두었을 때 talk someone으로 틀린 표현입니다. 자동사 talk는 '누구와/누구에게 이야기하다'라고 하려면 전치사 with/to와 함께 쓰입니다.

지금까지 배운 내용을 바탕으로 to부정사가 형용사로 쓰이는 경우를 다음 예문을 통해 좀 더 확인해 보세요.

He brought **many books to read**. 그는 읽을 책을 많이 가져왔어.

Can I have **a piece of paper to write on**? 쓸 종이 한 장 주시겠어요?

I need **a cup to drink with**. 마실 컵이 좀 필요한데.

He is looking for **a person to work with**. 그는 함께 일할 사람을 구하고 있어요.

She found **a place to live for one year**.
= She found **a house to live in for one year**. 그녀는 일 년 동안 지낼 곳을 찾았어.

➡ '~에 살다'라고 할 때는 live in을 쓰기 때문에 '살 집'은 a house to live in이라고 합니다. 하지만 place를 쓸 경우엔 a place to live와 같이 to live 뒤에 전치사를 쓰지 않아요.

🎧 5 - L2 - 6.mp3

말을 할 때 우리는 뻔한 것들을 또 이야기하는 것을 안 좋아합니다. 뻔하고 중복되는 정보를 생략한 간단명료한 표현을 좋아하죠. 따라서 의문사 뒤의 주어가 문장의 주어나 목적어와 같아서 뻔한 경우, 종종 의문사 뒤에 to부정사를 바로 붙여주어 주어를 생략하기도 합니다.

decide, know, tell, let you know, think about, learn, teach, explain, …	+	what to V how to V when to V where to V

Could you **tell me** **how I turn** off the oven?

➡ '나'한테 '내가' 할 행동을 알려주는 것이니까 문맥상 뻔한 의문사 뒤의 주어를 생략할 수 있습니다.

→ Could you **tell me** **how to turn** off the oven? ✓ better

오븐 **어떻게 끄는지** 좀 알려줄래?

I don't **know** **what I should do** when my girlfriend is upset.

➡ '내가' 할 일을 '내가' 모르는 것이므로 문맥상 뻔한 의문사 뒤의 주어를 생략해줄 수 있습니다.

→ I don't **know** **what to do** when my girlfriend is upset. ✓ better

난 여자친구가 화나면 **어떻게 해야 할지를** 모르겠어.

He doesn't **know** **when to stop**.

그는 **언제 그만해야 할지** 모른다.

She **told** me **where to go**.

그녀가 **어디로 가야 할지** 알려줬어요.

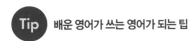

영어로 '방법'을 말하는 법
how to V *vs.* to V *vs.* a way *vs.* method

---

1 how to V

how to V는 보통 그 일을 하기 위한 여러 단계와 절차가 있는 방법을 나타낼 때 씁니다.

> Could you teach me **how to make bulgogi**?
>
> 불고기 만드는 법 좀 알려줄 수 있어?

> I would like to learn **how to play the guitar**.
>
> 나는 기타치는 법을 배우고 싶어요.

---

2 to V

하지만 '입다무는 것'처럼 단순한 하나의 동작은 그냥 to부정사를 써줍니다.

> You should learn ~~how~~ **to shut your mouth**.
>
> 너는 입 좀 다무는 법을 배워야 해!

---

3 a way

how to V처럼 그 행동을 하기 위한 단계, 절차로서 방법이 아니라 어떻게 그 행동을 하는지 그 스타일이나 방식을 지칭할 때는 way를 씁니다.

> There must be **a way to attract** customers.
>
> 손님을 끌어들일 방법이 있을 거야.
>
> ➡ 손님을 끌어들이기 위해 따라야 하는 절차를 일컫는 것이 아니라 어떻게 손님을 끌어들일 수 있을지를 말하는 거죠.

---

4 method

'~하는 법'이 아니라 '방법'이라는 명사로서, 따라야 하는 고정된 규칙으로서의 정해진 방법을 지칭합니다.

> His surgical **method** is being taught in many schools.
>
> 그의 수술 방법은 많은 학교에서 가르치고(가르쳐지고) 있어요.

동사의 변신

부사로서 to부정사: 행동의 목적을 표현 🎧 5-L2-7.mp3

부사로서 쓰이는 to부정사는 문장 안에서 행동의 목적을 표현하면서 앞의 문장 전체를 수식해주는 역할을 합니다. 우리말로는 '~하기 위해서', '~하도록', '~하러' 정도로 의역이 되죠.

> I closed the curtains **to watch** a movie.
>
> **To watch** a movie, I closed the curtains.
> 나는 **영화를 보기 위해서** 커튼을 쳤어.

> 이런 목적은 문맥에 따라 강조를 위해 문장 앞으로 도치되기도 합니다.

> You have to be able to speak fluent English **to work** at the company.
>
> **To work** at the company, you have to be able to speak fluent English.
> 그 **회사에서 일하려면** 영어를 유창하게 할 수 있어야 해.

⭐ in order to V

to부정사는 부사 말고도 명사나 형용사로서 다양하게 활용되기 때문에 때에 따라서는 부사로 쓰인 것인지 형용사로서 명사를 꾸며주는 말인지 헷갈릴 때가 있습니다. 그런 경우, 의미의 혼동 없이 부사임을 명확하게 해주기 위해서 to부정사 앞에 in order나 so as를 붙여 '목적'의 뜻임을 분명히 해줍니다. 또한 to부정사만 쓰는 것보다 좀 더 formal한 뉘앙스가 있기 때문에 격식을 갖춰 말해야 하는 상황에서 in order to V나 so as to V가 쓰이기도 합니다. 실제 회화에서 원어민들은 의미가 비슷한 in order to V와 so as to V 중에 in order to V를 좀 더 많이 사용한다는 것도 알아두세요!

> She quit her job **to be** with her kids.
> = She quit her job **in order to be** with her kids.
> 그녀는 **아이들과 함께하기 위해** 일을 그만뒀어.

다음 문장은 '아이들이 조용히 일할 수 있도록'으로 해석될 수도 있습니다. 이런 오해를 없애 주기 위해서 (in order) to V를 문장 앞으로 보내줍니다.

He had to send his kids to his parents' house **(in order) to work** in peace.

➡ **(in order) to V**가 가까이 있는 명사인 **his kids**의 동작을 나타내는 것으로 오해가 생길 수 있습니다. **(in order) to V**를 주어인 **he**에 가깝게 붙여주기 위해 문장 앞으로 보내줍니다.

➡ **To work** in peace, he had to send his kids to his parents' house.

= **In order to work** in peace, he had to send his kids to his parents' house.

조용히 일하기 위해서 그는 아이들을 부모님 댁으로 보내야 했어.

to부정사의 부정은 not to V 형태가 문법적으로 더 적합한 형태라고 여겨지지만 실제 회화 나 비격식 글에서는 to not V의 형태로도 to부정사의 부정을 표현합니다. 특히 동작의 안 하 겠다는 의미를 강조하기 위해서 not을 동사에 바로 붙여 사용하기도 하죠. 따라서 동작의 목적을 강조해주는, 부사로서 쓰인 to부정사에는 종종 to not V의 부정 형태가 사용됩니다.

I didn't tell the joke **(in order) to not offend** anyone.

= **(In order) To not offend** anyone, I didn't tell the joke.

나는 **사람들 기분을 상하지 않게 하기 위해서** 그 농담을 하지 않았다.

⭐ so that S V / in order that S V

어떤 목적인지를 나타내기 위해 문장 전체를 쓸 경우 to부정사 대신 〈so that S V〉나 〈in order that S V〉를 사용해야 합니다. in order that S V가 so that S V보다 더 formal한 뉘 앙스를 지니기 때문에 일상 회화에서는 so that S V를 더 많이 들을 수 있습니다.

동사의 변신

I left the party early **so that** Tina could rest.

= I left the party early **in order that** Tina could rest.

나는 **티나가 쉴 수 있도록** 파티에서 일찍 나왔어.

⭐ to V와 so that S V의 상부상조 관계

'~하기 위해서'라는 목적을 나타내는 to부정사와 〈so that S V〉의 구조는 각자의 장단점이 있으므로 문맥에 따라, 말하고자 하는 목적과 필요에 따라 적합한 것을 골라 쓰면 됩니다.

	to부정사 (~하기 위하여)	so (that)절 (~하기 위하여)
장점	주어를 중복해서 보여줄 필요가 없으므로 표현이 깔끔하다.	❶ 주절의 주어와 that절의 주어가 서로 다를 때 표현이 가능하다. ❷ 조동사를 보여줄 수 있다.
단점	❶ 주절의 주어와 to의 주어가 서로 다를 때 보여줄 수 없다. ❷ 조동사를 보여줄 수 없다. → so that으로 바꿔준다.	주어가 서로 같아도 중복해서 보여줘야 한다. → to부정사로 바꿔준다.

I gave her your phone number **so that she could** contact you.
네게 연락할 수 있도록 그녀에게 네 전화번호를 줬어.

> so that은 주어가 서로 다름을 표현할 수 있고 조동사도 보여줄 수 있죠.

I hurried **so that I wouldn't** be late.
늦지 않으려고 서둘렀어.

She is working two jobs **so that she** can buy a house.
→ **She** is working two jobs **(in order) to** buy a house.
그녀는 집을 사기 위해 투잡을 뛰고 있어.

> 뻔한 주어를 생략하여 간단하게 표현하려면 to V를 쓰세요.

이와 같이 to부정사가 행동의 목적을 전달하는 부사로 쓰이는 경우를 다음 예문을 통해 좀 더 확인해 보세요.

She came out of the office **to talk with her boyfriend**.

그녀는 **남자친구와 통화하기 위해** 사무실밖으로 나왔어.

In order to wear a bikini, she lost 8 kilograms.　　　[목적이 강조]

= She lost 8 kilograms **in order to wear a bikini**.　　　[8키로로 뺀 것이 강조]

비키니를 입기 위해 그녀는 8키로를 뺐어.

To save money, they never eat out.

= **In order to save money**, they never eat out.

돈을 모으기 위해 그들은 절대 외식을 안 해.

We moved to Seoul **to be/live near my parents**.

= We moved to Seoul **in order to be/live near my parents**.

부모님 곁에서 살기 위해 우리는 서울로 이사했어.

단순히 목적의 강조라고 하기에는 너무 중요한 in order to V

to부정사는 부사의 역할뿐 아니라 형용사의 역할도 하기 때문에 말을 하다 보면 때로는 의미적으로 혼동이 생기는 경우가 발생합니다. 다음 문장은 2가지로 해석이 가능합니다.

I canceled the appointment **to go** to Busan.

❶ ~하기 위해서(목적의 부사): 부산 **가기 위해** 예약을 취소했다.

❷ ~할(형용사): 부산에 **갈** 예약을 취소했다.

이렇게 to부정사 앞에 명사가 나와 있는 경우 '목적'이 아닌 '형용사로서' 앞의 명사를 꾸며주는 의미로 해석이 될 수도 있기 때문에 to부정사가 부사로 쓰인 것인지 형용사로 쓰인 것인지 헷갈릴 수 있는 거죠. 이런 오해를 피하는 2가지 방법이 있습니다.

---

1 to부정사를 문장 앞으로 보냅니다.

To go to Busan, I canceled the appointment.

부산에 가기 위해 나는 예약을 취소했어.

to부정사가 목적을 나타내고 있음을 분명히 해주기 위해 to부정사를 문장 앞으로 도치시켜 appointment와 to부정사를 떼어줍니다.

---

2 to부정사 앞에 in order를 써서 목적임을 확실히 해줍니다.

I canceled the appointment **in order to go** to Busan.

나는 **부산에 가기 위해** 예약을 취소했어.

He bought a new camera **in order to record** his kids. [카메라를 산 목적]

그는 **아이들을 (사진) 기록으로 남기기 위해서** 새 카메라를 샀어.

He bought a new camera **to record** his kids. [카메라에 대한 설명]

그는 **아이들을 기록으로 남길** 새 카메라를 샀어.

그냥 이유 없이 외우는 언어 공부를 넘어서서 왜 이런 구조가 생기고 어떻게 쓰이는지를 이해하는 것이 중요합니다. 이런 깊은 이해를 수반하면 우리말이 아닌 외국어를 헷갈리지 않고 좀 더 자연스럽고 오해 없이 구사하는 데 실질적인 도움이 됩니다.

부사로서 to부정사: 결과나 이유, 정도를 표현 🎧 5-L2-8.mp3

부사로서 문장과 형용사, 부사를 꾸며줄 수 있는 to부정사는 문장 안에서 이유, 정도, 결과 등의 다양한 의미를 표현할 수 있습니다.

감정의 이유	I am glad **to see you here**. 널 여기서 보니까 너무 기쁘다. I was disappointed **to hear that he didn't get the job**. 나는 그가 그 직장에 못 들어갔다는 말을 듣고 실망스러웠어. She was shocked **to find out her daughter had failed the test**. 그녀는 딸이 시험에 떨어졌다는 것을 알게 되어 충격받았어.
판단의 이유	He must be upset **to talk to her like that**. 그녀에게 저렇게 말하다니 그가 화가 났나 보네. You must have been so hungry **to eat that fast**. 그렇게 빨리 먹은 거 보니 너 배가 고팠었구나. must be 분명 ~구나, ~인 게 분명하구나 (과거형은 must have been)
정도	He drove fast enough **to kill someone**. 그는 사람을 죽일 만큼 빨리 달렸어. The money was not enough **to buy lunch**. 점심을 사 먹을 만큼 돈이 충분하지 않았어. It is too cold **to go outside**. 나가기에는 너무 추워.
결과	The little boy grew up **to be one of the most respected musicians in the world**. 그 꼬마 남자아이는 자라서 세계에서 제일 존경받는 음악가 중 하나가 되었지. The teacher walked in **to find (that) the students were dancing on the table**. 선생님은 교실에 들어가서 아이들이 책상 위에서 춤추고 있는 것을 발견했어. I studied so hard only **to get a B on the exam**. 나는 열심히 공부했는데 시험에서 겨우 B를 받았어.

배운 문법 바로 쓰는 영어 연습

🎧 5 - L2 - 9.mp3

Ⓐ to부정사를 활용해 다음 우리말을 영어로 말해보세요.

① 가난한 사람들을 도와주는 것은 중요합니다. 〔hint〕 가난한 사람들 the poor

It is important _____.

② 그녀와 함께 일하는 것이 저한테는 쉽지가 않습니다.

It is not easy _____.

③ 네가 파티에서 그런 말을 한 건 실례였어.

It was rude _____ at the party.

④ 나 자전거 고쳐야 해. 〔hint〕 고치다 fix | 자전거 bike

I need _____.

⑤ 우린 채용될 거라고 기대하지 않았어요. 〔hint〕 채용하다 hire

We didn't _____.

⑥ 그는 간신히 보고서를 끝냈어.

He _____.

⑦ 나는 그와 이야기 나누는 것이 흥미롭다는 것을 알게 됐어.

〔hint〕 ~와 이야기를 나누다 talk with

I found it interesting _____.

⑧ 회의는 10시에 시작할 예정입니다.

The meeting is _____ at 10:00.

⑨ 나는 그녀보고 그 수업을 들어보라고 했어. 〔hint〕 ~하라고 (독려)하다 encourage

I _____ her _____.

⑩ 나는 네가 **와주기를 원해**.

I _____ you _____.

⑪ 래리는 내게 **차를 태워달라고 부탁했어**. [hint] ~를 차 태워주다 give someone a ride

Larry _____ me _____.

⑫ 나 **할 일**이 많아.

I have lots of _____.

⑬ 복사기 **어떻게 쓰는지** 좀 알려줄래요? [hint] 복사기 copier

Could you show me _____?

⑭ 난 여자친구가 화나면 **어떻게 해야 할지**를 모르겠어.

I don't know _____ when my girlfriend is upset.

⑮ 올 여름에 **비키니를 입기 위해** 8키로를 뺐어.

In order _____ this summer, I lost 8 kilograms.

⑯ **그 반지를 찾아서** 너무 기뻤어. [hint] 반지 ring

I was so happy _____.

⑰ **밖에 나가기에는** 너무 추워. [hint] 밖에 나가다 go outside

It is too cold _____.

Ⓑ 빈칸에 알맞은 전치사를 넣어 다음 우리말을 영어로 말해보세요.

① **쓸** 종이 한 장 주시겠어요?

Can I have a piece of paper to write _____?

② 그는 **함께 일할** 사람을 구하고 있어요.

He is looking for a person to work _____.

▶ 모범답안은 p.288을 확인하세요.

동
사
의
변
신

동명사 꿰뚫어보기

mp3 듣기

> 당신 여자친구가 되고 싶어요.
> **I love being your girlfriend.**

> 이 스토커, 누구 맘대로 여자친구야!

 Challenge 위의 대화에서 남자가 소름 끼쳐하는 이유는?

🎧 5-L3-1.mp3

❌ **I ~~love being~~ your girlfriend.**

love, like, hate 뒤에 be동사가 나올 때 동명사를 쓰게 되면 '그 상태인 게 좋다'는 뜻입니다. '그렇게 되고 싶다'라는 소망, 바람을 이야기할 때는 〈would love/like to부정사〉를 써야 하죠. 따라서 위의 여자가 말한 문장은 '여자친구가 되고 싶다'는 뜻이 아니라 '당신 여자친구인 것이 좋다'는 뜻입니다. 당신 여자친구가 되고 싶다고 말하려면 I'd love to be your girlfriend.라고 해야 합니다.

 I'd love to be your girlfriend.

▶ 이에 대한 더 자세한 설명은 p.222에서 확인할 수 있습니다.

Why 왜 동명사를 배워야 하나요? 그냥 동사를 명사로 바꾼 거 아닌가요?

동사를 명사의 품사로 바꾸어 활용하게 해주는 동명사는 단순히 그 의미와 형태를 암기해서 쓰게 되면 to부정사와의 구분이 어렵고, 어색한 문장을 만들어내기 쉬워요. **동명사를 제대로 써먹기 위해서는 to부정사와의 유기적인 관계를 파악하고, 어떤 의미적인 특징이 있어서 어떻게 문장 안에서 활용되는지를 이해해야** 합니다. 이번 레슨에서는 이 모든 것을 다루어 실제 대화 시 실수를 줄이고 동명사를 자연스럽게 활용할 수 있도록 공부해 보겠습니다.

POINT 1 ## 동명사의 기본개념 이해하기 🎧 5-L3-1.mp3

동명사는 동사원형에 ing형태를 붙여 만든 명사로서 **동사의 모양을 품고 만든 명사입니다.** 따라서 to부정사와 마찬가지로 명사이기는 하나 동사의 특징을 동시에 갖고 있기 때문에 동사의 목적어나 그 수식어를 그대로 달고 명사로 쓰일 수 있습니다.

동사원형ing

dance	danceing
동사 춤추다	**명사** 춤추기, 춤추는 것

I love **dancing with my kids**.

저는 아이들과 춤추는 것을 좋아해요.

Dancing on the stage is not allowed.

무대에서 춤추는 것은 허락되지 않습니다.

I enjoy **dancing alone**.

저는 혼자 춤추는 것을 즐겨요.

> 동명사 역시 to부정사처럼 동사를 품어 만든 명사로서 목적어나 동사의 수식어도 가질 수 있습니다.

동사의 변신

to부정사와 동명사의 특징 비교해보기 🎧 5-L3-2.mp3

언어는 문장구조와 표현의 방식들이 상호보완 관계를 맺으며 유기적으로 연결되어 있는 도구이기 때문에 to부정사와 동명사가 어떤 관계를 맺고 있는지 이해하면 이들을 실제 대화에서 자연스럽게 활용하는 데 훨씬 더 많은 도움을 받을 수 있어요.

	to부정사의 특징	동명사의 특징
1	품사가 3가지이다. → 여러 가지로 활용이 가능하지만 때에 따라 품사가 헷갈릴 수도 있다. (명사로서 to부정사가 헷갈리면 동명사를 사용)	품사가 하나이다. → 현재분사와 모양이 같아 헷갈릴 수도 있다. (헷갈리면 to부정사를 사용)
2	최소 두 단어로 **구성되어 있다.**	최소 한 단어로 **구성되어 있다.** → to부정사보다 모양이 깔끔하다.
3	다른 전치사 뒤에 쓸 수 없다. → 전치사 to의 모양과 이미 함께 쓰이기 때문에 전치사 2개인 이상한 모양이 된다.	전치사 뒤에 쓸 수 있다.
4	동작을 향해 가는 의미가 있다. → '~할 동작'에 많이 쓰인다.	동작을 향해 가는 의미가 없다. → '이미 하고 있는 행동이나 했던 일'을 표현

위와 같은 특징으로 to부정사와 동명사는 서로의 장단점을 보완해 주면서 오해 없고 간단명료한 표현을 만들어 냅니다.

I read poems **before going** to bed.
잠자리에 들기 전에 난 시를 읽어.

> 전치사 뒤에는 동명사를 씁니다.

Learning a language is an excellent way to develop your brain.
언어를 배우는 건 두뇌를 개발하는 아주 좋은 방법이지.

> 주어는 품사가 헷갈리지 않는 동명사를 선호합니다.

It's a good idea **to avoid** him for a while.
당분간 그를 피하는 건 좋은 생각이야.

> 동명사를 쓰면 (현재)분사구문으로 헷갈릴 수도 있어서 to부정사를 사용합니다.

I gave up **learning** Photoshop.
포토샵 **배우던 걸** 포기했어.

> '할' 행동이 아니라 '해오던' 행동은 동명사를 씁니다.

주어로서의 동명사

🎧 5-L3-3.mp3

동사를 주어로 쓸 때는 to부정사나 동명사의 형태로 바꿔 명사로서 주어 자리에 사용할 수 있는데요. 실제 원어민들은 오해 없이 명료하게 이해가 되는 형태를 선호하기 때문에 부사로서 문장 앞으로 나오기도 하는 to부정사보다는 명사로만 쓰이는 동명사를 주어 자리에 써서 부사가 아닌 주어로 쓰인 것임을 오해 없도록 표현해 줍니다.

To eat breakfast is good for you.

Eating breakfast is good for you. ✓ better

아침을 먹는 게 너한테 좋아.

> 원어민들은 보통 주어 자리에는 동명사의 형태를 많이 씁니다.

영어에서는 주어가 너무 길어지면 종종 주어를 문장 뒤로 보내 간단한 주어의 모양을 유지합니다. 효과적으로 문장구조를 이해하기 위한 영어만의 표현 방식이죠. 이렇게 긴 주어를 문장 뒤로 보내면 문장구조가 한눈에 쉽게 파악되니까요.

Guessing what will happen in the future is hard.

→ **It** is hard **to guess** what will happen in the future. ✓ better

미래에 일어날 일을 예측하기는 어려워.

> 동명사를 쓰면 분사구문과 헷갈릴 수 있어서 종종 to부정사를 씁니다.

주격 보어로서의 동명사

🎧 5-L3-4.mp3

동명사는 주격 보어로써 be동사 뒤에서 주어의 ID(정체)를 나타내 줄 수 있습니다.

My hobby is **playing soccer**.

나의 취미 = 축구하는 것

내 취미는 **축구하는** 거예요.

> 취미는 이미 즐겨 하고 있는 행동이기 때문에 동명사와 쓰입니다.

My goal is **to lose 5 kilograms**.

내 목표 = 5킬로 빼기

내 목표는 **5킬로 빼는** 거예요.

> goal, dream처럼 앞으로 하고자 하는 뉘앙스가 강한 명사는 to부정사와 주로 쓰입니다.

동사의 변신

목적어로서의 동명사

to부정사는 전치사 to의 의미, '~목적지로 (향해) 가다'가 녹아 있기 때문에 그 동작을 하고 자 하는, 그곳으로 가고자 하는 방향성을 가지고 있습니다. 따라서 동명사는 to부정사가 나 타내주지 못하는 의미, 즉 '이미 하고 있는 행동'이나 '했던 일'을 표현할 때 많이 씁니다.

He denied **cheating on his wife**.
그는 **아내 몰래 바람 피웠다는 것**을 부인했어.

> 이미 '했던 일'을 부인하는 것이므로 동명사를 씁니다.

I finished **eating**.
밥 다 먹었어. (**밥 먹기**를 끝냈어.)

> '먹고 있던 행동'을 마친 것이므로 동명사를 씁니다.

cheat on someone ~ 몰래 바람 피우다

⭐ 동명사를 목적어로 취하는 대표 동사들

to부정사의 경우와 마찬가지로 동명사도 아무 동사에나 목적어로 올 수는 없습니다. 보통은 '이미 하고 있는 행동'이나 '했던 일'을 표현할 수 있는 뜻이 내재된 동사들이 동명사와 함께 쓰 이죠.

consider 고려하다	mind 꺼리다, 싫어하다	enjoy 즐기다
발생하지 않은 미래의 일을 고려할 수는 없음	해 봐서 싫은 것을 안 하는 게 꺼리는 것	해 봐서 좋은 것을 계속하는 게 즐기는 것
miss 그리워하다	deny 부인하다, 부정하다	give up/finish 포기하다/끝내다
해봐서 좋았던 것을 그리워하는 것	과거의 일을 부정하는 것	해 오던 일을 포기하고 끝내는 것
recommend 추천하다	discontinue 중단하다	delay/postpone 미루다, 연기하다
해봐서 좋은 것을 추천하는 것	해오던 일을 중단하는 것	해야 했던 일을 질질 끌어오는 것
avoid 피하다	admit 인정하다	put off 미루다, 연기하다
현재에 존재하는 일을 회피하는 것	일어난 일에 대해 인정하는 것	하기로 했던 일을 미루는 것

동명사의 의미상 주어 표시하기

말을 하다 보면 때때로 문맥에 따라 동명사의 주체를 알려줘야 할 때가 있습니다. **명사의 주인/주체는 소유격으로 표현하기 때문에 동명사의 주인/주체도 소유격으로 표현하죠.**

---

my pen   내 펜   ➡ 펜의 주인은 '나'

---

my coming here   내가 여기 온 것   ➡ 여기로 온 동작의 주인, 주체는 '나'

실제 회화에서는 종종 소유격 대신 목적격으로 쓰입니다.

I hope (that) you don't mind **my being** here.
= I hope (that) you don't mind **me being** here.
　　제가 여기 온 것이 괜찮으셨으면 좋겠네요.

정확한 문법 규칙은 동명사의 주체는 소유격을 사용하는 것이지만, 동사 뒤에 목적격 대명사가 바로 오는 문장들이 훨씬 많기 때문에 원어민들이 습관적으로 동명사의 주체도 목적격으로 말하는 경우가 많습니다. **문법적으로 맞지 않는 표현도 원어민들이 점점 많이 사용하면 결국 그것이 표준어가 되기도** 하는 것이 언어이기 때문에 문법만큼 중요한 것이 용법이죠. **실제 회화에서 원어민들은 동명사의 주체로 소유격 대신 목적격을 종종 사용하고, 격을 차린 글에서는 보통 정석대로 소유격을 사용**합니다.

I appreciate **you(r) taking** time out of your busy schedule.
바쁜 시간 내어 주셔서 감사합니다.

➡ appreciate는 타동사로서 목적어 자리에 고마운 내용이 나옵니다. 목적어로 to부정사나 that절을 받지 않기 때문에 동명사를 써야 해요.

I am looking forward to **him/his staying** with us.
그가 저희랑 같이 있을 게 너무 기대돼요.

➡ 여기서 to는 전치사라서 뒤에 (동)명사가 나옵니다.

I can't imagine **her being** that sweet.
그녀가 그렇게 자상한 게 상상이 안 된다.

➡ imagine은 목적어로 (동)명사를 받는 동사입니다.

목적어로서 쓰이는 to부정사와 동명사의 의미 변화 🎧 5-L3-6.mp3

앞서서 to부정사만을 목적어로 받는 동사들, 동명사만을 목적어로 받는 동사들에 대해서 배워봤는데요, to부정사와 동명사를 둘 다 상관없이 목적어로 받는 동사들도 있습니다.

prefer 선호하다 **begin** 시작하다 **can't stand / can't bear** 참을 수가 하다, 견딜 수가 없다

I **prefer to eat** next to the window.
= I **prefer eating** next to the window.
창가 자리에서 **식사하는 게 더 좋아요.**

I **can't stand to work** with my boss.
= I **can't stand working** with my boss.
부장이랑 같이 **일하는 거 견딜 수가 없어.**

She **couldn't bear to see** him in pain.
= She **couldn't bear seeing** him in pain.
그녀는 그가 고통스러워하는 걸 **보기가 견딜 수 없을** 정도로 힘들었어요.

He was so nervous he **began to bounce** his leg.
= He was so nervous he **began bouncing** his leg.
그는 너무 긴장해서 다리를 **떨기 시작했어요.**

하지만 to부정사는 '~할 동작'에 많이 쓰이고 동명사는 '이미 하고 있는 행동'이나 '했던 일'을 표현할 때 자주 사용되기 때문에 일부 동사들은 to부정사를 목적어로 쓸 때와 동명사를 목적어로 쓸 때 의미가 변하기도 합니다.

remember to V ～할 것을 기억하다	**Remember to lock** the door. 문 잠그는 것 기억해.
remember Ving ～했던 것을 기억하다	I **remember talking** to you after the party. 파티 끝나고 당신과 **이야기 나눴던** 게 기억나요.
regret to V ～하게 되어서 유감이다	I **regret to inform** you that we can't hire you. 귀하를 채용하지 못하게 됨을 **알려드리게 되어** 유감입니다.
regret Ving ～했던 것을 후회하다	I **regret leaving** him. 그를 떠난 것을 후회해.
stop to V ～하기 위해 멈추다	I **stopped to tie** my shoes. 신발을 **묶기 위해 멈췄어.**
stop Ving ～하던 것을 멈추다	I **stopped taking** the medicine. 나는 그 약 **복용을 끊었어.**
try to V ～하기 위해 노력하다	He is **trying to gain** weight. 그는 살을 **찌우려고 노력** 중이야.
try Ving 시험 삼아 ～ 한번 해보다	I **tried shaking** the doorknob to open the door. 나는 문을 열어보려고 문고리를 **흔들어 보았다.**

take (약을) 복용하다 | **doorknob** 문고리, 문 손잡이

Tip 배운 영어가 쓰는 영어가 되는 팁

like, love, hate의 목적어는 의미에 맞게 골라 써야 해요
〈to부정사 vs. 동명사〉

좋고 싫음의 감정을 나타내는 동사 like, love, hate는 목적어로 to부정사와 동명사 둘 다 받을 수 있습니다. **목적어로 쓰이는 동사가 일반 동작을 나타내는 동사인 경우 to부정사로 쓰이거나 동명사로 쓰이거나 의미는 같아요.**

I **like swimming**. 난 수영하는 걸 좋아해요.

= I **like to swim**.

I **love listening** to classical music. 난 클래식 음악을 **듣는 걸** 정말 좋아해요.

= I **love to listen** to classical music.

하지만 이 문장구조를 쓸 때 각별히 조심해야 하는 부분이 있는데요. **목적어 자리에 지속적인 상태를 나타내는 동사(be, live, work)가 나온다면 to부정사를 쓸 때와 동명사를 쓸 때의 의미가 달라집니다.**

1 동명사가 목적어로 오면 지금 이미 그런 상황이거나 상태임을 나타냅니다.

I **love being** your girlfriend.
난 (이렇게) 당신 여자친구인 게 좋아요.

➡ 지금 이미 여자친구인 상태를 나타냅니다.

I **hate living** in this neighborhood.
저는 이 동네에 **사는 게** 너무 싫어요.

➡ 이 동네에 살고 있는 지금 이 상황이 너무 싫다는 뜻을 나타냅니다.

2 to부정사가 목적어로 오면 지금은 아니지만 그런 상태, 상황으로 가고자 하는 의미가 들어갑니다.

따라서 진짜로는 아니지만 그렇게 되면 좋겠다, 싫겠다의 의미가 되기 때문에 조동사 would를 써서 가능성을 낮춰주어야 해요.

I **would love to be** your girlfriend.
내가 당신 여자친구면 **좋겠어요.**

➡ 현재 상황이 그렇지는 않지만 앞으로 그렇게 되면 좋겠다는 의미이므로 조동사 would와 함께 to부정사를 씁니다.

I **would hate to live** here.
여기에 살면 **너무 싫겠어.**

➡ 현재 상황이 그렇지는 않지만 앞으로 그렇게 되면 너무 싫겠다는 의미이므로 조동사 would와 함께 to부정사를 씁니다.

like, hate, love는 어떤 동사가 목적어 자리에 오느냐에 따라 문장구조와 의미가 달라질 수 있기 때문에 위의 내용을 잘 염두에 두고 활용하세요!

배운 문법 바로 쓰는 영어 연습

🎧 5-L3-7.mp3

A 동명사 또는 to부정사를 활용해 다음 우리말을 원어민들이 자주 쓰는 영어로 말해보세요.

1 제 직업은 이민자들이 일자리를 구하는 것을 **도와주는 거**예요.

My job is _____ immigrants find employment.

2 저는 동네 **산책하는 것**을 즐겨요. [hint] 동네 산책하다 walk around in one's neighborhood

I enjoy _____ around in my neighborhood.

3 엄마가 **되는 건** 상상이 안 돼요.

I can't imagine _____ a mom.

4 여기까지 **와주셔서** 감사합니다.

I appreciate you(r) _____ here for me.

5 그녀는 그에게 **이메일 보냈던 것**을 기억했다.

She remembered _____ him.

6 저는 비타민 **먹던 것**을 멈췄어요.

I stopped _____ vitamins.

7 **가수면** 너무 좋을 것 같아요.

I would love _____.

8 저는 **변호사인 것**이 싫어요.

I hate _____.

⑨ **비디오 게임하는 것**은 제가 좋아하는 일이예요. [hint] 게임을 하다 play games

_____ is my favorite thing to do.

⑩ 부장이랑 같이 **일하는 거** 견딜 수가 없어.

I can't stand _____ with my boss.

B 빈칸에 알맞은 형태의 주어를 넣어 다음 우리말을 영어로 말해보세요.

❶ (**당신이**) 비쁜 시간 내어 주셔서 감사합니다.

I appreciate _____ taking time out of your busy schedule.

❷ **그가** 저희랑 같이 있을 게 너무 기대돼요.

I am looking forward to _____ staying with us.

❸ **그녀가** 그렇게 자상한 게 상상이 안 된다.

I can't imagine _____ being that sweet.

❹ **제가** 여기 온 것이 괜찮으셨으면 좋겠네요.

I hope (that) you don't mind _____ being here.

▶ 모범답안은 p.289를 확인하세요.

여기저기 다 쓰이는
분사 꿰뚫어보기

mp3 듣기

머리 자르셨나요?
Did you cut your hair?

아니… 난 머리 못 자르는 데…

Challenge 위의 대화에서 남자가 혼란스러워하는 이유는?

🎧 5-L4-1.mp3

Did you ~~cut your hair~~?

영어에서는 직접 한 행동과 다른 이에게 부탁하고 시켜서 한 행동은 다르게 표현을 합니다. Did you cut your hair?라는 질문은 '당신이 (직접) 머리를 잘랐냐?'라는 뜻이 됩니다. 머리는 보통 미용실에서 자르기 때문에 Did you get a haircut?이나 Did you get your hair cut?이라고 물어봐야 해요.

Did you **get a haircut?** / Did you **get your hair cut**?

▶ 이에 대한 더 자세한 설명은 p.232에서 확인할 수 있습니다.

Why 왜 분사를 배워야 하나요? 그냥 형용사 단어로 외우기만 하면 안 되나요?

동사에서 갈라져 나온 형용사를 분사라고 하며 분사는 현재분사와 과거분사가 있습니다. 영어로 **'동사의 성질을 함께 나눈다'**라고 하여 participle이라고 부르죠. 영어를 하다 보면 빼놓을 수 없을 정도로 다양하게 활용되는데요. **분사만의 특징과 문장 안에서의 위치를 잘 이해하지 않으면 무슨 뜻인지 긴가민가하는 문장을 만들기가 쉽습니다.** 오해 없이 명확하고 자연스러운 영어 표현을 위해 분사의 특징과 활용법을 하나하나 살펴보겠습니다.

POINT 1 현재분사의 기본개념 이해하기 🎧 5-L4-1.mp3

⭐ 현재분사의 모양

현재분사는 동사원형에 ing를 붙인 형용사로서 모양으로만 보면 동명사와 같습니다. 동사의 성질을 가진 형용사이기 때문에 동사의 특징을 그대로 가져, 목적어나 동사의 수식어가 함께 나올 수도 있습니다.

> **동사원형ing**
>
> 현재분사는 형용사로서 명사의 상태를 설명해 주거나 명사를 꾸며주는 역할을 합니다.

The guy **talking** on the phone is my boyfriend. 전화통화하고 있는 남자가 내 남자친구야.

전화통화를 하고 있는 (바로 앞의 명사 The guy를 꾸며 줌)

That was a **depressing** movie. 우울한 영화였어.

우울한 (바로 뒤의 명사 movie를 꾸며줌)

My father is **working** right now. 우리 아버지 지금 일하고 계셔.

일하고 있는 (주어 My father의 상태를 설명해줌)

⭐ 현재분사의 의미

현재분사는 크게 '진행'과 '능동'의 의미를 가집니다.

① 진행의 의미

현재분사에는 '동작을 하고 있는 중'이라는 진행의 의미가 있습니다.

The boy **playing** soccer over there is my nephew.

명사(The boy)가 하고 있는 동작을 표현

저기 축구하고 있는 남자아이가 내 조카야.

I saw you **talking** with someone in the car.

목적어(you)가 하고 있는 행동을 표현

나 네가 **차안에서 누구랑 이야기하는 거** 봤어.

He was **listening** to music when she called him.

주어(He)가 하고 있는 행동을 표현

그녀가 전화했을 때 그는 **음악을 듣고** 있었어.

② 능동의 의미

감정을 나타내는 동사에 ing을 붙이면 보통 그 감정을 '느끼게 만드는', '느끼게 하는'이라는 능동의 의미를 갖게 됩니다.

He is **annoying**. 그는 **거슬려**.

'거슬리는 감정을 느끼게 하는' 사람(He)

That was **surprising** news. 그거 **놀라운** 소식이네.

'놀라운 감정을 느끼게 하는' 소식(news)

He has a **boring** job. 그는 **지루한** 직업을 가졌어.

'지루한 감정을 느끼게 하는' 직업(job)

⭐ 현재분사의 문장구조

❶ 명사를 꾸며주는 현재분사

명사를 꾸며주는 현재분사는 명사의 앞이나 뒤에 바로 붙어서 명사를 꾸며줍니다. 1개의 단어로 구성된 현재분사는 보통 명사 앞에서 명사를 꾸며주고, 2개 이상의 단어로 구성된 현재분사는 보통 명사 뒤에서 명사를 꾸며줍니다.

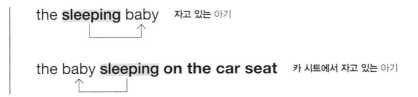

❷ 보어로서의 현재분사

보어로서의 현재분사는 연결동사 뒤나 목적어 뒤에서 주어와 목적어의 상태를 설명해 줍니다. 주격 보어로 현재분사가 쓰인 것이 바로 영어의 현재진행형이죠. 현재분사는 또 목적어 뒤에서 목적어의 상태를 설명해주는 목적격 보어로 쓰이기도 합니다.

POINT 2 과거분사의 기본개념 이해하기   🎧 5-L4-2.mp3

⭐ 과거분사의 모양

과거분사는 과거시제의 모양을 따와서 만든 형용사로 과거시제의 모양과 같은 경우도 많지만 과거시제 모양에서 변형된 것도 많기 때문에 그 모양을 잘 익혀두어야 합니다. 현재분사와 마찬가지로 동사의 성질을 가진 형용사이기 때문에 동사의 특징을 그대로 가져, 목적어나 동사의 수식어가 함께 나올 수도 있습니다.

과거분사는 형용사로서 명사의 상태를 설명해 주거나 명사를 수식해주는 역할을 합니다.

★ 예외의 모양들은 따로 외워주세요. p.239 참고(불규칙 과거 및 과거분사)

The trees **covered** with snow are beautiful.   눈으로 덮여 있는 나무들이 아름다워.

눈으로 덮여 있는 (바로 앞의 명사 The trees를 꾸며줌)

I am so **depressed**.   나 너무 우울해.

우울한 (주어 I의 상태를 설명해줌)

I looked at the picture **glued** to the wall.   나는 벽에 붙어 있는 사진을 쳐다봤어.

벽에 붙어 있는 (바로 앞의 명사 the picture를 꾸며줌)

✪ 과거분사의 의미

과거분사는 크게 '수동'과 '완료'의 의미를 가집니다.

① 수동의 의미

과거분사에는 '동작을 당하고/겪은'이라는 수동의 의미가 있습니다.

This is a skirt **made** by my mom.   이거 우리 엄마가 만들어주신 치마야.

엄마에 의해 만들어짐

The book was **written** by my grandfather.   그 책은 우리 할아버지가 쓰신 거야.

할아버지에 의해 쓰여짐

보통 감정을 나타내는 동사가 과거분사로 쓰이면 그 감정을 '느끼는', '느끼게 되는'의 의미를 갖게 됩니다.

The **excited** kids shouted.   흥분한 아이들이 소리를 질렀어.

'흥분한 감정을 느낀' 아이들(kids)

Her **frightened** baby started to cry.   그녀의 겁에 질린 아기가 울기 시작했어.

'겁을 느낀' 아기(baby)

② **완료의 의미**

동작이 '다 끝난/완료된' 상태임을 나타냅니다.

The homework is **done**.   숙제는 다 했어요. [숙제는 '다 완료된' 상태]

I've just **eaten** lunch.   막 점심 먹었어요.   [점심을 '먹은 행동이 다 완료된' 상태]

✪ 과거분사의 문장구조

① **명사를 수식해주는 과거분사**

명사를 수식해주는 과거분사는 명사의 앞이나 뒤에 바로 붙어서 명사를 꾸며줍니다. 1개의 단어로 구성된 과거분사는 보통 명사 앞에서 명사를 꾸며주고, 2개 이상의 단어로 구성된 과거분사는 보통 명사 뒤에서 명사를 꾸며줍니다.

my **broken** arm   내 **부러진** 팔

my arm **broken in the accident**   사고로 부러진 내 팔

② **보어로서의 과거분사**

보어로서의 과거분사는 연결동사 뒤나 목적어 뒤에서 주어와 목적어의 상태를 설명해 줍니다. 연결동사 뒤에서 주격 보어로 과거분사가 쓰인 것이 바로 영어의 수동태입니다. 또한, 목적어 뒤에서 목적어의 상태를 설명해주는 목적격 보어로 쓰이기도 하죠. 한 가지 더! 과거분사는 〈have p.p.〉 형태로 동사로서 활용이 되기도 합니다.

The photo was **taken** in Canada.   그 사진은 캐나다에서 **찍힌** 거예요.

He had his photo **taken**.   그는 사진을 **찍었어**.   [사진관 가서 찍거나 다른 사람에게 부탁해 찍는 경우]
그의 사진이 찍힌 상태가 되게 하다

I've **taken** wedding photos before.   저는 결혼 사진을 **찍어** 본 적이 있어요.

⭐ 감정의 동사가 현재분사로 쓰일 때와 과거분사로 쓰일 때의 의미 변화

감정의 동사	현재분사	과거분사
surprise 놀라게 하다	surprising 놀라게 만드는	surprised 놀란
impress 감명을 주다	impressing 감명을 주는	impressed 감명을 받은
amaze 놀라게 하다	amazing 놀라게 만드는, 대단한	amazed 놀란
amuse 즐겁게 하다	amusing 즐겁게 만드는, 즐거운	amused 즐거운
depress 우울하게 하다	depressing 우울하게 만드는	depressed 우울한
embarrass 창피하게 하다	embarrassing 창피하게 만드는	embarrassed 창피한
scare 겁먹게 하다	scaring 겁먹게 만드는	scared 겁먹은
frighten 겁먹게 하다	frightening 겁먹게 만드는	frightened 겁먹은
horrify 겁에 질리게 하다	horrifying 겁에 질리게 만드는	horrified 겁에 질린
shock 충격을 주다	shocking 충격을 주는	shocked 충격을 받은
interest 흥미 있게 만들다	interesting 흥미 있게 만드는	interested 흥미 있어 하는
please 기쁘게 하다	pleasing 기쁘게 만드는	pleased 기쁜
satisfy 만족시키다	satisfying 만족하게 만드는	satisfied 만족한
disappoint 실망시키다	disappointing 실망시키는	disappointed 실망한
touch 감동시키다	touching 감동시키는	touched 감동한
move 감동시키다	moving 감동시키는	moved 감동한
excite 흥분시키다	exciting 흥분하게 만드는	excited 흥분한
confuse 헷갈리게 만들다	confusing 헷갈리게 만드는	confused 헷갈리는
tire 피곤하게 하다	tiring 피곤하게 만드는	tired 피곤한
exhaust 지치게 만들다	exhausting 지치게 만드는	exhausted 지친
bore 지루하게 하다	boring 지루하게 만드는	bored 지루한

동사의 변신

Tip 배운 영어가 쓰는 영어가 되는 팁

직접 하는 행동 *vs.* 시켜서 하는 행동

영어에서 〈주어 + 동사〉의 관계는 주어가 그 동작을 직접 행하는 관계입니다. I took a picture.(사진을 찍었어.)는 내가 사진을 직접 찍은 것이고, He made the shirt.(그가 그 셔츠를 만들었어.)는 그가 셔츠를 직접 만든 것이죠.

하지만 우리는 모든 걸 직접 하지는 않습니다. 다른 사람에게 맡겨서 하는 일들도 많죠. 사진을 사진관 가서 찍었다면 I took a picture.는 틀린 표현입니다. **다른 사람에게 맡겨서 하는 일은 '움직이는 이미지'의 기본동사 get이나 '가지는 이미지'의 기본동사 have와 함께 완료/수동의 의미가 있는 과거분사를 이용해서 표현해야 합니다.**

---

1 주어 get 목적어 과거분사

목적어의 바뀐 상태를 과거분사로 표현한 것으로 주어는 목적어가 과거분사 상태가 되게 변화시켰을 뿐입니다. 보통 get은 미용 쪽에 많이 사용됩니다.

I **got** my hair **cut**. 나 (미용실에서) 머리 잘랐어.   ➡ I got a haircut.이라고도 할 수 있습니다.

[직역] 나는 (미용실에서) 머리가 잘린 상태로 변하도록 했다.

She **got** her nails **done**. 그녀는 (네일샵에서) 손톱을 다듬었어.

[직역] 그녀는 (네일샵에서) 손톱을 다듬어진 상태로 변하게 했다.

---

2 주어 have 목적어 과거분사

목적어의 바뀐 상태를 과거분사로 표현한 것으로 주어는 목적어가 과거분사 상태가 된 상황을 가졌을 뿐입니다. have는 보통 전문성이 높은 일에 많이 사용됩니다.

I **had** my picture **taken**. 나 (사진관에서) 사진 찍었어.

[직역] 내 사진이 (사진관에서) 찍히는 상황을 가졌다.

He **had** the shirt **made**. 그는 (양장점에서) 셔츠를 맞췄어.

[직역] 그 셔츠가 (양장점에서) 만들어진 상태가 된 상황을 가졌다.

I **had** my body **examined**. 나 건강검진했어.
내 몸이 검사되는 상태

I have to **have** my passport photo **taken**. 나 여권사진 찍어야 해.
내 여권사진이 찍히는 상태

분사구문의 핵심개념 이해하기 🎧 5 - L4 - 3.mp3

분사구문이란 주어를 꾸며주는 현재분사나 과거분사 형태를 문장 앞이나 뒤로 빼준 형태를 말해요. 주어가 어떤 상황에 놓여 있는지를 먼저 보여주기 위해 분사구를 문장 앞으로 보내 주기도 하고, 문장구조를 효과적으로 보여주기 위해 긴 수식어인 분사구를 문장 뒤로 보내 버리기도 하는 것이지요. 우리말 해석은 '분사구'가 주어의 상태, 상황을 알려주고 있다는 것을 염두에 두고 문맥상 알아서 자연스럽게 하면 됩니다.

분사구문이 쓰인 문장	문맥에 따라 가능한 의역
Surprised by a loud noise, the boy ran to his mother. 엄마한테 달려간 그 아이는 큰 소리에 놀란 상태	큰소리에 놀란 아이는 엄마에게 달려갔어요. 큰소리에 놀라서 아이는 엄마에게 달려갔어요.
Feeling annoyed, he turned off the music. 음악을 꺼버린 그는 짜증이 난 상태	짜증난 그는 음악을 껐어. 짜증이 나서 그는 음악을 껐어.
Working with him, I learned a lot. 많이 배웠을 때 나는 그와 일하고 있던 상태	그와 일하면서 나는 많은 것을 배웠어요. 그와 일하는 동안 나는 많은 것을 배웠어요.
Being alone in a big house, she might feel lonely. 큰 집에 혼자 있는 상태의 그녀는 외로움을 느낄 수도 있음	큰 집에 혼자 있다가는 그녀가 외로움을 느낄지도 몰라. 큰 집에 혼자 있으면 그녀는 외로울지도 몰라.
She took a shower, **listening** to music. 샤워를 한 그녀는 음악을 듣고 있던 상태	음악을 들으면서 그녀는 샤워를 했어요.

★ 분사구문이 문장 앞에 오는 경우에도 콤마(,)를 써서 구분을 해주지만 분사구문이 문장 뒤로 붙는 경우에도 콤마(,)를 써서 바로 앞에 나온 명사와 붙지 않게 해줍니다. 콤마가 없으면 주어가 아닌 바로 앞에 나온 명사를 꾸며주는 걸로 오해할 수 있거든요.

분사구문이 이렇게 주어의 상태, 상황을 알려주는 정보라는 핵심을 이해하지 못하고 우리말 해석인 '이유, 시간, 동시상황, 양보, 조건'으로 구분하려 한다면 문맥에 따른 자연스러운 의미를 파악하기 어렵고 원어민들의 영어 활용과 거리가 먼, 해석을 위한 영어공부, 우리말에 짜맞춘 영어공부를 하게 될 수 있으므로 주의해 주세요!

동사의 변신

233

when/while Ving *vs.* before/after Ving

1 when/while Ving

현재분사는 진행의 의미가 있는 형용사이고 동명사는 동사를 단순히 명사의 품사로 바꾼 형태입니다. 동작이 진행 중임을 나타내는 **현재분사**는 어떤 일이 발생했을 때 또는 어떤 일을 하고 있을 때 진행 되고 있는 상황을 표현할 수 있기 때문에 **동시상황을 나타내는 접속사 when 또는 while과 곧잘 같이 쓰입니다.** 주절과 주어가 중복될 때 when과 while 뒤에 현재분사를 바로 붙여 중복되는 주어를 생략하고 말할 때가 많습니다.

When eating dinner, I like to watch TV. 저녁 **먹을 때** 난 TV보는 것을 좋아해.
(= **When I eat** dinner, I like to watch TV.)

While eating dinner, I like to watch TV. 저녁 **먹으면서** 난 TV보는 것을 좋아해.
(= **While I eat** dinner, I like to watch TV.)

또한 주어의 상태를 나타내는 분사만으로도 의미가 오해 없이 전달될 때는 when과 while을 생략하여 분사구문을 사용하기도 하죠.

He ran down the street, **shouting** at the kids. [분사구문]
그는 **아이들에게 소리를 지르며** 달려왔어요.

2 before/after Ving

before/after는 전치사이기 때문에 뒤에 (동)명사가 올 수도 있고 접속사도 되기 때문에 뒤에 문장이 올 수도 있습니다. 하지만 before/after는 사건의 전후를 나타내기 때문에 동시상황을 표현할 수는 없습니다. 따라서 접속사 before와 after 뒤에 쓰인 **주어와 주절의 주어가 같을 때** 주어의 중복을 피하기 위해 **before와 after를 전치사로 활용하여 주어 없이 동명사를 바로 써주는 형태를 사용**합니다.

I like to eat dinner **after I take** a shower. [접속사]
→ I like to eat dinner **after taking** a shower. [전치사 + 동명사] ✓ better
난 **샤워 후에** 저녁 먹는 것을 좋아해.

영어에서 전치사는 함부로 생략할 수가 없기 때문에 I like to eat dinner taking a shower.라고 after를 생략하면 '나는 샤워하면서 저녁 먹는 것을 좋아한다.'로 taking a shower를 현재분사로 해석하게 됩니다.

after/before Ving를 분사구문으로 잘못 알고 있는 분들이 꽤 많습니다. 하지만 현재분사냐 동명사냐 는 진행과 동시상황의 의미가 있는지 없는지가 핵심이라는 것을 잘 기억해두면 헷갈리지 않을 거예요.

모양이 같다고 헷갈리지 말자!
동명사와 현재분사의 구분

🎧 5-L4-4.mp3

모양이 똑같은 동명사와 현재분사는 대부분 문맥에 따라 자연스럽게 역할과 의미에 따라 구별이 되기 때문에 걱정 안 하셔도 됩니다.

현재분사 '~하고 있는' 진행의 의미를 표현	동명사 '~하는 것' 혹은 '용도'의 의미를 표현
I know a guy **driving a truck**. 트럭을 **운전하는** 남자를 알아. [동작의 진행]	**Driving a truck** is not easy. 트럭을 **운전하는** 것은 쉽지 않아. [주어로 쓰인 동명사]
a **sleeping** baby **잠자는** 아기 [동작의 진행]	a **sleeping** bag 자고 있는 가방 (X) **침낭** [가방의 용도를 나타내는 명사]
I met a woman **living in Daegu**. 대구에 **살고 있는** 여자를 만났어. [동작의 진행]	I love **living in Daegu**. 대구에 **사는** 게 너무 좋아. [목적어로 쓰인 동명사]

1 전치사 뒤에는 동명사

전치사 뒤에는 진행의 의미가 없는 동명사가 쓰입니다.

He is good at **fixing computers**. 그는 컴퓨터를 잘 고쳐[**컴퓨터 고치는** 데 재주가 있어].

I am interested in **cooking**. 저는 **요리하는** 것에 관심이 많습니다.

be good at -ing ~에 능숙하다, ~하는 것을 잘하다

2 동시상황은 현재분사

두 가지 상황이 같은 것을 의미할 때는 동시상황을 나타내는 '현재분사'를 씁니다.

I am busy **cooking**. 나 요리하느라고 바빠.
바쁜 것이 곧 요리를 하고 있는 것

I spend lots of time **fixing my hair**. 나는 **머리 손질하는** 데 많은 시간을 보내.
많은 시간을 보내는 것이 곧 머리를 손질하는 것

I had a problem **downloading the program**. 그 프로그램 다운받는 데 문제가 생겼어.
문제가 곧 프로그램을 다운받는 것

She has trouble **sleeping**. 그녀는 **자는** 데 문제가 있어. (수면장애가 있어.)
문제가 곧 자는 것

동사의 변신

~하지 않은 채로 vs. ~한 채로

영어에서는 '~하지 않은 채로'라는 표현을 without Ving의 형태로 사용합니다.

He came in the house **without taking** off his shoes. (O)
그는 **신발을 벗지 않은 채로** 집 안에 들어왔어.

She signed the contract **without reading** it. (O)
그녀는 계약서를 **읽어보지도 않고** 사인했어.

문제는 '~하지 않은 채로'를 without Ving로 표현하다 보니 '~한 채로'를 with Ving 형태로 써서 종종 틀리는 경우가 있습니다.

He read a newspaper **with drinking** coffee. (X)
그는 커피를 마시며 신문을 읽었어.

★ without Ving는 되는데 with Ving가 안 되는 이유는?

그 이유는 의미를 잘 살펴보면 알 수 있습니다. '~하지 않은 채로 without Ving'에는 진행의 의미가 없습니다. 그 행동을 하지 않는다는 것은 그냥 그 동작을 안 하면 저절로 안 하는 상태가 유지가 되는 것이니까요. 따라서 **전치사 without 뒤에 진행의 의미가 없는 동명사를 쓸 수 있는 겁니다.**

He came in the house **without taking** off his shoes.
➡ 신발을 안 벗는 것은 그 동작을 계속 하고 있는 것이 아닙니다.

반면 **'~한 채로'라는 의미는 그 동작을 계속 하고 있어야 하기 때문에 진행의 의미가 있는 현재분사가 사용되어야** 해요. 하지만 형용사인 현재분사는 전치사인 with 뒤에 올 수가 없죠. (전치사 뒤에는 명사만 올 수 있습니다.)

He read a newspaper **while drinking** coffee. (O)
➡ 현재분사로 커피를 마시고 있는 중인 상태를 표현해 줍니다.

동작 진행의 의미가 없는 '~하지 않은 채로'는 동명사를 사용하고 동작을 계속 하고 있어야 하는 '~한 채로'는 현재분사를 사용해야 한다는 핵심을 꼭 기억해 주세요!

배운 문법 바로 쓰는 영어 연습

A 주어진 동사를 알맞은 분사 형태로 바꿔 다음 우리말을 영어로 말해보세요.

1 나 네 동생이 누구랑 **통화하는** 거 봤어. (talk)

I saw your brother _____ on the phone.

2 저기 문에 **걸려 있는** 수건이 네 거야. (hang)

The towel _____ on the wall is yours.

3 그 영화 너무 **지루했어**. (bore)

The movie was so _____.

4 나 너무 **심심해**. (bore)

I am so _____.

5 경찰이 박스에 **버려진** 강아지를 발견했어. (abandon)

The police found a puppy _____ in a box.

6 **스크래치 난** 그 식탁은 아무도 사고 싶어 하지 않았어. (scratch)

Nobody wanted to buy the _____ table.

7 매일 음악을 **들으면서** 30분씩 뛰어. (listen)

Every day I run for 30 minutes, _____ to music.

8 그녀는 **쉬지 않고** 계속 일했어. (take)

She worked _____ any breaks.

9 화가 **나서**[화가 **난 채로**] 그는 부모님께 전화를 걸었어. (be)

_____ upset, he called his parents.

⑩ 그녀는 **노크도 안 하고** 그의 방 문을 열었어. (knock)

She opened the door of his room _____.

⑪ 딸아이 때문에 **속상해진** 그녀는 아이에게 소리를 지르기 시작했죠. (frustrate)

_____ with her daughter, she started to yell at her.

⑫ 그 **충격적인** 소식은 모두를 **놀라게 했어.** (shock, surprise)

The _____ news _____ everyone.

⑬ 나 지금 **저녁 하느라** 바빠! (make)

I am busy _____.

⑭ 저는 **영어 공부하는 데** 많은 시간을 할애합니다. (study)

I spend lots of time _____.

⑮ 나는 매일 아침 **커피를 마시며** 신문을 읽어.

I read a newspaper _____ every morning.

B 주어진 동사를 활용해 다음 우리말을 영어로 말해보세요.

① **나 건강검진했어.** (have, examine)

_____

② **나 여권사진 찍어야 해.** (have to, have) [hint] 여권사진 passport photo

_____

③ **나 파마하고 싶어.** (want to, get)

_____

▶ 모범답안은 p.289를 확인하세요.

동사원형	과거형	과거분사형	동사원형	과거형	과거분사형
awake	awoke	awaken	feel	felt	felt
be	was/were	been	fight	fought	fought
beat	beat	beaten	find	found	found
begin	began	begun	fly	flew	flown
bite	bit	bitten	forget	forgot	forgotten
blow	blew	blown	forgive	forgave	forgiven
break	broke	broken	freeze	froze	frozen
bring	brought	brought	get	got	gotten
build	built	built	give	gave	given
buy	bought	bought	go	went	gone
catch	caught	caught	grow	grew	grown
choose	chose	chosen	hang	hung	hung
come	came	come	have	had	had
cost	cost	cost	hear	heard	heard
cut	cut	cut	hide	hid	hidden
do	did	done	hit	hit	hit
deal	dealt	dealt	hold	held	held
dig	dug	dug	hurt	hurt	hurt
dream	dreamt	dreamt	keep	kept	kept
draw	drew	drawn	know	knew	known
drink	drank	drunk	lay	laid	laid
drive	drove	driven	lead	led	led
eat	ate	eaten	leave	left	left
fall	fell	fallen	lend	lent	lent
feed	fed	fed	let	let	let

동사의 변신

239

동사원형	과거형	과거분사형	동사원형	과거형	과거분사형
lie	lay	lain	sink	sank	sunk
lose	lost	lost	sit	sat	sat
make	made	made	sleep	slept	slept
mean	meant	meant	slide	slid	slid
meet	met	met	speak	spoke	spoken
pay	paid	paid	spend	spent	spent
put	put	put	spread	spread	spread
quit	quit	quit	stand	stood	stood
read	read	read	steal	stole	stolen
ride	rode	ridden	stick	stuck	stuck
ring	rang	rung	strike	struck	struck
rise	rose	risen	swear	swore	sworn
run	ran	run	sweep	swept	swept
say	said	said	swell	swelled	swollen
see	saw	seen	swim	swam	swum
seek	sought	sought	swing	swung	swung
sell	sold	sold	take	took	taken
send	sent	sent	teach	taught	taught
set	set	set	tear	tore	torn
shake	shook	shaken	tell	told	told
shine	shone	shone	think	thought	thought
shoot	shot	shot	wear	wore	worn
shrink	shrank	shrunk	weep	wept	wept
shut	shut	shut	win	won	won
sing	sang	sung	write	wrote	written

조동사

조동사를 이해하기 위해
알아둬야 할 영어의 특징

mp3 듣기

나라면 그 일 하겠어요.
I will take the job.

아니 당신 보고 하라고 한 적 없는데…

 Challenge 위의 대화에서 왜 남자는 여자의 말에 당황하는 것일까요?

🎧 6 - L1-1.mp3

❌   I **will** take the job.

실제 일어날 가능성이 없는 일에 대해 이야기할 때는 시제를 낮추어서 일어날 확률을 낮춰주어야 한다는 사실, 잘 알고 있죠? I will take the job.이라고 하면 정말로 내가 그 일을 하겠다는 의미입니다. 여기서는 '내가 당신의 입장이라면 그 일을 하겠다'는 것이지 정말로 내가 그 일을 할 것이 아니기 때문에 will의 시제를 과거로 낮추어서 I would take the job.이라고 해야 하죠.

◎   I **would** take the job.

조
동
사

▶ 이에 대한 더 자세한 설명은 p.244에서 확인할 수 있습니다.

243

Why 왜 조동사가 필요한 걸까요?

조동사는 **동사에 붙어서 말하는 사람의 심리 상태나 가상의 상황을 표현해주고, 어떤 태도와 가능성으로 판단을 내리는지를 보여주는 장치**입니다. 이것이 우리에게 특히 어렵게 느껴지는 이유는 영어의 이러한 조동사 개념이 우리말에는 없는 개념이기 때문이죠. 게다가 조동사는 말하는 사람의 태도나 심리 상태 등을 나타내기 때문에 문맥과 상황 안에서 파악하고 이해하는 훈련과 연습이 중요합니다. 이번 챕터에서는 조동사를 원어민들의 느낌과 쓰임을 그대로 담아서 배워보도록 할 거예요. 그러기 위해서는 우리가 그동안 배워왔던 조동사의 틀을 깬 사고의 전환이 필요합니다. 그 첫 단계로 본격적인 조동사 설명에 앞서 반드시 짚고 넘어가야 하는 2가지 개념을 이번 레슨에서 알려드리겠습니다.

POINT 1 영어는 시제를 낮춰서 일어날 확률이 낮다는 것을 반영한다

🎧 6 - L1-1.mp3

✨ Challenge(p.243)에 대한 설명입니다.

> 시제를 낮춰서 일어날 가능성을 낮춰주는 이 원리는 영어 곳곳에서 접할 수 있습니다. 가정법에서도 사실과 다르거나 가능성이 희박한 일을 표현하기 때문에 사실과 시제를 일치시키지 않고 일부러 시제를 하나씩 낮춰 표현을 하죠.
>
> | If I **were** you, I **would** take the job.　내가 너라면 난 그 직장에 들어갈 거야.
> ➡ 난 네가 아니므로 그 직장에 들어갈 일이 없음을 내포

또한 영어에서는 정중한 요청을 위해서도 종종 시제를 낮추어 일어날 가능성이 낮음을 보여줍니다. 상대방이 내 요청을 들어줄 것이라는 확신을 낮추어서 '못 해 주실 수도 있다는 것 알아요'라는 어감을 심어서 상대방이 느끼는 내 요청에 대한 부담을 줄여주는 거죠.

| It **would** be great if you **brought** some snacks.　간식거리 좀 가져와 주시면 좋겠어요.
➡ 시제를 떨어뜨려 반드시 해줄 것이라는 기대를 낮추어 부담을 줄여줍니다.

이렇게 영어라는 언어는 조동사의 시제를 낮춰 일어날 가능성이 낮음이 표현된다는 것을 자주 확인할 수 있습니다.

영어의 조동사는 크게 두 종류   🎧 6-L1-2.mp3

우리말에는 없는 영어의 조동사 개념을 보다 정확히 이해하기 위해서 우리가 배워왔던 조동사에 대한 생각의 틀을 바꾸어, 조동사를 그 역할과 의미에 따라 2가지 종류로 나눠 설명드릴 거예요. 조동사를 동음이의어처럼 소리와 모양은 똑같지만 그 역할에 따라 두 가지의 다른 뜻을 가지고 있다고 생각해보면 좋을 것 같습니다.

첫 번째는 추측과 판단의 조동사입니다. 상황, 사실 등 가지고 있는 근거들을 바탕으로, 말하는 이가 어떤 태도로 판단을 내리고 있는지를 알려주는 조동사이지요.

두 번째는 심리 태도의 조동사입니다. 반드시 해야 한다는 의무나, 해낼 수 있다는 의지나 능력, 해도 된다고 허락해주는 태도 등 말하는 사람이 상황에 대해 갖는 내면의 자세와 태도를 나타내죠.

1 추측과 판단의 조동사

'추측과 판단의 조동사'란 사람의 내면이 아닌 외부적인 요소, 즉 사실이나 정황, 근거를 바탕으로 내리는 추측, 판단을 표현하는 조동사입니다.

must	should	may	might	could	will (예측)

> You **must** be hungry. 너 배고픈가 **보구나**.
>
> She **must** not work here. 그녀는 여기서 일 안 하는가 **보네**.
>
> She **should** be here soon. 걔 곧 올 **거예요**.
>
> He **may/might** be at work now. 그는 지금 업무 중일**지도 몰라요**.
>
> She **may/might** be a student. 그녀는 학생일**지도 몰라요**.
>
> You **could** be right. 당신이 맞을 **수도 있어요**.
>
> My mom **will** be very upset. 엄마 진짜로 화내**실 거야**.

조동사

2 심리 태도의 조동사

'심리 태도의 조동사'는 사람의 내면에서 일어나는 상황에 대한 심리적 태도를 보여주는 조동사입니다. 의지, 의무, 능력, 허락 등 말하는 이가 상황을 통제하는 방식을 보여주죠.

will　　　must　　　should　　　may　　　can

I **will** take my revenge.　복수할 **거야**. (의지)

I **must** work hard.　나 열심히 일**해야 해**. (강한 의무)

I **should** take a shower.　나 샤워**해야 해**. (의무)

You **may/can** come in.　들어오셔**도 돼요**. (허락)

I **can** do this.　나 이거 정말 할 **수 있어**. (능력)

조동사가 문맥 안에서 2가지의 다른 역할을 하고 있다는 핵심을 파악하지 못한 채 문맥에 따라 얼마든지 바뀔 수 있는 우리말 해석으로 외워버리면 그 수많은 해석들이 머리속에 섞여 헷갈립니다. 더 중요하게는 그 의미와 어감이 다른데도 우리말로는 같게 해석이 되는 경우가 많아서 실제 원어민들이 사용하는 조동사 쓰임에는 다가갈 수도 없게 되죠.

He **will** be here soon.　그가 곧 올 **거야**.
➡ 정말로 곧 올 것이라고 믿고 확신하면서 말하는 어감

He **should** be here soon.　그가 곧 올 **거야**.
➡ 곧 와야 '맞다, 정상이다'라는 태도가 깔린 어감

원어민들이 느끼는 어감은 다르지만 이렇게 둘 다 우리말 해석은 같게 될 수가 있습니다.

자 그럼, '추측과 판단의 조동사'와 '심리 태도의 조동사'가 실제 어떻게 문맥 안에서 쓰이고 어떤 특징이 있는지 다음 레슨에서 하나하나 알아보겠습니다.

(**CHECK POINT!**)

대화라는 것은 항상 상황과 문맥 안에서 이루어집니다. 우리가 우리말의 동음이의어도 실제 사용할 때 헷갈려 하지 않듯, 조동사 역시 그 상황에 따라 추측과 판단의 조동사인지 아니면 심리 태도를 나타내는 조동사인지 혼동 없이 자연스럽게 해석될 것이므로 걱정할 필요가 없습니다.

배운 문법 바로 쓰는 영어 연습

🎧 6 - L1 - 3.mp3

Q 보기에서 알맞은 조동사를 골라 다음 우리말을 영어로 말해보세요.

| must | should | may | might | can | could | will |

① 너 배고픈가 **보구나**.

You _____ be hungry.

② 걔 곧 올 **거예요**. (당연히 그래야 하는 상황으로 판단)

She _____ be here soon.

③ 나 샤워**해야 해**. (의무. 반드시 해야 하는 것은 아니지만 하는 게 좋음)

I _____ take a shower.

④ 그가 맞을**지도 모르죠**.

He _____ be right.

⑤ 들어오셔**도 돼요**. (허락)

You _____ come in.

⑥ 나 이거 정말 할 **수 있어**. (능력)

I _____ do this.

⑦ 너 게임에서 질 **수도 있겠어**.

You _____ lose the game.

⑧ 복수할 **거야**. (의지)

I _____ take my revenge.

⑨ 엄마 진짜로 화내**실 거야**. (상황을 보니까 그렇게 예측됨)

My mom _____ be very upset.

⑩ 나 열심히 일**해야 해**. (강한 의무)

I _____ work hard.

▶ 모범답안은 p.290을 확인하세요.

조동사

어감을 알아야 자유롭게 쓸 수 있다

추측과 판단의 조동사

mp3 듣기

> 당신 어제 바쁘셨나 봐요.
> **You must be busy yesterday.**

> 안 바쁜데 갑자기 무슨 소리지?

 Challenge 위의 대화에서 남자가 여자의 말에 혼란스러워 하는 이유는?

🎧 6-L2-1.mp3

❌

You **must be** busy yesterday.

남자는 지금 바쁘지 않습니다. 그리고 여자는 어제 남자가 바빴나 보다며 자신의 추측을 얘기하고 싶습니다. 그런데 You must be busy.라고 하면 '지금 당신 바쁜 가 보네요.'라는 뜻입니다. yesterday와는 쓰일 수가 없는 시제이죠. 과거의 일을 떠올리며 추측을 할 때는 〈have p.p.〉의 형태가 조동사 뒤에 나와야 합니다. 즉 You must have been busy yesterday.라고 해야 의사전달이 정확하게 되어 남자가 여자의 말뜻을 정확히 알아들을 수 있습니다.

🎯

You **must have been** busy yesterday.

▶ 이에 대한 더 자세한 설명은 p.254에서 확인할 수 있습니다.

Why 왜 추측과 판단의 조동사로 따로 묶어서 배우는 거죠?

'추측과 판단의 조동사'는 상황, 사실, 정황 등의 근거를 바탕으로 추측하고 판단할 때 사용하는 조동사들을 일컫습니다. 어떤 일에 대해서 추측을 할 때 그 근거가 명백하고 탄탄할수록 추측하는 사람의 확신은 강해지고 반대로 그 근거가 약할수록 그 확신은 약해지겠죠. 다시 말해, 그렇게 생각할 만한 탄탄한 근거가 있다면 "분명히 그럴 거야."라고 추측할 것이고, 그 근거가 확실하지 않으면 "그럴지도 모르지." 정도로 추측할 수 있을 거예요. 이렇게 추측과 판단을 할 때 말하는 이의 태도를 표현해주는 것이 조동사이고, **이런 조동사를 잘 쓸 수 있어야 영어로 말하기가 자유로워집니다.** 지금부터 이 조동사들이 어떠한 판단의 태도를 보여주는지 확신이 강한 순서부터 하나하나 알아보겠습니다.

POINT 1 ## 논리적인 추측과 판단의 조동사 must 🎧 6-L2-1.mp3

must는 탄탄한 근거에 따른 상황에 대한 논리적이고 상식적인 추측을 할 때 사용되는 조동사입니다. 이성적인 존재인 우리 인간은 보통 어떤 상황이나 근거를 바탕으로 그에 합당한 이성적인 판단을 하기 때문에 굉장히 많이 사용되는 조동사이며 믿을 만한 근거에 따른 추측으로 말하는 이의 강한 '확신'이 깔려 있습니다. 문맥에 따라 '~인가 봐', '~인 게 틀림없어', '~가 분명해' 등등 우리말 해석은 다양하게 할 수 있습니다.

[상황] 친구가 땀을 뻘뻘 흘리며 음식을 먹고 있음

That **must** be spicy. 그거 맵**나 보**네.

➡ 보통 사람들이 매운 음식을 먹을 때 땀을 흘리므로 해볼 수 있는 논리적인 판단

[상황] 친구가 옆에서 계속 하품을 하고 있음

You **must** be sleepy. 너 졸린**가 보**다.

➡ 계속 하품을 하는 모습을 보고 내리는 논리적인 판단

[상황] 그가 나를 자꾸 "저기요"라고 부르고 있음

He **must** not know my name. 그가 내 이름을 모르**는 것 같**네요.

➡ 상대가 내 이름을 부르지 못하는 모습을 보고 내리는 이성적인 판단

[상황] 평소 예쁜 여자만 좋아하는 친구가 여자친구가 생겼다고 말함

She **must** be pretty. 그녀는 틀림없이 예쁘**겠구나.**

➡ 친구의 성향을 잘 알고 내리는 논리적인 판단

강한 확신으로 '~일 리가 없다'라는 판단은 must not 대신에 can't나 couldn't로 강조해 줄 수 있습니다. can't 대신에 couldn't를 쓰면 강조의 정도가 좀 약해지는 어감이 있습니다.

[상황] 굉장히 어려 보이는 그의 생김새를 보고 판단

He **must not** be older than me.   그가 나보나 나이가 더 많**진 않을 거야**. [논리적 판단]

He **can't** be older than me.   그가 나보다 나이가 많을 **리가 없어요**. [쇼크]

He **couldn't** be older than me. [놀람]

POINT 2 내 추측이 맞아야 정상인 should

🎧 6-L2-2.mp3

should는 '일이 정상적이라면, 순리대로 된다면…'이라는 전제하에 내리는 추측입니다. 따라서 '내 추측이 틀리다면 뭔가가 잘못된 것이다' 즉, '내 추측이 맞아야 한다'는 당연한 기대가 밑에 깔려 있습니다. 따라서 문맥에 따라 우리말 해석은 단순히 '~할 거야'라고도 되고 일이 정상적이라면 내 추측이 맞아야 하므로 '~해야 한다'라고도 됩니다.

[상황] 아주 쉬운 과제를 내어주며 하는 말 This **shouldn't** take too long. 이거 오래 **안 걸릴 거야**.	➡ 쉬운 과제이므로 오래 안 걸리는 거라는 기대가 전제된 추측. 오래 걸리면 이상한 것
[상황] 초대한 손님이 도착할 시간이 거의 다 된 시점 They **should** be here soon. 그분들 곧 도착하**실 거야**.	➡ 사고가 나거나 딴 데로 새지 않았다면 곧 올 거라는 기대가 전제된 추측
[상황] 내비를 따라 목적지까지 거의 다 온 상태 It **should** be somewhere around here. 이 근처 어디쯤**일 텐데**.	➡ 내비가 이 근처를 목적지라고 가리키고 있으므로 내비가 고장 나지 않은 이상 여기 어딘가에 목적지가 있어야 하는 게 맞다는 태도의 추측
[상황] 간단한 회의를 시작한 지 한 시간이 흐른 시점 It **should** be over by now. 지금쯤이면 끝났**을 거야**.	➡ 회의가 정상적으로 진행이 되었다면 지금쯤 당연히 끝난 상태일 것이라는 기대가 전제된 추측

take (시간이) ~ 걸리다 | be over 끝나다 | by now 지금쯤이면 (이미)

추측의 must와는 결이 다른 예측의 조동사 will

근거를 바탕으로 '(분명) ～일 거야'라고 논리적으로 '짐작하고 추측하는' 조동사 must와 달리 조동사 **will**은 말하는 사람이 100프로의 믿음을 가지고 정말 일어날 일이라고 예측(prediction)하는 조동사입니다. 따라서 will은 **미래시간을 표현**하기도 하고 **정말로 일어날 일을 강한 확신과 믿음을 가지고 예측**할 때도 사용합니다. 진짜 일어날 일이라는 믿음이 전제되기 때문에 will은 우리말로 종종 '진짜', '정말', '분명히' 등의 강조 표현과 함께 해석되기도 합니다.

[상황] 그녀가 근처까지 와있음

She **will** be here soon. 그녀가 여기 곧 도착**해**. ➡ 근처에 와있으므로 곧 도착할 것임을 예측

[상황] 아빠가 좋아하실 선물을 이미 사 놓음

My father **will** be so happy. 아빠가 진짜 좋아하**실 거야**. ➡ 아빠가 좋아하실 상황이 정말로 벌어질 것이라는 것을 예측

[상황] 네가 올 시간에 난 약속이 있음

I **won't** be here when you come home. ➡ 난 약속으로 인해 그때 집에 없을 것임을 예측
너 집에 왔을 때 나 **없을 거야**.

같은 상황에서 다른 조동사를 쓰기도 해요

말은 말하는 사람이 '자신이 받아들인 사실'을 표현하는 것이기에 같은 상황에 대해서도 그가 상황을 어떻게 바라보고 판단하는지에 따라 다른 조동사를 사용할 수 있습니다. 예를 들어, 친구가 집에 놀러 오기로 한 시간쯤 누군가 초인종을 누르는 상황에서 "내 친구일 거야."라는 말을 이렇게 할 수 있죠.

친구가 초인종을 누르는 것이라고 예측을 하는 것이면

"That **will** be my friend."

친구가 올 시간이니 친구일 것이라고 추측하는 것이면

"That **must** be my friend."

이 시간에 초인종을 누를 사람은 당연히 친구일 것이라는 판단은

"That **should** be my friend."

위 문장들은 다 자연스러운 표현이며 우리말 해석은 다 비슷합니다. 따라서 우리말 해석보다는 본인이 어떤 태도로 추측, 판단하고 있는지를 적절한 조동사를 써서 자연스럽게 표현하면 됩니다.

그럴지도 모를 일을 추측하고 가능성을 이야기하는 may와 might 🎧 6-L2-3.mp3

may/might는 근거나 상황으로 봤을 때 일어날지도 모르는 일에 대한 추측이나 현재 상황에 대한 가능성을 나타내는 조동사로 앞에 나온 will, must, should보다는 낮은 확신을 가지고 추측하는 태도를 보여줍니다. '있을지도 모를 일'이라는 가능성을 제시해주는 것이지요. 확신을 낮춰 주기 위해서 시제를 낮춰주는 원리로 may 대신 might를 종종 사용하는데 실제 회화에서 원어민들은 이 둘을 큰 차이 없이 많이 씁니다. 우리말로는 문맥에 따라 '~일지도 모른다', '~일 수도 있다', '~일 거다', '~하겠지' 등으로 종종 의역됩니다.

[상황] 갑자기 Jack이 어디 있는지 안 보임

Jack **may** be in the restroom. 화장실에 있을 **거야**. ➡ 여기 없으니 화장실에 있을지도 모르겠다는 추측

[상황] 엄마 선물을 고르고 있는 상황

She **might** like this wallet. 엄마가 이 지갑을 맘에 들어 하실**지도 몰라**. ➡ 확실하게는 잘 모르겠지만 좋아하실 수도 있다는 가능성 제시

[상황] Molly가 전화를 안 받고 있는 상태

Molly **may** be sleeping. 몰리는 지금 자고 있을**지도 몰라**. ➡ 자고 있을지도 모를 것이라는 가능성 제시

[상황] 이따 떡볶이나 해먹을까 말까 고민 중

I **might** go to the store later. 이따 나 장보러 갈**지도 몰라**. ➡ 떡볶이를 먹을지 아직 결정이 안 된 상태라 먹게 되면 장보러 갈 수도 있다는 가능성을 제시

---

go to the store 가게에 물건을 사러 가다, 장보러 가다 | later 이따, 나중에

발생할 수도 있는 가능성을 제시하는 could 🎧 6-L2-4.mp3

could는 발생할 수도 있는 사건이나 현재 상황에 대한 가능성을 나타내는 조동사입니다. 과거시제의 모양이지만 현재의 판단에 쓰이면서 '~일 수도 있다'라는 가능성을 제시하는 의미를 가지죠. 따라서 may/might와 의미가 비슷하고 우리말로도 문맥에 따라 '~일 수(도) 있다', '~일지도 모른다' 등으로 종종 의역됩니다.

[상황] 그녀와 연락이 안 되는 상태 ➡ 그녀가 연락을 못 받는 이유를 추측

She **could** be in the meeting right now.
= She **might** be in the meeting right now.
그녀는 지금 회의 중**일 수도 있어.**

[상황] 내가 아는 사실과 다른 이야기를 하는 친구에게 ➡ 내 말이 틀릴 수도 있다는 가능성을 제시

I **could** be wrong.
= I **might** be wrong.
내가 **틀릴 수도 있어.**

[상황] Danny한테 전화 안 해주고 있는 친구를 보고 ➡ 대니가 네 전화를 기다리고 있을 수도
있다는 가능성 제시

Danny **could** be waiting for your call.
= Danny **might** be waiting for your call.
대니가 네 전화 기다리고 있을**지도 몰라.**

가능성을 제시하는 could의 부정은 could not이 아니라 might not으로 씁니다. could not은 must의 부정 형태로 '~일 리가 없다'로 쓰이니까요(p.250 He can't be older than me. 부분 참고). 그래서 '~하지 않을 수도 있다', '~ 아닐 수도 있다'는 의미는 뜻이 비슷한 might not으로 바꿔 표현해 줍니다.

[상황] 상대방이 사실과 전혀 다른 말을 하고 있는 상태

그가 진실을 모를 **수도 있어.**

He **couldn't** know the truth. (X) ➡ couldn't를 쓰면 '그가 그 사실을 알 리가 없다.'라는 의미입니다.
He **might not** know the truth. (O) ➡ 알지 못할 수도 있다는 가능성을 제시

---

could는 능력이나 허락을 나타내는 can의 과거시제로도 쓰입니다. 따라서 혹시 문맥상 '능력'의 의미와 헷갈릴 것 같으면 could 대신에 might을 써서 가능성을 제시하는 의미를 정확히 해주면 됩니다.

You **could** be right. 네가 맞을 **수도 있어.**

You **may/might** be right. 네가 맞을**지도 몰라.**

POINT 5 과거 일을 떠올리며 추측하는 조동사의 기본개념

🎧 6 - L2 - 5.mp3

우리가 말을 할 때 늘 현재 일어나고 있는 일이나 미래의 일만 예측, 추측하지 않습니다. 과거에 발생한 사건을 머릿속에 떠올리며 과거에 있었을 만한 일을 따져보기도 하지요.

✨ **Challenge(p.248)에 대한 설명입니다.**

과거 일을 떠올리며   현재에 하는 추측

이미 완료된 일을 가지고서 **현재에 추측**하기 때문에
과거분사(p.p)   have

⟨조동사 + have p.p.⟩의 형태를 지닙니다.

[상황] 어제 에밀리한테 부탁한 이메일을 못 받았던 상황을 떠올리며 현재 추측하는 상황
Emily **must have been** busy. 에밀리는 바**빴을 거예요.**

POINT 6 과거 일을 떠올리며 추측하는 다양한 조동사의 용법

🎧 6 - L2 - 6.mp3

1 would have p.p. ~했을 거야

과거의 일을 떠올리며 '그 반대 상황이었으면' 정말로 일어났을 일을 현재에 예측해 볼 때 쓰는 조동사의 모양입니다. 따라서 가정법에서 사용되는 동사 형태이기도 하죠. 문맥상 **뻔히** 이해되는 상황이면 if절은 종종 생략하기도 합니다.

[상황] 아버지가 돌아가셔서 승진 소식을 전할 수가 없었던 상황

Your father **would have been** so happy about your promotion.

(아버지가 살아 계셨다면) 네 승진 소식에 아버지가 엄청 좋아하**셨을 거야.**

[상황] 동생이 새 차를 사려고 했다는 소식을 들음

Mom **would have been** very upset.   (동생이 정말 차를 샀다면) 엄마가 엄청 화내**셨을 거야.**

[상황] 네가 전화를 안 했고 캐시(Cathy)가 파티에 안 왔던 것이 과거 사실인 상황

If you had called her, Cathy **would have come** to the party.

네가 전화했으면 캐시는 파티에 **왔을 거야.**

---

promotion 승진 | upset 화난

2 must have p.p. ~했을 거야, ~했나 보다, ~했겠지

상식적이고 논리적인 판단으로 과거에 일어났을 법한 일을 현재 추측해볼 때 must have p.p.를 사용합니다. must have p.p.에 대한 부정은 must not have p.p.로 사용하지만 '~이 었을 리가 없다'고 강한 확신으로 부정할 때에는 couldn't have p.p. 형태를 사용합니다.

[상황] 친구가 장학금 받았다는 소식을 들음

Your parents **must have been** so happy.   네 부모님이 엄청 좋아**하셨겠다.**

[상황] 손이 더러운 것을 보고

You **must not have washed** your hands.

너 손 **안 닦았나 보구나.**

[상황] 외국으로 출장 간 탐을 어제 길에서 봤다고 하는 친구에게

It **couldn't have been** Tom.   탐이었을 리가 없어.

---

3 should have p.p. ~했을 거야, ~했겠지, ~했어야 맞다

'일이 정상적이었다면, 순리대로였다면 ~했을 것이다'라는 전제를 바탕으로 과거 사실에 대 해서 현재 추측을 해볼 때 사용합니다.

[상황] 외국에서 오는 친구를 공항에서 기다리는 상황

The plane **should've landed** by now. Let's go pick him up.

지금쯤 비행기가 **도착했을 거야**. 데리러 가자.

➡ 특별한 일이 발생한 것이 아니라면 지금쯤 당연히 도착했을 것이라는 추측

[상황] 어제 9시까지 숙제를 하느라 발표 준비를 못했다는 친구 말을 듣고

You **should have finished** it by then.

그때쯤이면 이미 **다 끝냈어야 하는데**.

➡ 오래 걸렸을 숙제가 아니다. 그때쯤이면 당연히 다 끝냈어야 맞다는 판단

land (비행기가) 착륙하다 | by now 지금쯤이면 (이미) | pick up ~를 차로 마중 가다, 데리러 가다 | by then 그때쯤이면

4 may/might have p.p. ~했을지도 몰라

과거에 일어났을 법한 일에 대해서 현재 추측해 보거나 가능성을 제시할 때 사용합니다.

[상황] 어제 샘(Sam)이 우울해 보였다는 얘기를 들은 상황

He **may/might have broken** up with his girlfriend. 걔 여자친구랑 **헤어졌을지도 몰라**.

[상황] 아무리 찾아봐도 차 키가 안 보이는 상황

I **may/might have left** it at the coffee shop. 커피숍에 **놓고 왔을지도 모르겠네**.

[상황] 어제 밥(Bob)이 아무리 전화해도 안 받았다는 이야기를 들은 상황

He **may/might have been** sleeping. 걔 자고 **있었을지도 몰라**.

break up with (연인 사이) ~와 헤어지다

5 could have p.p. ~했을 수도 있어

과거에 '있었을 수도 있는 일'에 대한 가능성을 제시해 볼 때 사용합니다. 반대로 과거에 '안 그랬을 수도 있는 일'에 대한 가능성을 제시할 때는 could not have p.p.(~이었을 리가 없다) 가 아니라 might not have p.p.를 써야 한다는 점에 주의해 주세요.

[상황] 전화를 안 받으시는 엄마에 대해 걱정하는 동생에게

She **could have left** her phone at home. 핸드폰을 집에 **두고 나가셨을 수도 있어**.

[상황] 연락이 없는 친구에 대해 이야기하며

그가 문자 **확인을 안 했을 수도 있어**.

He **could not have checked** his messages. (X)

He **might not have checked** his messages. (O)

➡ '~일 수도 있다'라는 가능성을 제시하는 could의 부정은 might로 바꿔서 표현해 줍니다. (p.253 설명 참고)

배운 문법 바로 쓰는 영어 연습

🎧 6 - L2 - 7.mp3

Ⓐ 조동사의 어감을 살려 다음 우리말을 영어로 말해보세요.

① 그거 **맵나 보네**.

That _____.

② 저 사람이 에이미의 남친**인가 봐**.

That guy _____ Amy's boyfriend.

③ 자기 전에 **울었나 보네**. (울다 잠들었나 보네.)

You _____ right before you went to bed.

④ 그가 나보다 **나이가 많을 리가 없어요**.

He _____ than me.

⑤ 아빠가 진짜 좋아하**실 거야**. (백프로 믿음을 가지고 예측)

My father _____ so happy.

⑥ (아버지가 살아 계셨다면) 네 승진 소식에 아버지가 엄청 좋아하**셨을 거야**.

Your father _____ so happy about your promotion.

⑦ 너 집에 왔을 때 나 **없을 거야**. (그 시간에 난 약속이 있음)

I _____ here when you come home.

⑧ 이거 오래 **안 걸릴 거야**. (오래 걸리지 않아야 정상이라는 전제가 깔림)

This _____ too long.

⑨ 커피숍에 **놓고 왔을지도 모르겠네**. (아무리 찾아봐도 차 키가 안 보이는 상황)

I _____ it at the coffee shop.

⑩ 핸드폰을 집에 두고 **나갔을 수도 있어**. (여친이 전화를 안 받아서 걱정하는 친구에게)

She _____ her phone at home.

조동사

257

B 화자가 판단하는 태도를 잘 살려 다음 우리말을 영어로 말해보세요.

> 고객이 전화를 주기로 한 시간쯤 전화벨이 울린다.
>
> **"내 고객일 거야."**

① 고객이 전화를 하는 것이라고 백프로 믿음을 갖고 예측하는 경우

That _____ be my client.

② 고객이 전화를 하겠다고 했으니 고객일 것이라고 추측하는 경우

That _____ be my client.

C 주어진 우리말에 알맞은 영어문장을 찾아보세요. [답이 두 개일 수 있음]

① 대니가 네 전화 기다리고 있을지도 몰라.

(a) Danny could be waiting for your call.
(b) Danny might be waiting for your call.

② 그가 진실을 모를 수도 있어.

(a) He couldn't know the truth.
(b) He might not know the truth.

③ 그가 문자 확인을 했을 리가 없는데.

(a) He could not have checked his messages.
(b) He might not have checked his messages.

④ 네가 맞을 리가 없어!

(a) You can't be right!
(b) You might not be right!

▶ 모범답안은 p.290을 확인하세요.

심리 태도의 조동사

도와주실 수 있나요?
Would you help me?

부탁하는 거야, 지시하는 거야?

Challenge 위의 대화에서 남자는 왜 난처해하는가?

🎧 6-L3-1.mp3

❌

~~Would you~~ help me?

would는 will보다는 부드럽고 우회적인 표현의 어감을 가지고 있지만 여전히 말하는 이의 의지나 확신을 나타내는 어감을 내포하고 있습니다. 따라서 Would you help me? 하고 어떤 행동을 요청하게 되면 "도와주시겠어요?"라는 '정중한 지시'의 뉘앙스를 갖게 됩니다. 부탁을 하려면 Could you (please) help me? "도와주실 수 있나요?"라고 하세요.

◎

Could you (please) help me?

조동사

▶ 이에 대한 더 자세한 설명은 p.274에서 확인할 수 있습니다.

POINT 1 　강한 의지를 나타내는 will

🎧 6-L3-1.mp3

will은 말하는 사람이 정말 일어날 일이라고 믿고 확신하는 마음 상태를 보여주기 때문에 미래에 일어날 일을 지칭하고 예측할 뿐만 아니라 그 사람의 의지나 고집까지도 보여줄 수 있습니다. '강한 의지' 표현을 위해 우리말로는 '반드시', '꼭' 등의 강조 표현과 함께 의역될 때도 많고, 그 강한 의지를 강조하기 위해 will에 강세를 두고 말하기도 합니다.

I **will** succeed.
난 **반드시** 성공**할 거야**.

➡ 정말 그렇게 되게 하겠다는 '의지'가 표현됩니다.

I **won't** go there.
나 거기 **절대 안** 가.

➡ 정말 그렇게 할 것이라는 그 강한 의지가 문맥과 상황에 따라 '고집'을 표현하기도 합니다.

I **won't** tell him anything.
걔한테 아무 말도 **안 할게**.

➡ 정말로 그렇게 할 것이라는 그 강한 의지로 상대방에 대한 '약속, 맹세' 등을 표현할 수도 있습니다.

POINT 2 　강한 의무를 나타내는 must

🎧 6-L3-2.mp3

꼭 해야만 하는 강한 의무를 나타내는 조동사 must는 have to V와 의미가 비슷합니다. 여기에서 강한 의무라는 것은 안 하면 '불이익'이 존재하는 의무로서 다른 선택의 여지가 없이 반드시 무조건 해야 한다는 어감을 갖습니다. 따라서 must나 have to V는 맡은 바 책임을 다 하지 않았을 때 불이익이 전제되는 관계인 직장생활이나 사회생활에 있어서 반드시 지켜야 하는 규칙이나 의무 등을 명시할 때 자주 사용됩니다.

I **have to** help my parents.

제가 부모님 도와드려**야 해요.**

➡ 내가 부모님을 안 도와드리면 도와줄 사람이 없는 상황입니다. 무조건 해야만 하는 의무로서 표현한 것이죠.

You **have to** be at the airport before 9:00.

9시 전까지 공항에 와 있어**야 해요.**

You **need to** be at the airport before 9:00. ✓ better

➡ 9시 전까지 안 오면 비행기를 못 탈 수도 있습니다. 이런 불이익을 겪지 않으려면 꼭 해야만 하는 일이죠. 하지만 상대방에게 얘기하기에는 어감이 너무 세기 때문에 **need to**가 더 자연스럽습니다.

I **have to** finish this report by Friday.

금요일까지 이 보고서 다 끝내**야 해요.**

➡ 마감일이 정해진 상황입니다. 금요일까지 꼭 끝내야 하는 의무이죠.

★ 원어민들은 보통 회화에서는 must보다 have to를 더 많이 사용합니다. must와 have to V는 '반드시 해야 한다'는 의미 때문에 자칫하면 상대방에게 협박과 강요의 뉘앙스를 줄 수도 있다는 점을 유념해 주세요!

엄마가 집 청소**해 놓으**라고 하셨어요.

Mom **told me I had to** clean the house.
➡ Mom **asked me to** clean the house. ✓ better

➡ 〈누구 told me I had to V〉는 누가 나에게 반드시 해 놓으라고 강요한 것 같은 뉘앙스가 느껴질 수 있어요.

그 프로 한번 봐 **봐.**

You **must/have to** watch the show. [강력한 추천]
➡ You **should** watch the show. [단순한 추천, 권유]

➡ must나 have to를 쓰면 무슨 일이 있어도 꼭 보라는 뜻이 되어 강력한 추천에는 사용할 수 있지만 단순히 추천하는 정도의 말로 사용하기에는 어감이 너무 강합니다.

POINT 3 must와 have to V의 차이 🎧 6-L3-3.mp3

must는 formal한 뉘앙스로 speaking에서보다 writing에서 더 많이 볼 수 있는 표현입니다. 반면 have to는 informal한 뉘앙스로 writing보다 speaking에서 더 많이 볼 수 있는 표현입니다.

1 must는 과거시제가 없습니다.

must는 과거시제가 따로 없으므로 have to의 과거형인 had to로 표현합니다.

> 그는 모든 자료를 고객에게 보내줘야 했어요.
>
> He **must** email all the data to the client.
>
> → He **had to** email all the data to the client.

2 must는 다른 조동사와 함께 사용할 수 없습니다.

must는 다른 조동사와 함께 쓸 수 없으므로 have to를 써서 다른 조동사와 함께 씁니다.

> 사무실까지 오셔야 할 수도 있으세요.
>
> You **might must** come to the office.
>
> → You **might have to** come to the office.

POINT 4 **must not과 don't have to의 의미 차이**   🎧 6-L3-4.mp3

1 must not V ~해서는 안 된다

'하지 말아야 할 의무'를 표현합니다. 여전히 의무가 있음을 말하는 것이죠.

> You **must not** be late.   당신은 (절대) 늦어서는 안 됩니다.
>
> I **must not** leave my seat.   전 자리를 (절대) 떠나서는 안 됩니다.

2 don't have to V ~하지 않아도 된다, ~할 필요 없다

의무의 부재를 나타냅니다. 즉 '해야 할 의무가 없음'을 말하는 것이죠.

> I **don't have to** go to work early tomorrow.
> 저 내일 출근 일찍 안 해도 돼요.
>
> I **don't have to** finish this assignment by Friday.
> 저 이 숙제 금요일까지 끝낼 필요 없어요.

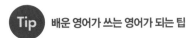 **배운 영어가 쓰는 영어가 되는 팁**

잘못 말하면 비호감되는 must/have to V의 순화 표현들

must와 have to V는 강제성이 강한 표현입니다. 때문에 실제 회화에서 원어민들은 꼭 해야 하는 일을 표현할 때 must나 have to를 사용하기보다 이를 조금 더 부드러운 어감으로 표현하는 경우가 많습니다. 그 대표적인 3가지 표현 방법을 알려드릴게요.

---

1 must/have to 대신 need to를 사용합니다.

'의무'보다는 '필요'로 표현함으로써 꼭 해야 하는 일이지만 어감을 부드럽게 만들어 줍니다.

너 도서관에 책 반납**해야 해**.

You **have to** return the book to the library.

→ You **need to** return the book to the library. [좀 더 부드러운 어감]

오늘 그 파일을 메일로 보내주셔**야 해요**.

You **have to** email the file today.

→ You **need to** email the file today. [좀 더 부드러운 어감]

---

2 내가 꼭 해야 하는 일을 요청할 때 I think I'll have to V로 표현합니다.

need to V가 have to V보다는 부드러운 표현이기는 하나 여전히 '그럴 필요가 있다'는 직접적인 표현입니다. 상대에게 요청을 하는 상황에서는 좀 더 우회적인 표현으로 I think를 붙여 반드시 해야 하는 일이라는 것에는 변함이 없으나 통보, 지시의 뉘앙스를 없애고 부드럽게 표현할 수 있습니다.

(미용실이나 병원에 예약 취소 전화를 할 때) 오늘 예약을 취소**해야 할 것 같습니다**.

I think (that) I'll have to cancel the appointment today.

---

3 must나 have to V의 표현을 사용하지 않고 간접적으로 표현하는 방법도 있습니다.

내일까지 내 책 돌려**줘**.

You have to bring my book back by tomorrow.

→ **Could you** bring my book back by tomorrow? ✓ better

➡ 의문문으로 부탁하듯 표현하는 것이 훨씬 더 부드럽고 자연스러운 표현이 됩니다.

(환불여부를 묻는 손님에게) 7일 내로 영수증과 함께 물건을 가지고 오**셔야 해요**.

You have to return it within seven days with the receipt.

→ **You have** seven days **to** return it with the receipt. ✓ better

➡ 손님이 지켜야 하는 규칙이라는 뉘앙스는 피하고 손님이 가진 선택에 초점을 맞춘 표현이 됩니다.

조동사

(식당에서 대기 시간 물어볼 때) 얼마나 더 **기다려야 해요**?

How long **do we have to wait**?

→ How long **is the wait**? ✓ better

➡ '도대체 얼마를 더 기다려야 하나?'는
따지는 듯한 뉘앙스가 들어갑니다.

POINT 5 부드러운 의무를 나타내는 should

🎧 6-L3-5.mp3

should가 나타내는 부드러운 의무라는 것은 안 해도 불이익이 존재하지 않는 의무입니다. 따라서 지인에게 하는 조언이나 충고, 권유, 안 해도 상관없지만 하면 좋은 일, 도리 등을 표현할 때 사용됩니다.

You **should not** wear jeans to a wedding.

결혼식에 청바지 입고 가**면 안 되지**.

➡ 청바지를 입지 말라는 법은 없지만 입지 않는 것이 예의이거나 좋은 매너라는 의미를 내포하고 있습니다.

I **should** exercise more often.

나 운동 좀 더 자주 **해야겠어**.

➡ 반드시 해야 하는 일은 아니지만 하는 것이 나의 건강을 위해 도움이 될 것이라는 얘기이죠.

She **should** think about other people.

걔는 다른 사람들도 좀 생각**해야 해**.

➡ 다른 사람을 반드시 생각해야 하는 것은 아니지만 그러는 것이 그녀에게 좋을 거다 혹은 그러는 것이 인간된 도리라는 어감입니다.

 Tip 배운 영어가 쓰는 영어가 되는 팁

의무를 나타내는 be supposed to V

be supposed to V는 상황에 따라 다양한 의미로 활용되는 표현으로 워낙 활용 빈도가 높기 때문에 꼭 알아두어야 합니다. 크게 5가지의 쓰임을 소개해 드릴게요.

---

1 be supposed to V는 '하기로 되어 있는 약속이나 의무'를 표현합니다.

I **am supposed to** go see a movie with my friends today.

나 오늘 친구들이랑 영화 보기**로 되어 있어**.

I **am supposed to** go to work by eight o'clock tomorrow.

나 내일 8시까지 출근**해야 해**.

2 be supposed to V의 과거시제는 '약속 · 의무대로 이행되지 않았음'을 나타냅니다.

I was supposed to meet Sean yesterday.

나 어제 숀 만나기로 되어 있었어. (근데 못 만났어)

---

3 보통 사람들이 '그렇게들 말하더라, 그렇게들 생각하더라'는 뉘앙스로 씁니다.

사람들의 일반적인 평가나 판단을 나타낼 때 쓰죠. People say...의 의미가 있습니다.

This restaurant **is supposed to** be really good.   이 식당이 그렇게 괜찮대.
= **People say** this restaurant is really good.

---

4 상대방이 내 말을 내 의도와 다르게 받아들일 때 씁니다.

be supposed to로 원래 내가 말하고자 한 의도가 무엇인지를 알려줄 수 있습니다.

Don't get upset. It **was supposed to** be funny.   화내지 마. 웃자고 한 말이야.

What**'s** that **supposed to** mean?   무슨 뜻으로 한 말이야?

➡ 의문문으로 쓰게 되면 정말 궁금한 것이 아니라 '기분이 나쁘다'라는 뜻입니다.

---

5 지켜야 하는 규칙이나 도리를 이야기할 때도 쓰입니다.

보통 그 규칙이나 도리를 지키지 않은 상황에서 사용하죠.

아빠 물건을 만지려는 친구에게
You **are not supposed to** touch it. 그거 만지면 안 돼.

친구로서 도리를 지키지 않은 친구에게
We **are supposed to** be friends. 우리 친구잖아.

의무를 나타내는 had better V

had better V는 '∼하는 게 좋을 거다'라는 뜻의 **아주 강한 의무/조언의 뉘앙스가 있는 표현으로 그대로 따르지 않을 경우 불이익이나 안 좋은 대가가 있을 것을 암시**합니다. 따라서 잘못 하면 상대방을 협박하는 어감을 전달할 수 있기 때문에 조심해서 써야 해요.

You**'d better** turn off the TV.   너 TV 끄는 게 좋을 거다. (안 끄면 혼날 줄 알아.)

She**'d better** answer the phone.   전화 받는 게 좋을 거야. (안 받으면 가만있지 않겠어.)

I**'d better** go to bed now.   나 지금 자는 게 나을 것 같아. (안 그러면 내일 엄청 피곤할 거야.)

turn off (기계의 전원을) 끄다 | **answer the phone** 전화를 받다

능력을 나타내는 can 🎧 6-L3-6.mp3

can은 능력을 나타내는 조동사로서 **'정말로 그렇게 할 수 있다'**라는 태도를 보여줍니다.

> I **can** hold my breath for three minutes. 저 숨 3분동안 참을 **수 있어요.**
>
> I **can** go see you next month. 제가 다음 달에 직접 찾아 뵐 **수 있어요.**
>
> I **can't** throw a ball that far. 저는 그렇게 멀리 공 **못** 던**져요.**
>
> hold one's breath 숨을 참다 | go see ~를 가서 보다, 보러 가다 | far 멀리

그렇게 해줄 수 있는지(능력) 부탁을 할 때나 허락을 구할 때도 사용됩니다.

> **Can I** come in? [허락] 들어가도 **되나요?**
>
> **Can you** give me a ride? [부탁] 좀 데려다 주실 **수 있을까요?**

can의 한계점과 해결방법 🎧 6-L3-7.mp3

can은 다른 조동사와 함께 쓸 수 없다는 한계가 있습니다. 하지만 이런 경우 can을 be able to로 바꾸어 다른 조동사와 함께 사용할 수 있죠.

> I **might be able to** go to the party. 저 파티에 갈 **수 있을지도 몰라요.**
>
> I **might not be able to** go to the party. 저 파티에 **못** 갈**지도 몰라요.**

> She **will be able to** help you. 그녀가 당신을 도와줄 **수 있을 거예요.**
>
> She **won't be able to** help you. 그녀가 당신을 도와줄 **수 없을 거예요.**

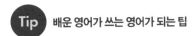

원어민들은 왜 can 대신 could를 쓸까?

영어는 시제를 낮추어서 일어날 가능성을 낮춰주기 때문에 앞으로 일어날 일에도 can 대신 과거시제 could가 쓰이는 경우를 자주 볼 수 있습니다. 실제 회화에서도 엄청 많이 활용되는 can 대신 쓰이는 could의 쓰임은 크게 3가지로 나눌 수 있어요.

---

1 조심스럽고 정중한 부탁을 표현할 때 씁니다.

조심스럽고 정중하게 부탁하고자 할 때 상대방이 정말로 해줄 수 있을 거라는 기대를 낮추어주기 위해 could를 사용합니다.

> It would be great if you **could** help me this afternoon.
> 오늘 오후에 나를 좀 도와줄 **수 있으면** 너무 고맙겠어요.

> **Could** you hold the door for me, please?
> 문 좀 잡아줄**래요**?
>
> hold the door for someone ~가 출입할 수 있게 문을 잡아주다

---

2 실제로 발생할 가능성이 낮은 능력을 표현할 때

실제로 발생할 가능성이 낮은 능력을 표현할 때 can 대신 could를 씁니다. 특히 현실과 다른 상황을 상상해보는 가정법에서 종종 활용되죠.

> If I had time, I **could** help you.
> 내가 시간만 돼도 너 도와줄 **수 있는데.** (시간이 없어서 못 도와주네.)

> I don't think I **could** travel by myself.
> 난 혼자서 여행 못할(여행**할 수** 없을) 것 같아. (실제로 혼자 여행할 가능성이 별로 없는 일이므로 could를 사용)
>
> by oneself 혼자서

---

3 부드럽게 경고할 때 사용합니다.

상대방에게 그런 안 좋은 일이 진짜 생길 수 있다고 단정적으로 이야기하면 너무 어감이 강하므로 could를 써서 어감을 부드럽게 해줄 수 있습니다.

> You **could** lose her. 너 (그러다가) 여자친구를 잃을 **수도 있다.**

> You **could** get a cavity. 너 (그러다가) 충치 생기는 **수가 있어.**
>
> cavity[kǽvəti] 충치

조동사

267

can / be able to V / be capable of 한방에 정리

can을 사용할 수 없는 경우는 be able to V를 써서 '능력'을 나타낼 수 있다는 것을 배웠습니다. 하지만 can을 사용할 수 있는데도 be able to V를 이용해서 '능력'을 표현하는 경우가 있습니다. 다만 아무 때나 can 대신 be able to V를 사용하는 것은 아니고, 다 그 이유가 있습니다.

---

1 can은 보통 일반적인 능력(general ability)을 이야기할 때 사용됩니다.

I **can** swim. 난 수영할 줄 알아.

➡ 아침이건, 저녁이건, 비 오는 날이건 수영을 할 수 있는 일반적인 능력입니다.

---

2 특정한 상황, 시간, 장소 등에서의 능력은 be able to V를 이용해서도 종종 표현합니다.

이런 경우 be able to V를 can으로 바꿔 써도 괜찮습니다.

I **am not able to** go swimming today.
= I **can't** go swimming today.
오늘 수영하러 **못** 가.

➡ 오늘이라는 시간이 나왔다는 것은 오늘 수영을 못 할 특정한 사정이 있다는 뜻

따라서 회화에서 be able to V는 안 되는 줄 알았는데 가능하게 되거나, 되는 줄 알았는데 불가능한 경우에도 많이 쓰입니다.

Even though he was very sick, he **was** still **able to** pass the test.
그는 많이 아팠는데도, 여전히 시험에 통과할 **수 있었어.**

Because he was very small, he **was able to** get out.
그가 아주 작았기 때문에 빠져나올 **수 있었던 거지.**

---

3 be capable of는 흔히 할 수 있는 능력보다 더 뛰어난 능력에 사용합니다.

육체적 능력뿐만 아니라 정신적인 선택과 의지까지 들어가서 해낼 수 있는 능력에 사용합니다. '충분히 ~할 수 있다', '~하고도 남을 사람이다' 등으로 해석됩니다.

He **is capable of** killing people. 그는 사람을 **충분히** 죽일 **수도 있는 사람**이에요.

She **is not capable of** stealing. 그녀는 물건을 훔칠 **수 있는 그런 사람**이 아니예요.

Show them what you **are capable of**. 네가 뭘 **할 수 있는 사람**인지를 보여줘!

허락의 조동사 may/can/could

영어에서 허락을 구하거나 허락을 해줄 때 may와 can의 조동사를 사용합니다. 허락을 구할 때는 좀 더 우회적인 표현을 위해 can 대신 could를 사용해도 되지만, 상대에게 허락을 해줄 때는 가능성을 낮춰 우회적인 표현을 만들어내는 could를 사용하지 않습니다. may는 formal한 뉘앙스가 강하기 때문에 일상 회화보다는 보통 형식적인 business 환경에서 많이 사용된다는 것도 참고해 주세요.

✪ 허락을 구할 때

들어가도 **될까요?**

Can I come in?

Could I come in?

May I come in?

아래로 내려갈수록 더 공손하게 말하는 태도

✪ 허락을 해줄 때

들어와도 **돼요.**

You can come in.

You may come in.

| 주의 | 허락을 해줄 때는 일부러 가능성을 낮춰 말하는 태도가 어울리지 않기 때문에 **You could come in.**이라는 표현을 쓰지 않습니다.

조동사

POINT 9 과거 일에 대한 현재의 심리 태도를 표현하는 조동사의 기본개념

과거에 내가 가졌던 '의지', '의무', '능력'을 그대로 실행했다면 모두 과거의 사실이 되었을 것입니다.

I **will study** hard. 공부 열심히 할 거야. I **must study** hard. 공부 열심히 해야 해. I **can study** hard. 공부 열심히 할 수 있어.	→	**과거에 가졌던 의지, 의무, 능력대로 실행한 과거는 과거 사실**이 됩니다.	→	I **studied** hard. 나 공부 열심히 했어.

하지만 우리는 과거에 마음먹은 대로, 결심한 대로, 능력대로 행동하지 않은 경우들이 많고 그 벌어지지 않은 과거 사실들을 떠올리면서 후회, 안타까움, 안도감 등의 다양한 감정을 느낄 수가 있습니다. 과거 일에 대한 그런 현재의 심리 태도를 조동사를 이용해 표현해 줍니다.

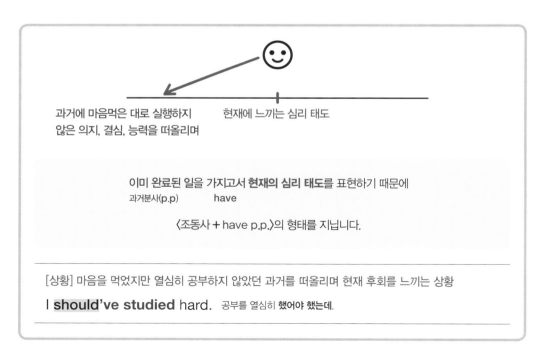

과거에 마음먹은 대로 실행하지 않은 의지, 결심, 능력을 떠올리며   현재에 느끼는 심리 태도

이미 완료된 일을 가지고서 **현재의 심리 태도**를 표현하기 때문에
과거분사(p.p)   have

〈조동사 + have p.p.〉의 형태를 지닙니다.

[상황] 마음을 먹었지만 열심히 공부하지 않았던 과거를 떠올리며 현재 후회를 느끼는 상황
I **should've studied** hard. 공부를 열심히 했어야 했는데.

이미 완료된(p.p.) 과거 일을 가지고서(have) 그 반대 상황을 떠올리며 현재의 심리 상태를 표현하는 것, 바로 가정법의 개념이 담겨 있습니다. 따라서 이런 식의 표현은 과거 사실의 반대를 표현하는 가정법 대과거와 연결되어 있으므로 **과거시제의 조동사 + have p.p.**의 형태를 지니게 됩니다.

POINT 10 과거 일에 대한 현재의 심리 태도를 표현하는 다양한 조동사의 용법 🎧 6-L3-10.mp3

1 would have p.p. ~했을 거야

과거의 일을 떠올리며 '상황이 달랐더라면 ~했을 것이다'라는 의지를 보여줄 때 사용합니다. 따라서 가정법에서 사용되는 동사 형태이기도 하죠.

[상황] 제인이 이사했다는 상황을 모르고 있었음

I **would have helped** Jane (if I had known about it).

(알았다면) 내가 제인을 **도와줬을 텐데**.

[상황] 집이 더럽다는 불평에 기분이 상해서 집을 안 치우고 있는 상태

If you had asked me nicely, I **would've cleaned** the house.

네가 좋게 부탁했으면 집을 치워 **놓았을 거야**.

---

2 should have p.p. ~했어야 했는데

과거에 해야 했는데 안 한 일이나 혹은 안 했어야 했는데 한 일에 대한 안타까움과 후회의 감정을 표현합니다.

[상황] 아침에 늦잠자서 회사에 지각한 상황

I **should have gone** to bed early last night.   어제 일찍 **잤어야 했는데**.

[상황] 잔소리해서 아내를 화나게 만든 상황

I **shouldn't have said** anything to her.   내가 아무 말 **안 했어야 했는데**.

271

[상황] 동생이 내 조언을 안 듣고 행동했다가 부모님께 혼난 상황

You **should have listened** to me! 내 말을 **들었어야지!**

go to bed 잠자리에 들다 | last night 어젯밤 | listen to someone 누구의 말을 귀담아 듣다

3 could have p.p. ~할 수도 있었어, ~할 수 있었는데

과거에 할 수 있었는데 안 했거나 혹은 안 할 수 있었는데 한 일에 대한 ❶ 안타까움이나 후회 ❷ 안도감 ❸ 과거 능력 과시 등의 감정을 표현합니다.

[상황] 상대방이 혼자서 무거운 짐을 다 옮겼다는 이야기를 들음

I **could have helped** you. 아이고… 제가 **도와드릴 수도 있었는데.** (안타까움)

[상황] 출연 포기했던 작품이 대성공을 거두었음

I **could've been** famous. 나도 유명해**질 수 있었는데.** (후회)

[상황] 마감시간 내에 일을 못 끝낼 줄 알았는데 동료가 도와줘서 마감을 맞춤

Thank you. I **couldn't have done** it without you.
고마워. 너 아니었으면 **못 끝냈을 거야.** (안도감)

[상황] 예전에 나를 좋아했던 남자가 엄청 성공했다는 것을 알게 된 상황

I **could have married** him. 내가 저 사람이랑 **결혼할 수도 있었지.** (과거 능력 과시)

---

4 must는 〈조동사 + have p.p.〉 형태로 쓰이지 않습니다.

반드시 해야만 하는 일에 쓰이기 때문에 '해야 했는데 안 했을 때'의 심리 상태를 나타내는 〈조동사 + have p.p.〉 형태가 없습니다.

5 may/can은 〈조동사 + have p.p.〉 형태로 쓰이지 않습니다.

허락을 받았으면 그 행동을 했을 것이고 못 받았으면 그 행동을 안 했을 것이기 때문에 〈조동사 + have p.p.〉 형태가 없습니다.

will과 해석이 똑같은 would는 왜 이렇게 많이 쓰일까?

앞서 조동사 will의 핵심은 정말로 일어날 것이라는 강한 확신과 믿음을 나타내주는 것이라고 배웠습니다. 이렇게 어감이 강한 **will을 우회적이고 부드럽게 만들어주기 위해 시제를 낮추어 일어날 가능성과 확신을 낮춰주는 영어의 원리가 적용되어 would가 많이 쓰이는 거죠.** 우리말에는 없는 개념이고 would와 will이 둘 다 '～하겠다', '～할 것이다'로 해석도 같아서 그동안 '시제를 낮춰 가능성과 확신을 낮춰준다'는 원리를 모르고 있었다면 아마 뿌연 안개 속을 걷는 느낌이었을 거예요. 그럼 이 원리가 언제 적용이 되어 주로 사용되는지 would의 3가지 활용을 알려드리겠습니다.

1　would는 사실과 달라 일어날 확률이 적은 일을 표현하는 가정법에서 많이 쓰입니다.

> I **would** break up with him. 　(나라면) 그와 헤어질 **거야.**

"내가 너라면 그와 헤어질 거야." 즉, 나는 네가 아니기 때문에 내가 그와 헤어질 일이 없겠죠. 따라서 시제를 하나씩 낮춰 If I were you, I would break up with him.이라고 하는데요. If절의 내용은 실제 대화에서 너무 뻔한 경우 종종 생략되기도 해서 I would break up with him.해도 듣는 사람은 would를 들었을 때 진짜 일어날 일이 아니라 "그 입장이라면 헤어질 것이다."라는 가정임을 알아차릴 수 있게 되는 겁니다.

2　확신은 있으나 조건이 충족되지 않아 진짜 일어날 가능성이 떨어질 때 would를 씁니다.

> My mom **would** like that jacket. 　엄마가 (보시면) 저 재킷 좋아하실 **것 같아.**

쇼핑하다가 너무 예쁜 꽃무늬 자켓을 발견했어요. "야! 요거 우리 엄마가 좋아하시겠다."라고 말할 때 엄마가 직접 보지는 않으셨지만 직접 보신다는 조건만 충족하면 정말 엄마가 좋아하실 거라는 거죠. 이럴 때 would가 사용됩니다.

> Matt **would** come to the party. 　(초대하면) 맷은 파티에 올 **거야.**

내가 파티를 여는데 친구들이 Matt을 초대했냐고 물어봐요. 난 아직 초대는 안 했지만 Matt은 분명 초대하면 올 거라는 확신이 있어요. 이 경우 아직 초대하지는 않았기 때문에 정말로 이루어질 거라는 will 대신 would를 써서 표현을 합니다. 그런데 내가 정말 초대를 해서 Matt이 오겠다고 말한 상황이 되었어요. 이런 경우 정말로 Matt이 올 것이라고 확신하면서 얘기할 수 있기 때문에 Matt **will** come to the party.라고 말할 수 있게 되는 겁니다.

3 우회적으로, 간접적으로 표현하여 공손함을 표시하기 위해 would를 씁니다.

(식당에서 손님에게) 뭐 드**시겠습니까**?

What **would** you **like to** have? (O)   What do you want to have? (X)

(주신다면) 커피가 좋**겠습니다**.

I **would like** some coffee. (O)   I will like some coffee. (X)

우리는 would like to V라는 구문을 기계적으로 외워서 많이 쓰고 있는데요. 원어민들은 왜 will 대신 would를 써서 would like to V라는 표현을 하는 걸까요? will은 정말로 일어날 일이라는 확신이 내재되어 있기 때문에 반드시 해야 할 것 같은 느낌을 줄 수 있습니다. 따라서 **가능성과 확신을 떨어뜨려주는 would를 써서 '주신다면' '가능하다면'의 어감을 넣어 좀 더 우회적이고, 공손한 표현으로 만들어주는 거죠.** would는 상대방의 호의를 받아들일 때나 손님한테 정중하게 원하는 것을 물어볼 때 종종 사용됩니다.

Would you ~?는 부탁의 표현이 아닙니다

 Challenge(p.259)에 대한 설명입니다.

would는 will보다는 부드럽고 우회적인 표현의 어감을 가지고 있지만 **여전히 말하는 이의 의지나 확신을 나타내는 의미를 가지고 있습니다. 따라서 Would you ~? 하고 어떤 행동을 요청하게 되면 부탁보다는 '정중한 지시'의 뉘앙스**를 갖게 됩니다. 부탁은 Could you ~?로 하셔야 해요.

Would you help me move the piano? [지시]
피아노 옮기는 것 **좀 도와주시겠어요**?

Could you help me move the piano? [부탁]
피아노 옮기는 것 **좀 도와주실 수 있어요**?

어머니께서 아버지께 "빨래를 해야 하니까 당신이 설거지 좀 해주겠어요?"라고 물어보실 때 과연 어머니께서 아버지께 부탁을 하는 걸까요? 요청을 하는 형태이지만 엄밀히 말하면 정중하게 말하는 '지시(telling)'입니다. 이런 경우 would를 써줍니다. 잘 이해하셔서 가정의 평화를 지킵시다.

Would you wash the dishes so that I can do the laundry?
빨래를 해야 하니까 당신이 설거지 **좀 해주겠어요**?

Could you ~?보다 더 정중하고 우회적으로 '부탁'하고 싶다면 Would you be able to V ~?를 쓸 수 있습니다. 보통 formal한 비즈니스 상황에서 많이 쓰입니다.

Would you be able to show me the data later?
이따 그 자료 **좀 보여주실 수 있을까요**?

274

 **셀리쌤 질문 있어요!**

과거의 반복적인 행동을 나타내는
would와 used to V의 차이는 뭐예요?

1 '(예전엔) ~했다', '~하곤 했다' 등 지금은 하지 않지만 과거에 반복적으로, 습관적으로 했던 행동을 표현할 때 would와 used to V를 종종 사용합니다.

I watched TV a lot.　TV 많이 **봤어.**

➡ 반복의 개념이 없이 과거의 한 시점에 **TV**를 많이 본 것으로 이해가 됩니다.

I used to watch TV a lot.　예전엔 TV를 많이 **봤지.**

➡ 과거에 습관적으로 했던 행동이므로 예전에는 **TV**를 늘 많이 봤었다는 의미가 됩니다.

2 하지만 반복되었던 일이라는 힌트가 나오면 would나 used to V가 없어도 단순 과거시제로 과거의 습관을 나타낼 수 있습니다.

I watched TV a lot when I was little.　어릴 땐 TV 많이 **봤지.**

= **I used to watch** TV a lot when I was little.

➡ '어릴 때'라는 힌트가 나왔기 때문에 단순 과거시제를 써도 어린 시절 쭉 **TV**를 많이 봤다는 뜻을 나타낼 수 있습니다.

3 would와 used to V는 크게 두 가지의 차이가 있습니다.

첫째, would는 동작을 나타내는 동사와 주로 쓰이지만 used to V는 동작뿐 아니라 상태를 나타내는 동사에까지 다 쓸 수 있습니다.

저, 예전에 선생님이**었어요.**　　I **used to be** a teacher. (O)
　　　　　　　　　　　　　　　I would be a teacher. (X)

저, 옛날에 부산 **살았어요.**　　I **used to live** in Busan. (O)
　　　　　　　　　　　　　　　I would live in Busan. (X)

둘째, would는 보통 과거에 여러 번 했던 반복된 행동들에 사용하지만, used to V는 과거의 일정한 기간 동안 꾸준히 지속적으로 한 행동에 사용됩니다.

I used to work at a toy store.　저 예전에 장난감 가게에서 일**했어요.**

➡ 과거에 한동안 꾸준히 한 일에는 used to V만 씁니다.

I would take my boys to the park when the weather was nice.

날씨가 좋을 때면 아이들을 데리고 그 공원에 가**고는** 했었어요.

➡ 과거의 행동이지만 일정한 기간 동안 꾸준히 한 것을 나타내지는 않으므로 would를 사용합니다.

조동사

배운 문법 바로 쓰는 영어 연습

Q 조동사의 어감을 살려 다음 우리말을 영어로 말해보세요.

① 난 **반드시 성공할 거야**. (의지)

I _____.

② 걔한테 아무 **말도 안 할게**. (약속. 맹세)

I _____ him anything.

③ 금요일까지 이 서류 **다 끝내야 해요**. (강한 의무)

I _____ this document by Friday.

④ '오징어 게임' **한번 봐 봐**. (단순한 추천, 권유)

You _____ Squid Game.

⑤ 나 내일 **출근** 일찍 **안 해도 돼**.

_____ early tomorrow.

⑥ 너 게임 **그만하는 게 좋을 거다**. (안 그럼 혼날 줄 알아.)

_____ playing games.

⑦ 파티에 청바지 입고 가**면 안 되지**.

You _____ wear jeans to the party.

⑧ **나** 어제 거기 가**기로 되어 있었는데**. (못 갔어.)

_____ be there yesterday.

⑨ (아빠 물건을 만지려는 아이에게) 그거 만지**면 안 돼**.

_____ touch it.

⑩ 오늘 예약을 취소**해야 할 것 같습니다.**

I _____ (that) _____ cancel the appointment today.

⑪ 나 숨 3분동안 **참을 수 있다.**

_____ my breath for three minutes.

⑫ 들어가**도 되나요?** (허락)

_____ come in?

⑬ 문 좀 잡아**줄래요?** (부탁)

_____ hold the door for me, please?

⑭ 피아노 옮기는 것 좀 도와**주시겠어요?** (지시)

_____ help me move the piano?

⑮ 내가 시간만 돼도 **너 도와줄 수 있는데.** (시간이 없어서 못 도와주네.)

If I had time, _____.

⑯ 그는 사람을 **충분히** 죽일 **수도 있는 사람이에요.**

_____ killing people.

⑰ 어제 일찍 잤**어야 했는데.** (늦잠자서 회사에 지각한 상황)

_____ to bed early last night.

⑱ 내 말을 **들었어야지!** (내 말 안 듣다가 상대의 일이 잘 안 된 상황)

_____ to me!

⑲ (나라면) 그와 **헤어질 거야.**

_____ with him.

⑳ 저 옛날에 부산 살았었어요.

_____

조
동
사

ANSWER

모범 답안

Lesson 1 | 우리말과 영어의 차이

Challenge   p.021

❶ **부모님**과 저녁식사를 했어.
I had dinner <u>with my parents</u>.

❷ **부모님**과 **지난 토요일**에 저녁식사를 했어.
I had dinner <u>with my parents</u>
<u>last Saturday</u>.

❸ **부모님**과 **지난 토요일**에 **우리집**에서 저녁식사를 했어.
I had dinner <u>with my parents</u>
<u>last Saturday</u> <u>at my place</u>.

Review 1   p.024

Ⓐ ❶ 나는 **차** 안에서 잤어.
I slept <u>in my car</u>.

❷ 나는 **차** 안에서 **엄마가 깨울 때까지** 잤어.
I slept <u>in my car</u> <u>until my mom woke me</u>
<u>up</u>.

❸ 나는 **두통을 없애려고** 잤어.
I slept <u>to get rid of my headache</u>.

❹ 나는 **푹** 잤어.
I slept <u>deeply</u>.

Ⓑ ❶ 그는 **부모님과 같이** 살았어요.
He lived <u>with his parents</u>.

❷ 그는 **부모님**과 **작은 아파트**에서 살았어요.
He lived <u>with his parents</u> <u>in a small</u>
<u>apartment</u>. /
He lived <u>in a small apartment</u> <u>with his</u>
<u>parents</u>.

❸ 그는 **결혼하기 전까지** 부모님과 작은 아파트에서 살
았어요.
He lived <u>with his parents</u> <u>in a small</u>
<u>apartment</u> <u>until he got married</u>. /
He lived <u>in a small apartment</u> <u>with his</u>
<u>parents</u> <u>until he got married</u>.

Review 2   p.029

Ⓐ ❶ **[4형식]** <u>My mom</u> <u>bought</u> <u>me</u>
              주어   타동사   간접목적어
<u>a pair of gloves</u>.
직접목적어
엄마가 장갑을 사주셨어.

❷ **[5형식]** <u>He</u> <u>found</u> <u>Amy</u> <u>very attractive</u>.
             주어   타동사   목적어   목적격 보어
그는 에이미가 얼마나 매력적인지 알게 됐어.

❸ **[3형식]** <u>The little boy</u> <u>threw</u> <u>a rock</u>.
             주어   타동사   목적어
꼬마 남자아이가 돌을 던졌어.

❹ **[2형식]** <u>Tim's brother</u> <u>is</u> <u>a soccer player</u>.
             주어   연결동사   주격 보어
팀의 형/동생은 축구선수야.

❺ **[1형식]** <u>The baby</u> <u>laughed</u>.
             주어   자동사
아기가 웃었어.

Ⓑ ❶ 그는 **새벽 5시**에 일어났어.
He got up <u>at 5:00 A.M.</u>

❷ 그는 **운동하기 위해** 새벽 5시에 일어났어.
He got up <u>at 5:00 A.M.</u> <u>to exercise</u>.

❸ 그는 **친구와** 운동하기 위해 새벽 5시에 일어났어.
He got up <u>at 5:00 A.M.</u> <u>to exercise</u>
<u>with his friend</u>.

Lesson 2 | 영어라는 말을 이루고 있는 블록들

Challenge   p.030

❶ (a) (c) (e)

❷ (a) (b) (e)

❸ The man <u>in the kitchen</u> is my father.
부엌에 있는 남자는 우리 아버지야.

Review   p.036

Ⓐ ❶ Justin has <u>a very nice car</u>.
                      목적어
저스틴은 정말 좋은 차를 갖고 있어.

② They named their son Jacob.
(목적격) 보어
그들은 아들을 제이콥이라고 이름 지었어.

③ My poem about my mother made the
주어
class cry.
저희 어머니에 대해 쓴 제 시가 반 아이들을 울렸어요.

④ I usually go to bed at about 10 P.M.
수식어
난 보통 10시쯤 잠자리에 들어.

⑤ I would like some coffee.
동사
커피가 좋겠습니다. (커피 마실게요.)

B ① Oops! I dropped the phone.
감탄사　　　　　　명사
아이쿠! 핸드폰 떨어뜨렸어!

② He was extremely poor.
대명사　　부사
그는 극심하게 가난했어요.

③ I'll wait until you come back.
접속사
돌아오실 때까지 기다리겠습니다.

④ All the students had to bring their own
한정사　　　　　　동사
pens.
모든 학생들은 자기 펜을 가지고 와야 했어요.

⑤ That was exciting news.
형용사
그것은 기분 좋은 소식이었어요.

Lesson 3 | be동사의 진짜 의미와 역할

Challenge　　　　　　　　　　　　p.037

① 너 화난 것 같네.
You look upset.

② 화가 서서히 치밀어 오르고 있어.
I am growing upset.

③ 넌 너무 화를 잘 내.
You get upset easily.

Review　　　　　　　　　　　　p.048

A ① 너 바쁘니?
Are you busy?

② 나 지금 공원인데.
I am in the park.

③ 하늘이 파랗네!
The sky is blue!

④ 나 지금 운전 중이야.
I am driving.

B ① 그 스프 상했어.
The soup went bad.

② 행복한 기분이야.
I feel happy.

③ 그가 오늘 좀 우울해 보여요.
He looks depressed today.

④ 그는 점점 지쳐갔어.
He grew tired.

⑤ 그녀는 침착해 보였어.
She looked calm.

Lesson 4 | 5형식의 새로운 이해

Challenge　　　　　　　　　　　　p.049

방법1 I made you 뒤에 '명사를 덧붙여 4형식 문장'으
로 만들어요.
예 I made you a cake.
내가 너한테 케익을 만들어 줬잖니.

방법2 I made you 뒤에 '목적격 보어를 덧붙여 5형식
문장'으로 만들어요.
예 I made you laugh. 내가 널 웃게 했네.

Review 1　　　　　　　　　　　　p.053

A ① 나 잤어.
I slept.

❷ 나 9시까지 잤어.

I slept until 9:00 A.M.

❸ 그녀는 소리 질렀어.

She yelled.

❹ 그녀는 아들에게 소리 질렀어.

She yelled at her son.

Ⓑ ❶ 그는 배가 고파졌어요.

He got hungry.

❷ 그는 배가 고파져서 햄버거를 샀습니다.

He got hungry, so he bought a hamburger.

❸ 우리는 절친이었어요.

We were best friends.

❹ 우리는 대학 때 절친이었어요.

We were best friends in college. /
We were best friends when we were in college.

Review 2 p.060

Ⓐ ❶ 목걸이 샀어.

I bought a necklace.

❷ 엄마 드리려고 목걸이 샀어.

I bought a necklace for my mom.

❸ 저는 영화 보는 것 좋아해요.

I like to watch movies. /
I like watching movies.

❹ 저는 시간될 때 영화 보는 것 좋아해요.

I like to watch movies when I have time. /
I like watching movies when I have time.
I like to watch movies in my free time. /
I like watching movies in my free time.

Ⓑ ❶ 점원에게 신분증을 보여주셔야 해요.

You have to show the clerk your ID.

❷ 술을 구매하기 위해서는 점원에게 신분증을 보여주셔야 해요.

To buy alcohol, you have to show the clerk your ID.

❸ 나한테 그 주소 좀 문자로 보내줄래?

Could you text me the address?

❹ 수업 끝나고 나한테 그 주소 좀 문자로 보내줄래?

Could you text me the address after class?

Review 3 p.063

Ⓠ ❶ 저는 항상 집을 깨끗이 치워 놓고 다녀요.

I always keep my house clean.

❷ 저는 혹시라도 누가 올까 봐 항상 집을 깨끗이 치워 놓고 다녀요.

I always keep my house clean just in case someone comes over.

❸ 저희는 딸 이름을 Sophie(소피)라고 지었어요.

We named our daughter Sophie.

❹ 저희는 할머니 이름을 따서 저희 딸 이름을 Sophie(소피)라고 지었어요.

We named our daughter Sophie after my grandmother.

❺ 그들이 공원에서 술 마시는 것을 봤어요.

I saw them drink in the park.

Lesson 5 | 지각동사 꿰뚫어보기

Review p.074

Ⓠ ❶ (연주회 공연을 보고 난 후) 그녀가 피아노 연주하는 걸 봤어.

I saw her play the piano.

❷ 나는 그녀가 전화 통화하는 것을 들었어요.

I heard her talking on the phone.

★ 전화 통화하는 소리를 들었다는 것은 통화가 완료됐다는 뜻이 아니라 통화 중에 말하고 있는 것을 들은 것이므로 진행의 의미인 현재분사를 사용해야 합니다.

❸ A 나 너 소파에서 **자는 거 봤어.**
 I saw you sleeping on the couch.

 B 너무 피곤했거든. 나 코고는 소리도 들었어?
 I was so tired. Did you hear me snoring?

❹ A 나 너 공원에서 **운동하는 거 봤어.**
 I saw you exercising in the park.
 ★ 운동 중인 것을 봄

 B 나도 학교 근처에서 **네가 친구랑 달리는 거 봤어.**
 I saw you running with your friend near the school. ★ 달리고 있는 중인 것을 봄

 A 그 공원이 운동하기 좋다고 들었는데. 다음번엔 같이 가자!
 I heard (that) that park is a great place to exercise. Let's go together next time!

Lesson 6 | 사역동사 꿰뚫어보기

Review   p.084

Q ❶ A 나는 코미디 영화가 좋아. **날 웃게 하거든.**
 I like comedy movies. They make me laugh.

 B 나는 슬픈 영화가 좋아. 내가 울고 싶을 때 **울 수 있도록 도와주거든.**
 I like sad movies because they help me cry when I want to.

❷ A 나 엄마 **김장하는 것 도와드려야 해.**
 I need to help my mom make kimchi.

 만약 엄마 안 도와드리면, **나 콘서트에 가는 거 엄마가 허락 안 하실 거야.**
 If I don't (help her), she won't let me go to the concert.

 엄마는 늘 우리가 김장 같이 하게 하시거든.
 My mom always has us make kimchi with her.

Lesson 1 | 영어 시제에 대한 전반적인 이해

Review   p.094

Q ❶ 잭은 커피를 아주 **좋아해.**
 Jack loves coffee.

❷ 우린 **사진을 많이 찍었어.**
 We took a lot of pictures.

❸ 나 내일 거기 **차 가지고 갈 거야.**
 I will drive there tomorrow. /
 I am going to drive there tomorrow. /
 I am driving there tomorrow.

❹ 난 10년째 영어 **공부를 해오고 있어.**
 I've been studying English for ten years.

❺ 그 기차는 서울에 7시에 **도착해.**
 The train arrives in Seoul at 7:00.

❻ **도착하면 문자할게.**
 I'll text you when I get there.

❼ 나 오늘 저녁에 남자친구 **만나.**
 I am meeting my boyfriend tonight.

❽ 난 돈 많으면 일 안 **할 거야.**
 If I had lots of money, I would not work.

❾ 도와줄 수 있어요? (공손버전)
 Could you help me?

❿ 홍차 **주시면 좋겠네요.**
 Black tea would be fine.

Lesson 2 | 현재시제와 과거시제

Review   p.103

Q ❶ 내 친구 샐리는 규칙적으로 **운동해.**
 My friend Sally works out regularly.

❷ 물은 섭씨 0도에서 **얼어요.**
 Water freezes at 0 degrees Celsius.

❸ 학생들은 모두 교복을 입어야 **해요**.

All students are required to wear uniforms.

❹ 일 못하는 사람이 항상 연장 **탓하는 법이야**.

A bad workman always blames his tools.

❺ 어제 제인이랑 **점심 먹었어**.

I had lunch with Jane yesterday.

❻ 한글은 세종대왕이 창제**했어**.

Hanguel was created by King Sejong.

❼ 콜린이 자기는 땅콩 알러지가 **있다고 했어**.

Colin said he has a peanut allergy.

❽ 맷이 나한테 **다시는 거짓말 안 하겠다고** 했어.

[단순히 들은 말 전달] Matt told me that he would never lie.

[현재 사실임을 강조] Matt told me that he will never lie.

❾ 벤은 오늘 숙제가 **없대**.

[단순히 들은 말 전달] Ben said he didn't have homework today.

[현재 사실임을 강조] Ben said he doesn't have homework today.

Lesson 3 | 미래시간을 나타내는 장치들

Review   p.112

Ⓐ ❶ 30분 있다가 **전화할게**. (정말로 할 것임)

I'll call you in 30 minutes.

❷ 너 또 늦으면 엄마 엄청 화내**실 거야**. (진짜로 확신하며 말함)

If you are late again, Mom will be very upset.

❸ 다음엔 **진짜 실망시키지 않겠다고** 약속해요. (정말 그럴 거라고 약속)

I promise I won't disappoint you next time.

❹ 이번 시험은 쉽지 **않을 거야**. (미래의 일을 단순히 예측)

This test won't be easy. /
This test isn't going to be easy.

❺ 내일 **비 올 것 같아**. (미래의 일을 단순히 예측)

I think it is going to rain tomorrow. /
I think it will rain tomorrow.

❻ 곧 **비가 오겠네**. (현재 먹구름이 잔뜩 낀 상태)

It is going to rain soon.

❼ 나 내일 **떠나**. (이미 떠날 준비를 다 해놓은 계획된 일)

I am leaving tomorrow.

❽ 너 이번 주말에 **뭐 하려고 하는데**? (하려고 마음먹은 일을 묻는 어감)

What are you going to do this weekend?

❾ 너 주말에 **뭐할 거야**? (세워둔 계획을 묻는 어감)

What are you doing this weekend?

❿ 네가 파티에 있는 동안, 난 친구 집에서 **일하고 있을 거야**. (미래의 특정 시간에 하고 있을 일)

While you are at the party, I will be working at my friend's house.

Ⓑ ❶ A 비키는 파티 준비하느라 **무지 바쁠 거래**. (정말 바쁠 것이라고 믿고 이야기함)

Vicki will be very busy preparing for the party.

B 걱정 마! **내가 도와줄 거니까**! (얘기를 듣는 순간 결정하고 이야기함)

Don't worry! I'll help her!

❷ A 나 이제 공부해야 해.

I have to study now.

B 알았어. 그럼 난 거실에서 TV **보고 있을게**.

Okay, then I will be watching TV in the living room.

Lesson 4 | 영어의 '형(aspect)' 꿰뚫어보기

Review 1   p.126

Ⓠ ❶ 네가 **전화했을** 때 샤워 **중이었어**.

I was taking a shower when you called me.

❷ 나 **요즘** 영어를 배우고 있어.

I am learning English these days.

③ 난 언니가 둘 **있어요**.
I _have_ two sisters.

④ 나 (지금) 좋은 시간 **보내고 있어**.
I _am having_ a good time.

⑤ 담배 피우세요?
Do you smoke?

⑥ 요즘 스키니진을 **입는** 젊은 남자들이 많아.
Many young men _are wearing_ skinny jeans these days.

⑦ 너는 **어떻게 맨날** 술이냐.
You are _always drinking_.

⑧ 너 오늘따라 왜 이렇게 조용해?
You are _being quiet_ today.

⑨ 당신이 여기로 **좀** 와 주실 수 있으면 좋겠습니다. (부탁)
I _was hoping_ (that) you _could_ come here.

⑩ 내가 빨래**하는 동안** 남편은 설거지를 하고 있었어.
While I _was doing_ the laundry, my husband _was washing_ the dishes.

Review 2   p.139

Q ① 나 이틀 전에 로이 **봤어**.
I _saw_ Roy two days ago.

② 너 멕시코 **가 본 적 있어**?
Have you been to Mexico?

③ 나 마이클 잭슨 **본 적 있어**.
I _saw_ Michael Jackson.

④ 나 막 숙제 **끝냈어**.
I've just _finished_ my homework. /
I just _finished_ my homework.

⑤ 나 방금 점심 **먹었어**. (지금 배부름. 밥 더 안 먹어도 됨)
I've just _had_ lunch.

⑥ 그는 **이미 떠났어**. (떠나서 지금 없음)
He _has already left_.

⑦ 우린 결혼한 **지** 10년 **됐어요**.
We've _been_ married _for_ ten years.

⑧ 그는 아직도 전화가 없어요.
He _hasn't called_ me _yet_.

⑨ 이번 달에만 이 영화 **네 번 봤어**.
I _have seen_ this movie _four times_ this month.

⑩ 그는 **지금** 1시간째 **기다리고 있어**. (지금도 기다리는 중)
He _has been waiting_ for one hour.

⑪ 너 엄청 땀 흘린다. **운동하고 있었던 거야?**
You are sweating a lot. _Have you been exercising_?

⑫ 내가 파티에 도착했을 때 그는 **이미 가고 없었어**.
When I got to the party, he _had already gone_.

⑬ 오늘 아침에 나는 샤워를 하고 아침식사를 **했어**.
This morning, I _took_ a shower and _ate_ breakfast.

⑭ 이 직장을 찾기 전까지 저는 그곳에서 3년째 **근무 중이었어요**.
I _had been working_ there for three years before I found this job.

⑮ 그 책을 **이미 읽어서** 결말을 알고 있었어.
I _knew_ the ending of the book because I _had already read_ it.

⑯ 그 전에는 **그녀를 만난 적이 있어**?
Before then, _had_ you ever _met her_?

⑰ 파티 너무 재미**있었어**! 네가 **왔으면** 좋았을 텐데.
The party _was_ so much fun! I wish (that) you _had come_.

285

Lesson 1 | 직설법, 명령법, 가정법

Review   p.148

Ⓐ ❶ 난 졸릴 때 보통 커피를 **마셔**.
When I <u>feel</u> sleepy, I usually <u>drink</u> coffee.

❷ 내가 차가 **있다면** 널 집에 데려다 줄 텐데.
If I <u>had</u> a car, I <u>would</u> take you home.

❸ 횡단보도가 **나올** 때까지 **계속 가세요**.
<u>Keep going</u> until you <u>come</u> to
a crosswalk.

Ⓑ ❶ Close the window, please.
→ <u>Could you close the window, please?</u>
창문 좀 닫아주세요.

❷ Please email the file to me.
→ <u>Could you please email the file to me?</u>
그 파일 이메일로 좀 보내주세요.

Ⓒ ❶ I love your shirt!
네 셔츠 멋있다!

❸ You look great today.
너 오늘 좋아 보인다.

❺ You look so cute in those pants.
그 바지 입으니까 멋진데.

Lesson 2 | 가정법 꿰뚫어보기

Review   p.156

Ⓐ ❶ 기타만 칠 줄 **알아도** 그 밴드에 **들어가는 건데**.
If I <u>knew</u> how to play the guitar, I <u>would</u>
<u>join</u> the band.

❷ 내가 조금만 더 **젊다면** 그와 **사귈 텐데**.
If I <u>were</u> a little younger, I <u>would go out</u>
with him.

❸ 이게 맵지만 **않아도** 내가 **먹을 수 있는데**.
If this <u>weren't</u> too spicy, I <u>could eat</u> it.

❹ 그 가방이 조금만 더 쌌**어도 살 수 있었는데**.
If the bag <u>had been</u> a little cheaper,
I <u>could have bought</u> it.

❺ 내가 몸만 더 괜찮**아도** 오늘 **수영하러 갈 텐데**.
If I <u>felt</u> better, I <u>would go swimming</u>
today.

❻ 그가 나와 함께 **있었으면** 사고를 안 당했을 텐데.
If he <u>had been</u> with me, he <u>wouldn't have</u>
had an accident.

❼ 내가 **공부를** 열심히 **했더라면** 지금 돈을 많이 벌고 **있**
을 거야.
If I <u>had studied</u> hard, I <u>would be</u> making
a lot of money now.

❽ 네 지갑 **찾으면** 전화해줄게.
If I <u>find</u> your wallet, I <u>will give</u> you a call.

Ⓑ ❶ 좋은 시간 **보내기를 바라**.
I <u>hope</u> (that) you <u>have</u> a good time.

❷ 네가 나랑 영화 보러 **가면 좋을 텐데**.
I <u>wish</u> (that) you <u>could go</u> see a movie
with me.

❸ 그렇게 많이 **먹지 않았으면 좋았을 텐데**.
I <u>wish</u> (that) I <u>hadn't eaten</u> so much.

❹ 즐거운 성탄절 **보내**!
We <u>wish</u> you a merry Christmas!

Ⓒ ❶ A 남자친구가 또 내 연락 씹었어.
My boyfriend ignored my calls and
texts again.

B 난 그러면 헤어질 것 같아.
<u>I would break up with him for that.</u>

❷ A 어제 영화 어땠어?
How was the movie yesterday?

B 너무 무서워서 난 싫었어. 근데 **넌 좋아했을 거야**.
I didn't like it because it was so scary.
But <u>you would have liked it</u>.

Lesson 1 | 능동태와 수동태

Review   p.165

A ① 저희 딸이 책표지를 **찢었어요**.
My daughter ripped the cover of the book.

② 책 표지가 **찢어졌어요**.
The cover of the book was ripped.

③ 공사 인부들이 도로를 새로 **깔았어요**.
Construction workers paved the street.

④ 도로가 **새로 깔렸어요**.
The street was paved.

⑤ 데이비드가 펑크 난 타이어를 **교체했어요**.
David changed the flat tire.

⑥ 펑크 난 타이어가 **교체되었어요**.
The flat tire was changed.

⑦ 제가 선물을 **포장했어요**.
I wrapped the present.

⑧ 선물은 포장이 **되어 있었어요**.
The present was wrapped.

B ① 좋은 일이 **벌어졌어**.
Something good happened.

② 너 **변했어**. (변했고 지금 현재도 변한 상태임)
You've changed.

③ 일정이 **바뀌었어**. (일정이 바뀌어서 현재에 영향을 미치고 있는 상태임)
The schedule has been changed.

C ① 다음주 화요일에 있을 (취업)면접이 **걱정이야**.
I am worried about the job interview next Tuesday.

② 딸이 늘 **걱정이야**. 딸은 믿지만 남자들은 못 믿어.
I always worry about my daughter. I trust my daughter, but I don't trust men.

③ 아들 때문에 **걱정이야**. 지난 주에 여자친구랑 헤어졌거든.
I am worried about my son. He broke up with his girlfriend last week.

Lesson 2 | 수동태 꿰뚫어보기

Review   p.181

Q ① 지갑을 **도둑맞았어**.
My wallet was stolen.

② 《1984》는 조지 오웰에 **의해 쓰여졌어**.
1984 was written by Geroge Orwell.

③ 에펠탑은 1889년에 **완공됐어**.
The Eiffel Tower was completed in 1889.

④ 수술이 성공적으로 **됐습니다**.
The operation was successfully performed.

⑤ 그 정보를 어제 **받았습니다**.
I was given the information yesterday.

⑥ 그 일을 하는 데 1,500달러를 **받았어요**.
I was paid $1,500 to do it.

⑦ 이 제도는 청년층을 위해 **만들어졌어요**.
This program was made for the young.
★ the young 젊은 사람들, 청년층

⑧ 이 음식은 삼겹살이라고 **해요**.
This food is called samgyopsal.

⑨ 그녀가 미국 대통령으로 **선출됐어요**.
She was elected U.S. president.

⑩ 벤은 믿을 만한 사람으로 **여겨져요**.
Ben is considered trustworthy.

⑪ 그가 오늘 오후에 도착할 거라고 **예상됩니다**.
He is expected to arrive this afternoon.

⑫ 포기하지 말라고 그들에게 **격려받았어요**.
I was encouraged by them not to give up.

⑬ 팀이 차 안에서 **울고 있는 모습이 목격됐어요**.
Tim was seen crying in the car.

⑭ 그거 **억지로** 한 거예요.
I was made to do that. / I was forced to
do that.

⑮ 베티는 대표님을 공항에서 모시고 **오라고 요청받았어요**.
Betty was asked to pick up the CEO
at the airport.

⑯ 그녀는 이사를 나가도 **된다고 허락받았어**.
She was allowed to move out.

⑰ 그걸 **하라는 지시를 받았어**(얘기를 들었어).
I was told to do it.

⑱ 저는 옷 만드는 것에 **관심이 있어요**.
I am interested in making clothes.

⑲ 그녀는 특이한 패션감각**으로 알려져 있어요**.
She is known for her unique sense of
fashion.

⑳ 그의 차는 먼지**로 뒤덮여 있었어요**.
His car was covered with dust.

| Chapter 5 | 동사의 변신
Lesson 2 | to부정사 꿰뚫어보기

Review   p.212

Ⓐ ❶ **가난한 사람들을 도와주는 것은** 중요합니다.
It is important to help the poor.

❷ **그녀와 함께 일하는 것이 저한테는** 쉽지가 않습니다.
It is not easy for me to work with her.

❸ **네가** 파티에서 **그런 말을 한 건** 실례였어.
It was rude of you to say that at the
party.

❹ 나 **자전거 고쳐**야 해.
I need to fix my bike.

❺ 우린 **채용될 거라고** 기대하지 않았어요.
We didn't expect to be hired.

❻ 그는 간신히 보고서를 끝냈어.
He managed to finish the report.

❼ 나는 **그와 이야기 나누는 것이** 흥미롭다는 것을 알게
됐어.
I found it interesting to talk with him.

❽ 회의는 10시에 **시작할 예정입니다**.
The meeting is to start at 10:00.

❾ 나는 그녀보고 **그 수업을 들어보라고** 했어.
I encouraged her to take the class.

❿ 나는 네가 **와주기를 원해**.
I want you to come.

⓫ 래리는 내게 **차를 태워달라고** 부탁했어.
Larry asked me to give him a ride.

⓬ 나 **할 일이** 많아.
I have lots of work to do.

⓭ 복사기 **어떻게 쓰는지** 좀 알려줄래요?
Could you show me how to use the
copier?

⓮ 난 여자친구가 화나면 **어떻게 해야 할지**를 모르겠어.
I don't know what to do when my
girlfriend is upset.

⓯ 올 여름에 **비키니를 입기 위해** 8키로를 뺐어.
In order to wear a bikini this summer,
I lost 8 kilograms.

⓰ 그 반지를 찾아서 너무 기뻤어.
I was so happy to find the ring.

⓱ 밖에 나가기에는 너무 추워.
It is too cold to go outside.

Ⓑ ❶ 쓸 종이 한 장 주시겠어요?
Can I have a piece of paper to write on?

❷ 그는 **함께 일할** 사람을 구하고 있어요.

He is looking for a person to work <u>with</u>.

Lesson 3 | 동명사 꿰뚫어보기

Review   p.223

Ⓐ ❶ 제 직업은 이민자들이 일자리를 구하는 것을 **도와주는 거예요**.

My job is <u>helping</u> immigrants find employment. / My job is <u>to help</u> immigrants find employment.

★ **immigrant** 이민자 | **find employment** 일자리를 찾다

❷ 저는 동네 **산책하는 것**을 즐겨요.

I enjoy <u>walking</u> around in my neighborhood.

★ **neighborhood** 동네

❸ 엄마가 **되는 건** 상상이 안 돼요.

I can't imagine <u>being</u> a mom.

❹ 여기까지 **와주셔서** 감사합니다.

I appreciate you(r) <u>coming</u> here for me.

❺ 그녀는 그에게 **이메일 보냈던 것**을 기억했다.

She remembered <u>emailing</u> him.

❻ 저는 비타민 **먹던 것**을 멈췄어요.

I stopped <u>taking</u> vitamins.

❼ **가수면** 너무 좋을 것 같아요.

I would love <u>to be a singer</u>.

❽ 저는 **변호사인 것**이 싫어요.

I hate <u>being a lawyer</u>.

❾ **비디오 게임하는 것**은 제가 좋아하는 일이예요.

<u>Playing video games</u> is my favorite thing to do.

❿ 부장이랑 같이 **일하는 거** 견딜 수가 없어.

I can't stand <u>to work</u> with my boss. / I can't stand <u>working</u> with my boss.

Ⓑ ❶ (당신이) 바쁜 시간 내어 주셔서 감사합니다.

I appreciate <u>you(r)</u> taking time out of your busy schedule.

❷ **그가** 저희랑 같이 있을 게 너무 기대돼요.

I am looking forward to <u>his/him</u> staying with us.

❸ **그녀가** 그렇게 자상한 게 상상이 안 된다.

I can't imagine <u>her</u> being that sweet.

❹ **제가** 여기 온 것이 괜찮으셨으면 좋겠네요.

I hope (that) you don't mind <u>my/me</u> being here.

Lesson 4 | 분사 꿰뚫어보기

Review   p.237

Ⓐ ❶ 나 네 동생이 누구랑 **통화하는** 거 봤어.

I saw your brother <u>talking</u> on the phone.

❷ 저기 문에 **걸려 있는** 수건이 네 거야.

The towel <u>hanging</u> on the wall is yours.

❸ 그 영화 너무 **지루했어**.

The movie was so <u>boring</u>.

❹ 나 너무 **심심해**.

I am so <u>bored</u>.

❺ 경찰이 박스에 **버려진** 강아지를 발견했어.

The police found a puppy <u>abandoned</u> in a box.

❻ **스크래치 난** 그 식탁은 아무도 사고 싶어 하지 않았어.

Nobody wanted to buy the <u>scratched</u> table.

❼ 매일 음악을 **들으면서** 30분씩 뛰어.

Every day I run for 30 minutes, <u>listening</u> to music.

❽ 그녀는 **쉬지 않고** 계속 일했어.

She worked <u>without taking</u> any breaks.

⑨ 화가 **나서**[화가 **난 채로**] 그는 부모님께 전화를 걸었어.
Being upset, he called his parents.

⑩ 그녀는 **노크도 안 하고** 그의 방 문을 열었어.
She opened the door of his room without knocking.

⑪ 딸아이 때문에 **속상해진** 그녀는 아이에게 소리를 지르기 시작했죠.
Frustrated with her daughter, she started to yell at her.

⑫ 그 **충격적인** 소식은 모두를 **놀라게 했어.**
The shocking news surprised everyone.

⑬ 나 지금 **저녁 하느라** 바빠!
I am busy making dinner.

⑭ 저는 **영어 공부하는 데** 많은 시간을 할애합니다.
I spend lots of time studying English.

⑮ 나는 매일 아침 **커피를 마시며** 신문을 읽어.
I read a newspaper while drinking coffee every morning.

Ⓑ ① 나 건강검진했어.
I had my body examined.

② 나 여권사진 찍어야 해.
I have to have my passport photo taken.

③ 나 파마하고 싶어.
I want to get my hair permed.

| Chapter 6 | 조동사

Lesson 1 | 알아둬야 할 영어의 특징

Review   p.247

Ⓠ ① 너 배고픈가 **보구나.**
You must be hungry.

② 걔 곧 올 **거예요.** (당연히 그래야 하는 상황으로 판단)
She should be here soon.

③ 나 샤워**해야 해.** (의무. 반드시 해야 하는 것은 아니지만 하는 게 좋음)
I should take a shower.

④ 그가 맞을**지도 모르죠.**
He may/might be right.

⑤ 들어오셔**도 돼요.** (허락)
You may/can come in.

⑥ 나 이거 정말 할 **수 있어.** (능력)
I can do this.

⑦ 너 게임에서 질 **수도 있겠어.**
You could lose the game.

⑧ 복수할 **거야.** (의지)
I will take my revenge.

⑨ 엄마 진짜로 화내**실 거야.** (상황을 보니까 그렇게 예측됨)
My mom will be very upset.

⑩ 나 열심히 일**해야 해.** (강한 의무)
I must work hard.

Lesson 2 | 추측과 판단의 조동사

Review   p.257

Ⓐ ① 그거 맵나 보네.
That must be spicy.

② 저 사람이 에이미의 남친**인가 봐.**
That guy must be Amy's boyfriend.

③ 자기 전에 **울었나 보네.** (울다 잠들었나 보네)
You must have cried right before you went to bed.

④ 그가 나보다 **나이가 많을 리가 없어요.**
He can't/couldn't be older than me.

⑤ 아빠가 진짜 좋아하**실 거야.** (백프로 믿음을 가지고 예측)
My father will be so happy.

⑥ (아버지가 살아 계셨다면) 네 승진 소식에 아버지가 엄청 좋아하셨을 거야.

Your father <u>would have been</u> so happy about your promotion.

⑦ 너 집에 왔을 때 나 없을 거야. (그 시간에 난 약속이 있음)

I <u>won't be</u> here when you come home.

⑧ 이거 오래 안 걸릴 거야. (오래 걸리지 않아야 정상이라는 전제가 깔림)

This <u>shouldn't take</u> too long.

⑨ 커피숍에 놓고 왔을지도 모르겠네. (아무리 찾아봐도 차 키가 안 보이는 상황)

I <u>may/might have left</u> it at the coffee shop.

⑩ 핸드폰을 집에 두고 나갔을 수도 있어. (전화를 안 받아서 걱정하는 친구에게)

She <u>could have left</u> her phone at home.

B 고객이 전화를 주기로 한 시간쯤 전화벨이 울린다.

"내 고객일 거야."

① 고객이 전화를 하는 것이라고 백프로 믿음을 갖고 예측하는 경우

That <u>will</u> be my client.

② 고객이 전화를 하겠다고 했으니 고객일 것이라고 추측하는 경우

That <u>must</u> be my client.

C ① 대니가 네 전화 기다리고 있을지도 몰라.

(a) Danny <u>could be waiting</u> for your call.

(b) Danny <u>might be waiting</u> for your call.

② 그가 진실을 모를 수도 있어.

(b) He <u>might not know</u> the truth.

③ 그가 문자 확인을 했을 리가 없는데.

(a) He <u>could not have checked</u> his messages.

④ 네가 맞을 리가 없어!

(a) You <u>can't be right</u>!

Lesson 3 | 심리 태도의 조동사

Review   p.276

Q ① 난 반드시 성공할 거야. (의지)

I <u>will succeed</u>.

② 걔한테 아무 말도 안 할게. (약속, 맹세)

I <u>won't tell</u> him anything.

③ 금요일까지 이 서류 다 끝내야 해요. (강한 의무)

I <u>must/have to finish</u> this document by Friday.

★ 실제 회화에서는 **must**보다 **have to**를 더 많이 씁니다.

④ '오징어 게임' 한번 봐 봐. (단순한 추천, 권유)

You <u>should watch</u> Squid Game.

⑤ 나 내일 출근 일찍 안 해도 돼.

I <u>don't have to go to work</u> early tomorrow.

⑥ 너 게임 그만하는 게 좋을 거다. (안 그럼 혼날 줄 알아.)

You'd <u>better stop</u> playing games.

⑦ 파티에 청바지 입고 가면 안 되지.

You <u>should not</u> wear jeans to the party.

⑧ 나 어제 거기 가기로 되어 있었는데. (못 갔어.)

I <u>was supposed to</u> be there yesterday.

⑨ (아빠 물건을 만지려는 아이에게) 그거 만지면 안 돼.

You <u>are not supposed to</u> touch it.

⑩ 오늘 예약을 취소해야 할 것 같습니다.

I <u>think</u> (that) <u>I'll have to</u> cancel the appointment today.

⑪ 나 숨 3분동안 참을 수 있다.

I <u>can hold</u> my breath for three minutes.

⑫ 들어가도 되나요? (허락)

<u>Can/Could/May I</u> come in?

⑬ 문 좀 잡아줄래요? (부탁)

<u>Can/Could you</u> hold the door for me, please?

⑭ 피아노 옮기는 것 좀 도와**주시겠어요?** (지시)
Would you help me move the piano?

⑮ 내가 시간만 돼도 **너 도와줄 수 있는데**. (시간이 없어서 못 도와주네.)
If I had time, I could help you.

⑯ 그는 사람을 **충분히** 죽일 **수도 있는 사람**이에요.
He is capable of killing people.

⑰ 어제 일찍 잤**어야 했는데**. (늦잠자서 회사에 지각한 상황)
I should have gone to bed early last night.

⑱ 내 말을 **들었어야지**! (내 말 안 듣다가 상대의 일이 잘 안 된 상황)
You should have listened to me!

⑲ (나라면) 그와 **헤어질 거야**.
I would break up with him.

⑳ 저 옛날에 부산 살았어요.
I used to live in Busan.